China Wheat Market Report（2015-2018）

中国小麦市场分析报告

（2015-2018年）

农业农村部小麦全产业链信息分析预警团队◎编著

经济管理出版社

ECONOMY & MANAGEMENT PUBLISHING HOUSE

图书在版编目（CIP）数据

中国小麦市场分析报告（2015~2018年）/农业农村部小麦全产业链信息分析预警团队编著 . —北京：经济管理出版社，2019.11

ISBN 978 - 7 - 5096 - 6418 - 6

Ⅰ.①中… Ⅱ.①农… Ⅲ.①小麦—粮食市场—市场分析—研究报告—中国—2015~2018 Ⅳ.①F724.721

中国版本图书馆 CIP 数据核字（2019）第 035106 号

组稿编辑：曹　靖
责任编辑：杜　菲
责任印制：高　娅
责任校对：陈　颖

出版发行：经济管理出版社
　　　　　（北京市海淀区北蜂窝 8 号中雅大厦 A 座 11 层 100038）
网　　址：www. E - mp. com. cn
电　　话：（010）51915602
印　　刷：三河市延风印装有限公司
经　　销：新华书店
开　　本：787mm×1092mm/16
印　　张：13.25
字　　数：322 千字
版　　次：2019 年 11 月第 1 版　　2019 年 11 月第 1 次印刷
书　　号：ISBN 978 - 7 - 5096 - 6418 - 6
定　　价：78.00 元

编委会

目　录

全国

江苏省

山东省

小麦产业供给侧结构性改革：
现状、问题与思路

　　小麦是我国重要的口粮作物。近年来，在国家一系列政策扶持下，小麦种植面积逐步恢复，产量连年增加，国内供需形势由产不足需逐渐转为供需基本平衡且略有结余。但从整个产业链来看，小麦产业发展仍存在一些不可忽视的问题，主要表现在品质结构矛盾突出，成本上涨较快、种植收益下降，小麦粉加工业过度竞争等，而产生这些问题的根本原因是政策驱动作用较强、市场机制发挥作用不足，这也是今后小麦供给侧改革的重点所在。本文在描述小麦产业供给侧现状的基础上，深入剖析小麦供给侧存在的结构性矛盾和问题，进一步明确深化供给侧改革的目标与思路，并提出若干对策建议。

一、小麦产业供给侧的现状描述

　　近年来，我国小麦生产面积逐渐恢复，单产增长较快，总产实现"十二连增"；生产方式逐渐由小农生产向规模经营主体转变；机械化率和商品化率大幅提高，经营主体多元化趋势明显；小麦粉加工企业转型升级加快，行业集中度进一步提高。

（一）小麦生产区域布局

　　我国小麦产区分布广泛，除了海南省以外，小麦种植遍布30个省（市、区）。我国兼种冬、春小麦，但以冬小麦为主，占全国麦播面积的93.7%。自20世纪90年代以来，我国小麦播种面积呈明显的下降趋势，到2004年达到最低值。2004年以来，国家采取了一系列扶持粮食生产的措施，小麦种植面积逐步恢复。2004～2015年，我国小麦播种面积由2163万公顷增长至2414万公顷，增幅达11.6%。按照自然条件、种植制度、品种类型和生产水平等指标，我国小麦可以划分为黄淮海、长江中下游、西南、西北和东北五个优质产区，其中黄淮海和长江中下游地区是小麦的主产区。

　　黄淮海小麦优势区包括河北省、山东省、北京市、天津市全部，河南省中北部、江苏省和安徽省北部、山西省中南部以及陕西省关中地区，这些地区小麦种植面积在2.4亿亩左右，占全国小麦总面积的2/3，是我国最大的冬小麦产区。种植制度以小麦玉米一年二熟为主。该区域地势平坦，土壤肥沃，耕地面积达35525万亩，其中水浇地面积25040万亩，生产条件较好，单产水平较高，有利于小麦蛋白质和面筋的形成与积累，是我国优质强筋、中强筋和中筋小麦的优势产区。

长江中下游小麦优势区包括江苏和安徽两省淮河以南、湖北省北部以及河南省南部，这些地区小麦种植面积在3800万亩左右，占全国小麦总面积的11%，是我国冬小麦的主要产区之一。种植制度以水稻小麦一年二熟为主。该区域地势低平，耕地面积达8019万亩，小麦灌浆期间降水量偏多，有利于小麦低蛋白和弱面筋的形成，是我国种植优质弱筋小麦最适宜的地区。

（二）小麦产出情况

21世纪以来，我国小麦产量持续下降，2003年降至1978年以来的最低水平8649万吨。2004年之后，在国家惠农政策的激励下我国小麦产量逐渐恢复，2012年增至1.2亿吨，基本恢复到20世纪90年代后期水平，2015年首次登上1.3亿吨的台阶，比历史最高纪录的1997年增加5.6%。2004年以来，我国小麦生产集中度不断提高，河南、河北、山东、江苏、安徽、湖北6个主产省产量之和占全国总产量的比重由2004年的74%增至2016年的79%，全国小麦增产的92%来自6个主产省。从全球范围看，我国小麦产量约占世界小麦产量的17.5%，仅次于欧盟（1.5亿吨），是全球第二大小麦主产国（见图1）。

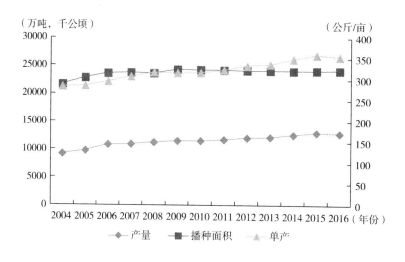

图1　2004年以来我国小麦生产情况

近20年来，我国小麦产量的增长主要依靠单产水平的提高。尤其是2004年以来，随着国家生产支持政策的完善以及一批新品种和高产高效技术模式的推广，小麦单产提升速度明显加快，由283公斤/亩增至2017年360公斤/亩，增幅达26.8%，是三大谷物中单产增长最快的品种。在6个主产省中，河南、河北、山东单产最高，2015年均在400公斤/亩以上，远高于全国平均水平；安徽单产增幅最快，从2004年的256公斤/亩增至2015年的383公斤/亩，累计增幅达49.7%。从国际比较看，我国小麦单产水平虽已高于世界平均水平（225公斤/亩），世界排名第八，排名前7位的国家和地区分别是新西兰、赞比亚、纳米比亚、埃及、瑞士、欧盟和智利，我国目前的单产水平约相当于新西兰的64%、赞比亚的75%左右。

从 1998 年开始，我国大力推进优质小麦的种植，并适当缩减了普通小麦的种植面积，这一举措使我国优质小麦产业迅速发展起来。2006 年国家开始执行小麦托市收购政策以来，随着托市收购底价的提高，普优麦价差缩小，农户更倾向于种植高产、稳定品种，国内小麦种植结构总体呈现优质麦种植比例下降的趋势，优质强筋麦产量由 2013～2014 年度的 624 万吨降至 2015～2016 年度的 528 万吨。随着普优麦价差的再次放大，优质强筋麦产量恢复至 600 万吨以上。

（三）小麦生产经营方式

近年来，小麦生产经营方式正在经历着从以一家一户为主的小农生产方式向以种麦大户、麦农合作社、家庭农场为主的规模经营方式转变。根据国家小麦产业技术体系的调查，小麦生产的规模经营主要有三种模式：一是种麦大户模式，即由种植经验丰富并有资金实力的农户通过流转土地不断扩大种植面积、集中耕种的实现规模经营，这种模式在江苏和山东较为普遍。二是农民专业合作社模式，即由农民合作社统一组织部分生产经营环节，发挥集体优势从而形成规模生产。这种模式既可以保留农户家庭生产经营方式，又可以根据市场需求，统一制订生产计划，提高农户生产的组织化、专业化水平，具有较为广阔的发展前景。三是龙头企业经营模式，即由龙头企业直接从农户租赁土地并雇用农业劳动力实现一体化经营，从而实现农业生产的规模效益。龙头企业具有较高的科技和管理优势，有利于促进农业结构调整和新技术的应用，能够辐射带动周边农户形成示范效应。

从成本构成上看，小麦种植的总成本由生产成本和土地成本构成，2015 年两者占总成本的比例分别为 79.7% 和 20.3%。其中生产成本由物质服务费用和人工成本构成，两者的比重分别为 53.6% 和 46.4%。在物质服务费用中，2015 年每亩小麦的种子用量约为15.9 公斤，成本约为 66.11 元，占物质服务费用的 15.7%；每亩化肥施用量约为 27.1 公斤，成本为 143.1 元，占物质服务费用的 34.1%；随着小麦机械化水平的提升，租赁作业费用占比逐渐增加，2015 年每亩约为 163.06 元，占物质服务费用的 31.2%（见表 1）。

表 1 我国小麦种植成本构成情况 单位：元/亩

年份 项目	2010	2012	2014	2015
总成本	618.63	830.44	965.13	984.30
生产成本	497.18	688.09	783.80	784.62
物质与服务费用	318.35	396.69	419.03	420.23
种子费	44.72	55.83	63.97	66.11
化肥费	118.49	153.78	145.93	143.10
农家肥费	9.81	13.30	13.19	12.85
农药费	13.07	15.87	17.48	19.67
租赁作业费	120.76	144.28	163.61	163.06
人工成本	178.83	291.40	364.77	364.39
家庭用工折价	172.43	284.20	353.70	352.40
雇工费用	6.40	7.20	11.07	11.99
土地成本	121.45	142.35	181.33	199.68
流转地租金	6.76	10.71	21.10	26.60
自营地折租	114.69	131.64	160.23	173.08

资料来源：《全国农产品成本收益资料汇编（2016）》。

进入 21 世纪以来，小麦产业的科技发展取得明显进步，为小麦连年丰收奠定了坚实基础。首先，小麦品种选育水平显著提升，推广了一批优良的小麦品种，良种覆盖率达到 95% 以上；其次，保护性耕作、测土配方施肥、节水灌溉和旱作农业等一大批先进适用技术大面积推广，深松整地、精量播种、播后镇压、浇越冬水、一喷三防、病虫害统防统治等关键技术通过高产创建等方式得以大范围推广应用；最后，机械化水平不断提升。小麦耕种收综合机械化水平达到 93% 左右，比其他作物的平均水平高 36 个百分点。每年 5 月下旬，全国"三夏"大规模小麦跨区机收大会战都会从江淮、黄淮主产区启动，由南向北梯次推进，涉及湖北、安徽、河南、江苏、山东、河北等小麦主产区，历时 1 个月左右，成为我国小麦夏收的一道亮丽风景线。

（四）小麦市场流通情况

2004 年我国粮食市场全面放开以后，市场经营主体由单一的、处于垄断地位的国有粮食系统向国有、民营、外资等多种所有制经济主体转变，粮食市场经营主体逐渐呈现多元化的发展趋势。国有企业收购量占粮食商品量的比重明显下降，小麦托市收购量占商品量的比重由 2006 年的 69% 降至 2016 年的 28% 左右。粮食经纪人队伍迅速壮大，在农户收购环节上逐渐占据重要地位。据国家粮食局 2014 年的专项调查表明，从全国平均水平看，粮食经纪人的收购量约占总粮食收购量的 70%，在粮食主产区比例更高。例如，河南省小麦经纪人收购比例达到 85%。2004 年，我国小麦商品率仅有 46%，农户库存在全社会库存中占有很大比重。随着小麦生产全程机械化的实现以及农民出外打工的增长，2015 年全国小麦商品率已高达 90% 左右。据安徽省的调查，农户基本不储存小麦的占 85%，人均储存小麦 300 斤的占 10%，人均储存小麦在 300 斤以上的占 5%，农户把玉米全部销售的占 95%。随着国内粮食价格支持政策改革的推进，未来政策托市的空间将越来越小，收购主体越来越多元化，小麦的流通效率将越来越高（见表 2）。

表2　2006～2014 年中国小麦产量及收购量比较

项目 年份	当年产量 （万吨）	全社会收购量 （万吨）	当年商品量 （万吨）	托市收购量 （万吨）	全社会收购量占 当年商品量（%）	托市收购量占 当年商品量（%）
2006	10847	—	5933	4094.0	—	69.01
2007	10930	4242.4	6405	2894.9	66.24	45.20
2008	11246	5866.6	7096	4202.8	82.67	59.23
2009	11512	6015.7	7576	4004.2	79.41	52.86
2010	11518	5191.1	8112	2240.9	63.99	27.62
2011	11740	5731.6	8676	—	66.06	0
2012	12058	5762.5	9832	2335.0	58.61	23.75
2013	12193	5450.0	9998	837.15	54.51	8.37
2014	12617	7363.0	10471	2535.0	70.32	24.21

注：2014 年以后不再公开发布托市收购量数据；各年商品量数据根据全国成本收益年鉴小麦商品率与当年产量相乘计算而得；2011 年未启动托市收购。

在市场建设方面，截至"十二五"末期，我国共建设粮食批发市场 400 余家、国家粮食交易中心 20 余个，建立了全国统一的粮食竞价交易平台。中国郑州粮食批发市场是经国务院批准于 1990 年成立的我国第一家全国性、规范化的粮食批发市场，是我国最大的小麦交易中心。2006 年，郑州粮食批发市场被国家粮食局确定为郑州国家粮食交易中心。2010 年成交量达 1010 万吨，成为国内唯一一年交易量超千万吨的粮食批发市场。小麦期货交易主要在郑州商品交易所进行，主要涉及两个品种：一是优质强筋小麦，2003 年 3 月 28 日经中国证监会批准上市交易，2015 年成交量为 45.76 万手（10 吨/手），成交金额达 252.92 亿元；二是硬白小麦，1993 年 5 月 28 日上市交易，为与现货市场接轨，2008 年后改名为普通小麦，2015 年成交量为 0.12 万手（50 吨/手），成交金额达 1.46 亿元。

（五）小麦加工基本情况

小麦是仅次于稻谷的口粮作物之一，近 90% 的小麦都被加工成各种面粉，其他深加工产品还有小麦淀粉与谷朊粉、小麦白蛋白制品、变性淀粉等，广泛应用到食品、化工、酿造、医药、造纸、纺织等行业。从产业布局上看，我国小麦粉加工企业主要集中在小麦主产区。2015 年，河南、山东、安徽、江苏、河北、湖北 6 个主产省小麦粉的产量占全国比重高达 85.9%，其中，前 3 省小麦粉的产量占全国产量的 64.9%。河南省小麦粉产量占全国总产量的 1/3 以上，是名副其实的小麦粉加工大省，2015 年底全省规模以上小麦粉加工企业有 1612 家（见图 2）。

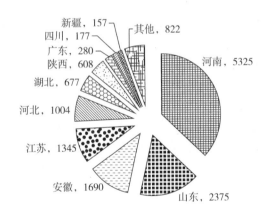

图 2　2015 年我国小麦粉生产分布情况（单位：万吨）

随着人们生活水平的提高，对小麦粉的需求由以前的以通用粉、标准粉为主向优质专用粉转变。尤其是近几年，在国内原料成本不断上升的背景下，通用粉加工利润日渐微薄，专门从事普通粉加工的企业开工率常年不及 50%；而加工专用粉利润明显高于通用粉，开工率年均在 70% 左右，专用粉加工已成为小麦粉加工行业转型升级的方向所在。小麦加工业集团化发展趋势明显，大型企业在原料掌控、市场规划、成本投资均摊等方面均占据优势，扩展速度快，行业集中度进一步提高。近年来，以五得利、益海嘉里、中粮为代表的大型小麦粉加工企业产能迅速扩张，在全国总产能中的占比由 2010 年的 4% 增至 2015 年的 12%。

（六）小麦进出口情况

我国谷物的自给率一直保持在较高水平，2005 年以后都在 100% 以上。其中，小麦的自给率在谷物中波动幅度最大，2003年仅为82.7%，是谷物中最低的；自2004年起超过了90%的安全线水平，2006～2010年保持在100%以上。2011年由于饲用消费猛增，小麦自给率降至93.8%，成为谷物中自给率最低的品种。但随着2012年小麦玉米比价倒挂现象的结束，小麦饲用消费量明显下降，自给率升至接近100%。从供求总体形势上看，我国小麦已从供不应求转向供求平衡并略有结余。

小麦是全球贸易量最大的谷物品种，约占世界谷物年贸易总量的45%左右。20世纪90年代中期以前，我国一直是世界上最大的小麦进口国之一。21世纪以来，随着国内产量的不断提高，供给增加，进口量整体明显下降。粮食危机以及金融危机中的2007年、2008年，我国进口小麦产品只有10万吨和4.5万吨。2009年以来，由于国际小麦价格大幅下跌，相对于国内市场具有明显的价格优势，加之国内优质麦供应不足，进口呈现迅速增长的态势。2009～2016年，我国进口小麦产品由90万吨增至341万吨，累计增长了2.7倍。在出口方面，为应对2008年全球金融危机导致需求低迷对国内市场的影响，我国采取了促进粮食出口的措施，逐步取消了小麦产品的出口关税，促进了小麦出口的增加。但由于国际小麦价格持续下跌而国内价格不断上涨，我国小麦的竞争优势不明显，出口增长较慢，由2009年的24.5万吨增至2011年的32.8万吨。之后，由于国外价差缩小继而倒挂，国内小麦出口在价格上完全没有优势，出口量一路下滑，由2012年的28.6万吨跌至2016年的9.2万吨，累计跌幅达67.7%。

我国小麦进口来源地也发生了明显变化。2010年以来我国从澳大利亚进口的小麦占总进口量的比例大幅提升。尤其是2012年，由于小麦饲用消费的增加，澳大利亚饲料级小麦在价格上具有明显优势，从澳大利亚进口的小麦占到65.7%；而从美国和加拿大进口的用于品种调剂的硬质小麦所占比例下降较为明显，从2009年的47.3%降至2012年的28.3%，下降了近一半。近年来，从美国、加拿大进口小麦的数量有所回升，2016年进口量占比回升至50%左右。我国从2010年开始从哈萨克斯坦进口小麦，随着"一带一路"倡议的推进，从哈萨克斯坦进口小麦的数量占总进口量的比重不断提高，到2016年已接近8.6%。从出口目的地上看，我国小麦出口流向较为集中，主要是在距离上较为邻近的周边地区，如我国的香港、澳门地区，韩国、日本、菲律宾、越南以及其他东亚及南亚的国家和地区。

（七）小麦产业扶持政策

2004年以来，为促进小麦生产，提高种粮农民收入，国家在生产扶持、市场调控等方面出台了一系列政策。在生产方面，从2004年开始，我国对种粮农民实施了种粮直补、良种补贴、农机具购置补贴，2006年又增加了柴油、化肥等农业生产资料预计增支综合直补，并不断加大补贴力度、补贴范围、补贴品种。在小麦生产方面，种粮直补10元/亩，良种补贴10元/亩。其中，良种补贴区域2003年为河北、河南、山东、江苏、安徽5省，2005～2007年将山西、湖北、四川、陕西、甘肃、新疆6省区纳入进来，扩大至11个省份；2008年增加内蒙古、宁夏2区，扩大到13个省份，2010年开始在全国31个省区市（港、澳、台除外）全覆盖，凡种必补。在保险政策方面，2008年小麦纳入中央种植业保险补贴范围，各地的补贴标准不同，但农民承担的部分一般不超过20%。

在价格方面，从2006年起在河北、江苏、安徽、河南、山东、湖北6个主产省实行小麦最低收购价政策，2008年之后随着生产成本的上升，小麦最低收购价由0.77元/斤逐步提高到 1.18 元/斤，增幅达 53.2%。从品种上看，最低收购价实行之初将白麦、红麦、混合麦区分开，白麦的托市价格要高于红麦和混合麦。2012 年以后取消了红白小麦差价。最低收购价政策包括托市收购和竞价销售两部分，在夏收期间，为避免新麦集中上市导致"谷贱伤农"，国家在主产区按照最低收购价水平通过中储粮收购新麦。同时，本着顺价销售的原则，国家基本每周在指定的粮食批发市场以竞价销售的方式，适时适量投放市场，满足加工企业需求。

在加工方面，我国从 2004 年开始在粮食主产区实行支持粮食转化和加工政策，通过贷款贴息、投资参股、税收政策等措施扶持主产区粮食加工业，尤其是精深加工业发展。2016 年 12 月，国家粮食局发布《粮油加工业"十三五"发展规划》，把"积极发展专用粉、全麦粉、预拌粉及各类面制主食品等"作为重点，提出要在华北、华中、华东、西北等主产区和津冀鲁、珠三角等地区发展小麦加工产业集聚区或集群，优化新疆、甘肃、陕西、广东等特色食品区域产业布局，形成小麦粉、面制食品及其副产物综合利用的循环经济模式。要培育一批年处理小麦 50 万吨以上的大型产业化龙头企业、年处理小麦 100 万吨以上的骨干集团企业。

二、小麦产业供给侧存在的结构性问题

虽然近年来我国小麦生产持续稳步发展，价格逐步提高，产业表面呈现良性发展态势。但也要清醒地看到，当前国内外粮食供求形势正在发生深刻变化，小麦产业供给侧出现了一些新情况、新问题，结构性改革是大势所趋。

（一）总量平衡有余，品质结构矛盾较为突出

随着我国小麦生产连年丰收，供求关系已由产不足需过渡到总量平衡有余的阶段。2006~2010 年，我国小麦的自给率（消费量/产量）一直在 100% 以上，虽然 2011 年小麦饲用消费的大幅增加使得自给率水平下降至 92%，但随着 2012 年之后饲用消费的回归，小麦自给率再次攀升至 100% 以上。尽管如此，随着我国城乡居民收入和生活水平的不断提高，人们更加看重饮食的健康和安全，对食物消费的需求不断向更高层次提升，对小麦品种和品质的要求也不断提高（见图 3）。

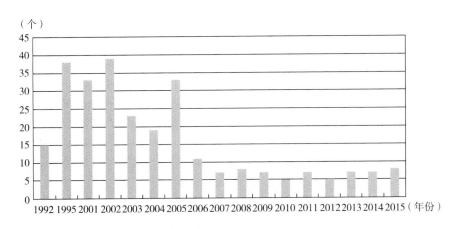

图 3　我国强筋类小麦品种数量变化

但从我国的小麦市场看，仍存在品质结构不均衡、与加工需求不能有效衔接的问题，主要表现为：一是中筋和中强筋小麦供给过剩，而强筋和弱筋小麦供给不足。长期以来，小麦产业的发展只注重数量的增长而忽视了品质的提升。从育种环节看，高产品种是备受关注的焦点，而中筋、中强筋小麦产量要高于强筋和弱筋品种，因此品种更新、优化速度较快，而强筋、弱筋品种则退化严重，占比不断下降。据农业部检测结果，2015 年我国检测达标小麦中，强筋小麦仅占 3%，弱筋占 1%。过去 10 年间，我国中强筋和中筋类由 23% 提高到 48%，但强筋类由 12% 下降到 2%，加剧了我国对优质麦进口的需求。从生产环节上看，由于我国农户种植规模较小，混种混收现象严重，使得品种杂乱、达标率下降；从收储环节上看，国家托市收购的标准仅包括容重、不完善粒等普通标准，未将面筋度、延伸时间等标准纳入其中，导致在收购时优质麦与普通麦价格相近，优质麦难以实现优质优价。二是在普通小麦中，符合制粉企业加工需求的质优小麦供应不足。小麦生产周期较长，受极端气候影响较为明显。2016 年小麦收割期间主产区降雨范围较大，持续时间较长，受此影响，湖北、江苏、安徽、河南 4 省出现发芽、萌动、赤霉病粒、病斑粒增加，导致整体不完善粒增加。据计算，2016 年我国三等以上小麦至少在 3000 万吨以上，约占小麦全年总产量的 1/4。

（二）成本上升较快，种植收益下滑

近年来，我国小麦生产成本持续上涨，特别是工业化、城镇化进程加快，拉动人工和土地成本快速增长。2004～2014 年，我国小麦种植每亩总成本从 355.92 元增加到 965.13 元，增长了 1.71 倍。其中物质与服务费用从 200.28 元增加到 419.03 元，增长了 1.09 倍。在此期间，小麦生产的人工成本从 111.84 元增加到 364.77 元，增长了 2.26 倍，占总成本的比重从 31.4% 提高到 37.8%；土地成本从 43.8 元增加到 181.33 元，增长了 3.14 倍，所占比重从 12.3% 提高到 18.8%。2004～2014 年，小麦农户平均出售价格由 0.74 元/斤涨至 1.20 元/斤，累计上涨了 61.9%，上涨幅度不足总成本的一半，导致种植小麦收益大幅下滑，每亩小麦净利润由 169.6 元降至 87.8 元，下降了 48.2%，其中 2013 年每亩小麦种植收益曾一度为负值（－12.8 元）。与其他两种粮食作物比较，小麦种植毫无竞争力可言，水稻种植的净利润常年高于小麦 60% 以上，玉米种植的净利润在大部分年份也高于小麦 20% 以上。特别是 2010 年以来，收益差距有逐渐拉大的趋势。2010～2014 年小麦每亩净利润平均比玉米低 102.7 元、比稻谷低 196 元。近年来小麦面积之所以能相对稳定，除了国家的政策支持外，主要原因一是小麦生产机械化水平高，省工省力；二是与小麦有竞争关系的油菜籽、棉花收益波动明显，才使得小麦的耕地竞争优势显现。

从国际比较看，20 世纪 90 年代末，中国小麦生产成本低于世界小麦主要出口国的美国。美国土地成本和机械成本分别占总成本的 22.7% 和 26.18%；而中国机械费用、土地承包费、成本外支出仅为总成本的 21.94%（胡小平、涂文涛，2003）。而自 21 世纪以来，中国小麦生产成本逐渐高于美国，且差距越来越大。这其中，变化最大的就是土地成本和人工成本。2006 年前中国土地成本低于美国，到 2014 年中国土地成本是美国的 2.68 倍，这与中国土地流转速度加快、土地租金上涨密切相关；美国人工成本历年来都低于中国，但随着时间推移两者差距越来越大，2004 年中国小麦生产的人工成本是美国的 3.57 倍，2014 年则是美国的 17.71 倍。小麦是三大谷物中唯一实现全程机械化的品种，是公认的省工省力的"懒庄稼"，但在人工成本上仍高于美国，这与中国耕地资源有限，土地经营规模小密切相关。由于经营规模有限，农民无法使用大型机械设备进行生产，许多的工作如打药、施肥、浇水仍需较多的人力才能完成，加上近年来雇用费用上升，致使劳动力成本变高（见图4、表3）。

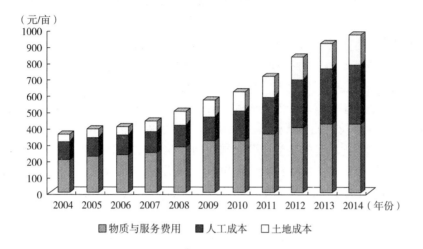

图4 2004年以来我国小麦种植成本变化

表3 中美小麦生产成本比较

项目 年份	美国土地成本（元/亩）	中国土地成本（元/亩）	中/美	美国人工成本（元/亩）	中国人工成本（元/亩）	中/美	美国生产成本（元/亩）	中国生产成本（元/亩）	中/美	美国总成本（元/亩）	中国总成本（元/亩）	中/美
2004	52.2	43.8	0.84	31.3	111.8	3.57	97.7	355.9	3.64	263.0	312.1	1.19
2005	55.5	51.9	0.94	31.6	121.3	3.84	107.3	337.7	3.15	280.1	389.6	1.39
2006	53.2	54.6	1.03	31.5	119.6	3.80	110.6	350.2	3.16	282.1	404.8	1.43
2007	53.6	68.9	1.28	30.9	124.7	4.04	114.5	369.7	3.23	285.6	438.6	1.54
2008	55.8	86.7	1.55	29.3	133.2	4.54	143.5	411.9	2.87	316.7	498.6	1.57
2009	52.4	103.9	1.98	20.2	145.6	7.19	128.2	463.0	3.61	298.8	567.0	1.90
2010	51.7	121.5	2.35	19.9	178.8	8.99	113.4	497.2	4.38	284.1	618.6	2.18
2011	56.9	129.3	2.27	19.9	225.7	11.31	131.7	583.0	4.43	310.7	712.3	2.29
2012	61.1	142.4	2.33	20.2	291.4	14.40	134.5	688.1	5.12	320.6	830.4	2.59
2013	65.1	153.9	2.36	20.0	343.8	17.19	130.9	760.0	5.81	318.8	914.7	2.87
2014	67.7	181.3	2.68	20.6	364.8	17.71	131.7	783.8	5.95	328.8	965.1	2.94

资料来源：根据《全国农产品成本收益资料汇编》、美国农业部数据库数据整理。

（三）规模化专业化程度低，难以适应新形势的要求

据农村固定观察点调查数据，全国户均小麦种植规模仅有4.5亩。规模过小不仅大大限制了劳动生产率的提高，而且制约了先进生产技术的应用和推广。目前，很多省份通过推广优质专用小麦的种植来实现小麦产业的供给侧结构性改革，而规模化和专业化是优质小麦产业发展的必然要求。优质小麦实现优质优价的前提在于能够满足下游加工环节的要求，即满足品种好（同一品种无掺混）、品质好（种植品质接近）、成规模。这需要农户统一购销决策，在农资使用与种植过程中推行标准化的管理，实现农业适度规模化经营。一家一户的小农经营方式无法保证优质小麦的品质标准化与产量规模化，难以满足优质小麦商品化发展需要。

由于目前推广的优质麦品种仍存在一定缺陷，如华北地区的主要优麦品种中，新麦26易遭病害，郑麦336抗倒春寒能力差，藁优2018容易倒伏，西农979品质不稳定等，这些技术缺陷除了需要在育种上进一步提升外，还需要通过田间管理的精细化来弥补，而较高的管理要求是兼业化农户难以完成的。普通小麦是公认的"懒庄稼"，是小农户兼业经营"种地打工两不误"的最优选择。而优质专用小麦失去了节劳优势，兼业农户的种植积极性较低，促使优质麦的生产经营必须转向规模化的发展途径，或有专业化的社会服务组织作支撑。但目前，我国农民合作社中真正规范的麦农合作社数量很少，无法将小麦生产与市场供需相匹配，也难以满足兼业化农民对社会化服务的需求。

（四）土壤肥力偏低，淡水资源瓶颈制约日趋严重

随着工业化、城镇化的发展使得耕地、水等农业资源持续向农业外部转移，小麦生产发展面临的资源环境约束增强。2003年以来我国小麦播种面积恢复性增长，到2016年达到2418万公顷，仍没有恢复到21世纪初的水平，比1997年减少了587万公顷，而且，我国小麦主产区存在大面积的中低产田，除长江中下游麦区部分稻茬小麦土壤有机质含量较高外，各主产区土壤肥力偏低的中低产田占总面积的2/3以上。特别是20余年来，有机肥施用量大幅减少，秸秆还田比例低，土壤有机质含量低。各主产区均有受旱涝、盐碱或风沙等影响的麦田，土壤肥力偏低。

在水资源方面，农业用水占全国用水总量的61%，小麦在农作物中又是用水大户。在比土地资源更稀缺的水资源背景下，我国小麦生产将面临前所未有的约束。特别是北方冬麦区、黄淮海冬麦区中北部和西部以及西北麦区，由于扩大灌溉与地下水超采，地下水位逐年下降。全国地下水超采面积愈23万平方公里，每年超采量近160亿立方米，大部分为农业用水。部分地区灌溉水井已深至地下数百米的地质承压层，超采的地下水上亿年都难以回补。在一些地下水严重超采地区，如河北省亟须通过开展小麦退耕休耕来恢复脆弱的生态环境。

（五）小麦粉加工业产能过剩，竞争激烈利润微薄

我国小麦粉加工企业急剧扩张。据统计数据显示，小麦粉加工企业年加工能力2005年为8090万吨，到2012年已突破2亿吨，达到20303万吨，到2015年约为22000万吨，产能增长了1.7倍。如果将未纳入统计的小微企业及近两年新增产能计算在内，我国小麦粉加工产能更大。而这种产能过剩主要表现为结构性过剩。从加工企业结构上看，生产粗放、技术水平低的中小企业数量较多，日处理能力在200吨以下的中小企业约占总数的60%左右，产能利用率较低。从产品结构上看，普通面粉较多，专用型、功能性产品偏少，远不能满足下游食品加工企业的需求。

造成小麦粉加工业产能过剩的原因：一是市场结构过度分散。虽然我国建立了许多大型小麦加工企业，但总体上小麦加工业仍较为分散、产业集中度不高、企业规模参差不

齐。由于企业数量多、产业集中度低，企业的理性选择仍是增加产量。二是在市场结构转变过程中大企业的抢先战略导致过度进入。目前我国面粉市场正处于"重新洗牌"的关键时刻，大企业都想通过扩建，从而在兼并重组及未来寡头垄断型市场格局中占据有利位置，因此近年来各大小麦加工企业争相扩大投资，加紧对市场份额的争夺。单个企业着眼于市场决策符合本身利润最大化原则，但是众多单个行为共同决策导致了社会整体的无度——过度进入和过度竞争。三是较高的退出壁垒阻碍了市场结构调整。首先，小麦加工业的资产专用性较强，设施设备很难向其他产业转移，沉淀成本较高；其次，资本市场不发达、产权市场缺位在一定程度上阻碍了长期不盈利的小麦加工企业的退出。四是企业自主创新能力弱。我国以企业为主体的技术创新体系尚未完全建立，核心技术和装备的研发落后于世界先进水平。科研创新的不足导致大多数企业同质化竞争，利润率过低，而过低利润率又限制了企业对新产品、新工艺的投入水平和开发能力，从而陷入恶性循环。

（六）国内外价差倒挂加剧，小麦国际竞争力明显下降

2009 年以前，国际小麦到岸税后价一般要高于国内销区价，但 2009 年全球金融危机后，国际小麦价格整体下行。与此同时，国内持续提高小麦最低收购价，导致国际价格与国内价格差距迅速缩小，从 2011 年第四季度以来出现价格倒挂并逐渐成为常态。2013 年 11 月以后，国内优质麦销区价开始持续超越配额内 1% 关税下国际小麦到岸价。期间，国内外价格差距也不断登上新台阶，2014 年 12 月之前国内外价差一直在 0.3 元/斤以内波动，2015 年 1 月一举跃上 0.4 元/斤，2 月迅速扩大至 0.5 元/斤以上，并在当年 5 月达到历史最高点 0.59 元/斤，而此时国内优质麦销区价（1.55 元/斤）已经高于配额外 65% 关税下国际小麦到岸税后价（1.54 元/斤），进口配额作用大幅削减，小麦面临配额外进口的风险。2016 年 4 月，这种风险再次出现，国内小麦销区价连续 2 个月高于配额外 65% 关税下国际小麦到岸税后价，且价差已扩大至 0.16 元/斤。进口适量的小麦有利于缓解国内优质麦供应不足的局面，而且目前进口的这些数量对国内市场影响并不大。但进口麦毕竟在一定程度上挤占了国内优质麦市场，不仅不利于麦农增收，也对我国推进优质麦生产、实施良种推广的政策效应有所减弱，从而影响国内优质麦产业的持续发展（见图5）。

国内外价格倒挂，表面原因是全球石油市场及海运市场低迷拉低国际小麦消费和运费，全球小麦产量不断创历史新高使得供需形势宽松，深层次原因则是我国小麦国际竞争力的下降。随着劳动力、土地、环境保护的显性化和不断提高，我国农业进入了成本快速上涨时期，大宗农产品生产成本必然与瑞士、日本、韩国的水平日趋接近，与美国、加拿大、澳大利亚等主要出口国的差距不断拉大。从未来走势看，我国土地资源稀缺，今后城镇和农村的各项建设将继续占用耕地，生态退耕和灾害损毁等因素也将减少耕地，完成 2020 年坚守 18 亿亩耕地红线的任务非常艰巨。由于传统的生产方式未得到根本改变，单位土地所能承载的劳动力和增加的收益有限，务工的比较效益进一步显现，农村劳动力进一步向城市转移将成为增加农民收入的一条重要途径，农村季节性劳动力短缺的矛盾更加突出，必将拉动劳动力价格刚性上涨，人工成本占粮食作物生产成本的比重进一步加大。国际市场农产品价格主要由出口国决定，基于成本之上的我国大宗农产品价格与世界市场价格差距扩大的趋势不可逆转。

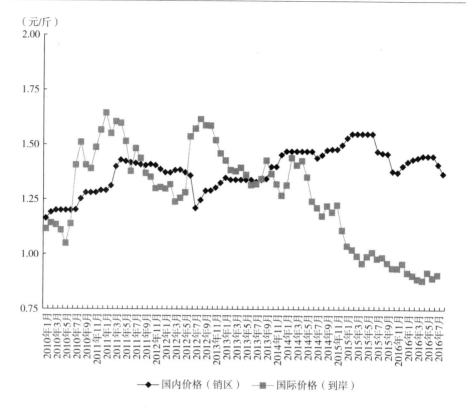

图 5　2010 年 1 月至 2016 年 9 月国内外小麦价格对比情况

三、深化小麦产业供给侧结构性改革的目标与思路

我国是全球小麦生产和消费大国，具有大国效应，大量进口必将引发全球小麦价格的剧烈波动，推进小麦供给侧结构性改革，坚持立足于国内供给，对于保证新时期国家粮食安全至关重要。小麦供给侧结构性改革的目标是以科技为先导，以主攻品质和单产为重点，不断提高小麦综合生产能力和生产效益，稳步提升全产业市场竞争力，促进小麦产业持续健康发展。改革的重点是减少政府对小麦市场的直接干预，取而代之的是在国家宏观调控下充分发挥市场机制在资源配置中的决定性作用。

（一）小麦产业供给侧结构性改革的目标

1. 产品提质增效

当前，我国小麦总量供给有余，但仍然存在品种结构与市场需求不匹配、综合生产能力不强、易受极端天气影响等问题。推进小麦供给侧改革，一方面要提升小麦综合生产能力，稳定总产。紧紧围绕"藏粮于地、藏粮于技"的战略目标，不断提高地力等级、耕地产出能力、稳产性能及抗御自然灾害的能力。另一方面要提高国产小麦的有效供给，调整种植结构，保证种植品种与加工和市场需求相适应。

2. 生产效益明显提升

小麦生产效益低下是影响农民种麦积极性的关键因素。除了品种品质等方面的问题外，生产成本和自然风险都是影响小麦生产效益的重要原因。推进小麦供给侧结构性改革，一要通过提升小麦品质以适应市场需求，更为重要的是理顺市场关系，实现优质优价；二要通过转变农业资源要素使用方式，降低单位产品的生产成本。加快推进小麦适度规模经营，大幅度提高劳动生产率。同时，进一步完善补贴和保险政策，增加农户尤其是规模大户的抗风险能力。

3. 产业竞争力大幅提高

加工企业是小麦产业健康发展的主体。针对当前小麦粉加工企业所面临的低端产能过剩、技术装备落后、优质特色产品匮乏等问题，要大力推进小麦加工业转型升级，促进产能结构进一步优化，集约化和规模化水平明显提高；健全以企业为主体的技术创新体系，通过科技创新提升行业加工水平与产品品质；推动行业品牌建设，形成产品—品质—品牌相互促进的良性循环。

（二）小麦产业供给侧结构性改革的思路

1. 理顺价格形成机制

要以市场化改革为方向，发挥市场在价格形成中的决定性作用，降低最低收购价格水平，减少政策对市场的直接干预。但由于小麦是重要的口粮品种，又是缺乏价格弹性的刚需性商品，完全按市场供求关系形成价格容易导致市场波动过于频繁，价格过低可能造成"谷贱伤农"，价格过高又会"米贵伤民"，因此在充分发挥市场机制作用的前提下，还必须科学有效地发挥政府调控这只"有形的手"的作用，把握好改革的力度和节奏，弥补市场的缺陷和不足。

2. 加强体制机制创新

积极推进适度规模经营，培育新型农业经营主体。扶持麦农合作社和种麦大户的发展是保证小麦生产稳定发展的迫切需要。通过稳定农村土地承包关系、提高农户集约经营水平、支持多种形式的新型农民合作社发展、推进社会化服务新机制的建立等多种途径，适度扩大农户的经营规模，提高经营主体的组织化程度。积极推进产销衔接，协调生产、流通、加工等产业链各环节的利益关系，强化农户、合作社、家庭农场与龙头企业之间的利益联结机制；健全粮食主销区对主产区的利益补偿机制，支持主产区发展粮食生产。

3. 坚持可持续发展

加强优质、高产、高效并重的小麦新品种的选育，提高优良品种普及率，增加良种储备；加快栽培管理技术提升。根据各区域的生产条件、耕作制度和资源优势，发展适合各地区需求的小麦生产管理技术，强化节水省肥、抗逆增产、资源高效利用等管理技术，集中力量突破制约各区域小麦高产高效和优质生产的关键性、综合性生产技术；加强抗逆减灾减损技术的研究与应用，有效减轻小麦灾害损失；加强国家科技创新引导政策，促进小麦加工业在三产融合、产业链延伸、高附加值产品开发及先进技术装备研制等方面有所作为。

四、深化小麦产业供给侧结构性改革的对策建议

推进小麦产业供给侧结构性改革要着力解决当前小麦产业存在的市场作用不能有效发挥、品种质量与需求难以匹配、生产效益低下、加工业竞争过度等问题，从体制机制、生产方式、技术体系等多方面入手，采取切实有效的措施，促我国小麦产业持续健康发展。

（一）改革小麦市场调控政策，促进市场有效配置资源

2006年国家在主产区实施小麦最低收购价政策（以下简称托市收购）的同时，在河南省、安徽省等地指定粮食批发市场按顺价销售的原则对托市收购的小麦进行公开竞价交易，形成收、拍两条线的小麦市场调控政策。在起初的几年里，这套政策既保证了农民种粮收益，又保证了市场有序供应，调控取得较好成效。但是，随着国内外经济和市场环境的变化，这项政策的缺陷逐步暴露，主要表现为扭曲了市场价格，压缩了下游企业的利润空间，对产业健康发展不利。未来应从以下几方面改革小麦市场调控机制：一是根据国内外粮食市场发展特点适时调整政策目标。调整长期以来对"保供给"、"保收益"两个目标两位一体、不加区分的做法，应对两个目标分而治之。小麦是重要的口粮品种，自给率要求高，必须把"保供给"作为政策目标。可维持现行的最低收购价政策工具，但要掌握好最低收购价的调整节奏和幅度，财政支付性补贴要向粮食主产区和粮食适度规模经营者倾斜。在此基础上，退出粮价政策的"保收益"功能，将其回归到"解决农民卖粮难"的设计初衷。二是调整最低收购价的定价原则。按现行成本加合理利润和成本加基本收益的定价原则制定的托市价、目标价，本质上是一种促进增产增收的价格，也势必是一种高于市场长期均衡价的价格。必须尽快调整定价原则，使支持价格低于市场长期均衡价、使政策目标从增产增收转向止损保本、使托市收购仅在市场供求关系发生重大变化时才启动。逐年同步将水稻、小麦的最低收购价降至不扭曲市场的合理水平。三是配套实施种粮收益补贴。主要用于补偿粮价改革对农民收益的影响，有效保护农民种粮积极性。其不与具体粮食品种挂钩，任何粮食品种均有获得补贴的权利，属非特定产品补贴。具体要求为：第一，按面积进行补贴；第二，不与具体品种挂钩；第三，补贴只针对法定承包地的种植面积，可与土地承包权脱钩，"谁种补谁"。

（二）稳定小麦产量，提升小麦品质

今后小麦生产的重点应在稳定产量的基础上，着力提升小麦品质，进而达到提升效益和竞争力的目标。一是加快小麦种植结构调整。根据农业部2016年5月印发的《全国种植业结构调整规划（2016~2020年）》，小麦产业要"稳定冬小麦、恢复春小麦，抓两头、带中间"，即稳定黄淮海、长江中下游等主产区冬小麦。结合建立合理轮作体系，在东北冷凉地区、内蒙古河套地区、新疆天山北部地区等适当恢复春小麦。"抓两头"，即大力发展市场紧缺的用于加工面包的优质强筋小麦和加工饼干蛋糕的优质弱筋小麦。"带中间"，即带动用于加工馒头、面条的中筋或中强筋小麦品质提升。二是促进优质专用小麦产业发展，加强优质专用小麦品种改良与品质检测，着力发展抗倒伏、抗病害、抵抗极端气候影响的高产优质小麦品种，从技术上为优质优价的实现提供保障。引导农民以需求为导向优化小麦种植结构，通过信息引导加快小麦种植结构调整，扩大优质专用小麦种植面积，并对种植优质专用小麦的区域及规模生产者给予鼓励政策。为推进优质小麦的专收专储，应加快优质小麦品质检测设备的研发与生产，降低检测门槛。三是加快推进多种形式的适度规模经营，切实提高小麦产业化、组织化水平和竞争力。规模过小不仅大大限制了劳动生产率的提高，更难以符合优质麦生产品种相对单一、单收单储的要求。建议通过流转、托管、入股等多种形式质和量并举加快推进小麦适度规模经营，切实提高产出效率、效益。同时加快培育"企业+合作社"、"企业+合作社+大户"、"企业+合作社+家庭农场"等多种新型产业组织模式，尽快解决小麦产业第一车间最短板环节组织化问

题，提高小麦产业抗风险能力和整体竞争力。

（三）通过技术节约小麦生产成本，提高种植收益

我国小麦生产的成本与技术密切相关[①]。首先，由于技术缺乏，农民或选择粗放生产，或增加投入以补偿技术缺失；其次，由于生产技术复杂，实施成本高，农民不愿采用；再次，目前仍缺乏面向大户的全方位综合管理技术，使得种粮大户的生产成本很难低于小农户；最后，防灾技术不足，使得灾害成本增加。节约小麦成本就是提高种植收益，未来可以从以下几方面降低成本：一是在确保足够穗数的前提下，采取有效措施降低用种量。如在品种育选上尽量选择多穗多抗型品种，在种子管理确保种子质量均一化，在播种时推行适时、适量均匀播种，并可根据种植规模制订大户的用种计划与搭配。二是充分利用降水和土壤水，降低灌溉用水量。据专家估计，若适当采用节水技术，现行大部分农户均可减灌 1 次水，如在选用多穗、节水、抗寒型品种的前提下，黄淮冬麦区在足墒播种、适当晚播基础上可免浇越冬水。此外还可通过抓好耕种质量，因地制宜缩小行距，强化播后镇压，以增强土壤保水功能。三是改变"多施肥就能多增产"的观点，提倡适氮增效增产。据专家估计，现行大部分农户氮肥可减少 2 ~ 3 公斤（折纯氮）。目前小麦主产区亩产 500 ~ 600 公斤的地块适宜施氮量在 11 ~ 14 公斤，最高不宜超过 16 公斤。此外，还要确保适宜含钾量（15%），并提升耕种质量和施肥均匀度，促进有条件地采用水肥一体化微灌。四是以防为主、综合防治，减少化学用药量。加快培育对主要病虫害高抗、多抗品种；抓好秸秆还田、整地播种质量，培育壮苗；以种子处理或药剂拌种作为化学防治的主要措施，严把拌种质量。病虫害预警预报与防治方案直达村镇农户，适时防治；还应加强农药质量监管，明确安全有效用量。五是采取适当措施节省人力和机械用工。一般小农户用工应集中在播种环节，播后可外出打工，而种田大户要科学合理分工、用工和托管。此外，节肥、节水、节药是节工的基础，利用田间固定式喷灌和水肥一体化技术有利节工。

（四）推动小麦粉加工行业转型升级，加快发展方式转变

一是逐步淘汰落后产能。修订完善国家《产业结构调整指导目录》，提高行业进入门槛，强化环保、卫生、能耗等指标的约束作用，加快淘汰小麦加工行业落后产能。同时健全行业退出机制，对于退出企业给予适当补偿。二是推进产品结构调整与升级。推广面粉品质改良与营养强化技术，提高蒸煮、焙烤、速冻等面制食品专用粉、营养强化粉、全麦粉等产品所占比例。三是加快推广节能高效新技术。支持关键技术创新与产业化，鼓励发展和采用低消耗、低排放、高效率的加工技术，降低水电消耗、降低碳排放以及废弃物排放。鼓励有条件的企业对麦胚等副产品进行开发利用，提高资源综合利用率。四是推动产业集群集聚。鼓励和引导大型企业兼并重组，在小麦主产区重点培育一批起点高、技术含量高、规模大的面粉加工企业，积极开发优、精、深和附加值高的小麦加工新产品，提高特色专用产品比重，并做到原料基地化、生产规模化、技术现代化、资源利用综合化和产加销一体化，强企业的核心竞争力和抗风险能力。但需注意的是，在制定产业政策时，对不同地区应分类指导、区别对待。在部分落后、偏远地区，一段时期内，允许中小粮食加工企业存在发展，充分发挥其在满足广大农村市场需求、解决地方就业、稳定地方市场价格方面不可忽视的作用。

---

① 参考中国农业大学王志敏教授的报告《我国小麦生产如何降低成本？》。

中国小麦市场展望报告（2016～2025 年）

　　小麦是中国最主要的粮食作物之一，近年来播种面积和产量占粮食总量的 21% 左右；小麦还是我国口粮消费的重要品种之一，在粮食总消费中所占比重在 19% 左右（笔者估算）。"十二五"以来，在国家一系列惠农政策的支持下，在农业部门实施测土配方施肥、粮食高产创建等科技增产活动推动下，我国小麦生产持续稳定发展，呈现三大特点。一是生产能力不断登上新台阶。2011 年小麦总产量为 1.17 亿吨，2012 年突破 1.2 亿吨，2015 年突破 1.3 亿吨，已实现连续 12 年增产。二是单产增长贡献突出。"十二五"期间，小麦总产量增长 10.9%，但种植面积下降了 0.2%，单产增长了 11.1%。三是生产集中度提高。河南、山东、河北、安徽、江苏 5 省小麦产量占全国小麦总产量的比重从 2011 年的 74.5% 提高到 2014 年的 75.9%。预计未来 10 年，小麦产量将以年均 0.2% 的速度缓慢增长，而消费量将以年均 1% 的速度稳步提升，国内小麦供需形势将由供需宽松转为基本平衡。由于 2015 年玉米临储政策发生变化，导致玉米价格下跌，小麦饲用消费量大幅下降，使得小麦供需形势比上年估计的更为宽松。2016 年，预计我国小麦产量为 13010 万吨，同比减少 0.1%；消费量为 12027 万吨，同比增长 0.5%；进口量 274 万吨，同比减少 0.5%；国内小麦价格保持平稳。"十三五"期间，我国小麦市场将呈现国内种植面积稳中有降、供应总量仍较充足、需求稳步增长等基本特点，到 2020 年预计小麦产量为 13191 万吨，消费量为 12630 万吨，进口量 214 万吨。到 2025 年预计小麦产量为 13279 万吨，消费量为 13263 万吨，进口量达 254 万吨，分别比 2015 年增长 2.0%、增长 10.8%、减少 7.6%。

一、"十二五"市场形势回顾

（一）国内小麦连续增产

　　2015 年我国冬小麦实现"十二连增"，总产量创历史新高。国家统计局公布数据显示，全国小麦产量为 13019 万吨，比 2014 年增加 402 万吨，增长 3.2%。小麦增产主要得益于面积相对稳定和单产提高。由于小麦最低收购价政策提前公布，加上夏粮主产区调减棉花和夏收油菜籽种植面积，2015 年小麦种植面积结束之前连续 5 年呈下降的趋势，小幅回升至 36212 万亩，同比增长 0.3%；每亩产量达到 360 公斤，同比增加 10 公斤/亩，增幅 2.9%。

　　"十二五"期间，国内小麦产量持续增加。2011～2015 年小麦产量分别为 11740 万吨、12058 万吨、12193 万吨、12617 万吨、13019 万吨，其中，2015 年比 2011 年增长了 1279 万吨，增幅达 10.9%（见图 6）。

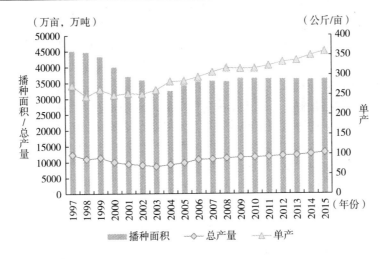

图6　1997～2015年我国小麦生产情况

　　"十二五"期间，除2011年外，我国连续4年启动小麦最低收购价执行预案，在主产区累计托市收购量达7775万吨。由于2014年小麦品质较2013年有所提高，2015年主产区托市收购量为2535万吨，为"十二五"期间的最高值，国家政策性小麦供应较为充足。政策性小麦拍卖每周的投放量稳定在100万吨左右，同年2月又放宽了交易细则中对于竞拍主体资格的限制，但市场主体的竞拍热情不高，第一季度平均成交率不到30%，4月以后随着中央储备和地方储备轮换进行，政策性小麦拍卖成交率进一步下滑，到5月底新麦上市时降至10%以内，8月以后进一步降至1%以内。全年拍卖总成交量仅为412万吨，为"十二五"时期的最低水平（见图7）。

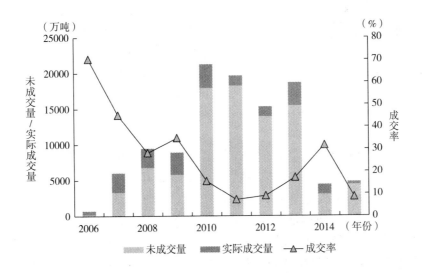

图7　政策性小麦拍卖成交情况

（二）消费量基本平稳

2015年国内小麦市场的需求较为低迷，饲用需求也大幅下降。2014年10月，随着新玉米大量上市，玉米价格持续下行。据郑州粮食批发市场价格监测显示，2015 年 1～5 月，小麦和玉米价差一直维持在 340～370 元/吨，6～8 月由于玉米价格上涨，小麦和玉米的差价缩小至 250 元/吨，但之后随着玉米再度丰收、临储政策变化、价格大幅下跌，小麦和玉米的差价迅速扩大，到 11 月已达到 630 元/吨。小麦替代玉米作为饲料的价格优势不复存在，华北地区饲料企业以采购玉米为主，多数企业停止采购小麦；广东地区玉米小麦价差较小，但广东地区的进口高粱和大麦、玉米酒糟（DDGS）数量较大，饲料企业采购小麦数量较少，预计 2015 年小麦饲用消费量同比下降 600 万吨左右。2015 年小麦消费总量约为 11966 万吨，同比下降了 4.1%。

"十二五"期间，中国小麦年均消费量在 1.2 亿吨左右。其中口粮消费和工业消费基本保持稳中有升，种子消费和损耗基本平稳，饲料消费年际间波动较大。2011 年由于小麦玉米价格倒挂，小麦饲料消费大幅攀升至 2500 吨左右，之后几年虽有所下降，但仍在 1500 万吨以上。而 2015 年由于下半年玉米价格大跌，小麦饲料用粮随之大幅下降。预计 2015 年小麦总消费量较 2011 年下降了 7.2%。

（三）进口量整体呈上升态势

由于 2014 年我国夏收小麦丰收增产且品质较好，企业对进口麦的需求明显减少，2014 年下半年小麦进口量大幅下降，月度进口量维持在 13 万吨以下。2015 年上半年，国内小麦进口量呈现逐月攀升的态势，7 月之后月度进口量降至 30 万吨左右，全年进口总量较上年同期略有增长。据中国海关统计，2015 年[①]我国累计进口小麦产品 300.7 万吨，同比增长 0.09%；同期出口 12.18 万吨，同比减少 35.8%。进口小麦产品主要来自澳大利亚（占 41.9%）、加拿大（占 33.0%）、美国（占 20.1%）；出口小麦产品的主要目的地是中国香港（占 75.2%）、朝鲜（占 11.9%）、中国澳门（占 5.0%）。

"十二五"期间，小麦国内外价格倒挂形势严峻。2013 年 11 月后，国内优质麦销区价开始持续超越国际小麦到岸价。截至 2015 年 12 月，国内外价格倒挂的时间已达到 26 个月，为 2005 年以来持续时间最长的一次。由于进口小麦价格优势明显，进口量整体呈现逐步上升态势。2011～2015 年进口量分别为 125.8 万吨、370.1 万吨、553.5 万吨、300.44 万吨、300.7 万吨，5 年间我国小麦累计进口 1691 万吨，2015 年比 2011 年增长了 1.4 倍。而出口量则呈现大幅下滑的趋势，2011 年出口量为 32.8 万吨，到 2015 年下滑至 12.18 万吨，累计下降了 62.9%。

（四）价格整体稳中有升

受国内市场供需形势宽松影响，2015 年国内普通小麦价格走势偏弱，除 3～4 月受春节过后高校开学、各类企业开工影响小幅上涨外，其余月份环比均呈现下跌态势。郑州批发市场普通小麦全年平均价格为 1.23 元/斤，比上年同期下跌 3.0%。近年来，受比较效益较低影响，我国优质麦种植面积和产量有下降趋势，优质麦价格走势明显好于普通小麦。2015 年上半年，郑州粮食批发市场优质小麦的价格总体呈现小幅上涨趋势，6 月之后，随着新麦上市，优麦价格逐渐回落，全年平均价格为 1.39 元/斤，比上年同期上涨 0.8%。

"十二五"期间，我国小麦价格整体呈现稳中有升的态势，普通小麦年均批发价由

---

① 日历年度。

2011 年的 1.04 元/斤增至 2015 年的 1.23 元/斤，累计增长 18.6%。自 2006 年我国实行小麦最低收购价政策以来，小麦价格一直稳中有升，市场上基本形成了"只涨不跌"的预期。但 2015 年这一预期被打破，究其原因一是小麦市场供需宽松；二是国家小麦最低收购价格两年未变，近年又大幅调低了玉米临储价格，粮食市场价格形成逐步回归市场的信号明显，托市政策作用十分有限（见图 8）。

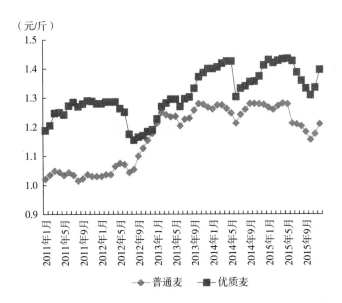

图 8 2011 年 1 月至 2015 年 12 月我国小麦价格走势

二、未来 10 年小麦市场走势判断

（一）总体判断

未来 10 年，中国小麦生产将保持稳定发展，供需形势由宽松转为基本平衡。

1. 生产缓慢增长

预计 2016 年小麦种植面积和总产量分别为 2412 万公顷和 13010 万吨，同比减少 0.1%；"十三五"期间，小麦种植面积稳中有降，到 2020 年为 2402 万公顷，小麦总产量增至 13191 万吨；到 2025 年，小麦面积预计为 2393 万公顷，比 2015 年减少 21 万公顷，年均减幅 0.1%；产量增速放缓，预计 2025 年为 13279 万吨，比 2015 年增长 2.0%，年均增长 0.2%，明显低于过去 10 年 2.6% 的增速。

2. 消费稳步上升

展望期间，中国小麦消费将整体呈现稳步增长的态势，预计 2016 年为 12027 万吨，到"十三五"末期为 12630 万吨，到 2025 年将进一步增至 13263 万吨，年均增长 1.0%，增速总体高于产量增长。其中，口粮消费、饲料消费、工业消费将持续增长，年均增速将分别达到 0.4%、3.1% 和 3.7%；损耗量和种用量年均略降 0.1%。

3. 贸易维持净进口格局

虽然国内小麦供需不存在缺口，但以品种调剂为目的的小麦进口依然会存在，未来

10 年中国小麦进口量将在 200 万吨左右。同期，由于我国小麦出口优势不明显，出口量将稳定在 20 万吨左右，展望期间小麦贸易仍将维持净进口格局，净进口量将在 2025 年达到 254 万吨。

（二）生产展望

1. 种植面积稳中略降

根据国家 2015 年关于调整优化农业结构的指导意见，华北地区要适度调减地下水严重超采地区的小麦种植，西北地区在年降水量 300 毫米以下的旱作地区继续实施压夏扩秋，适度调减小麦种植面积，扩大马铃薯、牧草种植面积。在此政策背景下，未来中国小麦种植面积有逐渐减少的压力。但由于小麦是基本的口粮作物，在国家"口粮绝对安全"的基本原则下，小麦播种面积明显下降的可能性不大。此外，近年棉花、油菜种植效益下降，一些地区退出棉花和油菜的种植转而种小麦，使得 2015 年小麦播种面积一改 2010 年以后连续 5 年的下降趋势，呈现出稳中小幅增加的态势，而且与其他作物相比，小麦机械化率较高，属于省工省时的"懒庄稼"，在种植习惯和劳动力短缺的背景下具有一定的种植优势。未来 10 年中国小麦种植面积稳中略降。预计 2016 年为 2412 万公顷，到 2020 年降至 2402 万公顷，2025 年降至 2393 万公顷，比 2015 年减少 21 万公顷，年均降幅达 0.1%。

2. 单产保持增长趋势

我国小麦单产仍有进一步提升的潜力。一方面，黄淮海地区小麦理论产量可达到亩产 800 公斤以上。目前，这一区域平均亩产在 400 公斤左右，还不到理论产量的一半。同一生态区内省际间的单产差异也很大，山东、河南两省小麦亩产超过 400 公斤，比安徽省高 40 公斤。从现在创高产的实践看，一些地方万亩示范片亩产达到 700 多公斤，比全国平均单产 337 公斤高一倍多。只要采取有效措施，加快新技术推广，提高小麦单产是可能的。另一方面，加强基础设施建设，可为小麦稳产增产发挥积极作用。今后可结合实施《全国高标准农田建设总体规划》，优先改造北纬 33 度低产区，重点改良苏北、淮北、豫南的砂姜黑土，新建一批旱涝保收的高标准农田，进一步提高小麦保灌面积比例。根据模型预测，预计 2016 年中国小麦单产为 5393 公斤/公顷，2020 年为 5491 公斤/公顷，2025 年将达到 5549 公斤/公顷，年均增长 0.3%。

3. 总产增速下降

展望期内，尽管中国小麦种植面积稳中略降，但由于单产水平提高，小麦总产量呈缓慢增长趋势。预计 2016 年为 13010 万吨，2020 年为 13191 万吨，2025 年将达到 13279 万吨，比 2015 年增长 2.0%，年均增长 0.2%，明显低于过去 10 年 2.6% 的增速。

（三）消费展望

1. 小麦消费稳定增长

未来 10 年，中国小麦消费将呈现稳步增长的态势。预计 2016 年为 12027 万吨，到"十三五"末期为 12630 万吨，到 2025 年将进一步增至 13263 万吨，年均增长 1.0%，增速总体高于产量增长。其中，口粮消费、工业消费将持续增长，饲料消费先降后增，损耗量和种用量稳中有降。

2. 口粮消费继续增长

我国正处于食物消费结构升级阶段，人均口粮消费呈下降趋势。根据国家统计局数据，1990～2012 年我国城镇居民人均购买的粮食数量从 130.72 公斤减少到 78.76 公斤，减幅为 39.8%；农村居民人均粮食消费量从 262.08 公斤减少到 164.27 公斤，其中小麦消费量从 80.03 公斤减少到 52.33 公斤，分别减少 37.3% 和 34.6%。"十三五"期间，受二胎政策全面放开等人口政策影响，中国人口总量仍将呈增长趋势。据中国社会科学院人口与劳动经济研究所预测结果显示，中国人口在未来 10 年仍将保持持续增长态势，并将在 2025 年达到峰值 14.13 亿人。人口的持续增长将拉动小麦口粮消费增加，预计 2016 年口粮消费将达到 8536 万吨，2020 年达到 8690 万吨，2025 年达到 8816 万吨，年均递增约 0.4%，在小麦总消费中的比重保持在 66% 左右。小麦口粮消费除数量上的变化外，消费结构也将呈现新特点。据市场监测显示，当前我国面粉等主食消费增速放缓，其中普通粉及其制品的需求量呈萎缩态势，而专用粉及其制品需求增加。这也对小麦生产提出了新的要求，即在保证供应总量充足的前提下，要加快种植结构调整，加强优质专用小麦产业化生产。

3. 饲料消费先降后升

小麦和玉米在饲料消费上具有替代性，小麦饲料用量主要取决于小麦和玉米的比价关系。近几年，由于小麦玉米比价连续几次出现倒挂，使得小麦饲用消费量大幅上升，占小麦总消费的比重由常年的 10% 急剧上升到接近 20%。但自 2014 年新玉米上市后，玉米市场供需结构明显改善，小麦玉米比价逐渐扩大，不断接近并在 2015 年最后几个月突破二者比价的合理上限，使得小麦饲用消费量明显下降。未来在短期内，随着国内玉米价格和收储政策变化，小麦玉米比价恢复正常还需时日，即小麦饲用消费量可能会维持一段时间低位，之后会逐渐回升。预计 2016 年我国小麦饲料消费量为 1069 万吨，2020 年为 1249 万吨，到 2025 年将达到 1488 万吨，年均增幅约 3.1%，占小麦总消费量的比例在 11% 左右。

4. 工业消费快速增长

小麦工业消费是指用于生产淀粉、酒精、酱油、味精、谷朊粉等深加工产品的用量。当前，我国已经进入工业化、城镇化快速发展阶段。从国际经验看，在这一阶段，粮食加工需求增长速度将会超过食用需求的增长速度。未来随着食品工业发展，小麦加工用量也将持续提高。预计 2016 年我国小麦工业消费量为 1444 万吨，2020 年为 1713 万吨，到 2025 年将增至 1986 万吨，年均增幅约 3.7%，占小麦总消费量的比例增至 15%。

5. 损耗量和种用量稳中略降

未来随着我国烘干和仓储设施的改进，小麦损失率将有所降低，小麦损耗总量可能下降，预计 2016 年损耗数量预计为 519 万吨，2020 年为 521 万吨，2025 年为 518 万吨，比 2015 年下降 0.6%，占国内小麦消费总量的比重为 3.9% 左右。由于未来我国小麦播种面积稳中有降，小麦种用消费量预计将从 2015 年的 459 万吨略降至 2025 年的 455 万吨，下降 0.9%，在小麦总消费量中的比重为 3.4%。

（四）价格展望

为提高农民种粮收益，促进粮食生产，2006 年以来国家在河北、山东、江苏、安徽、河南、湖北 6 个主产区实施了小麦最低收购价政策，并从 2008 年起连续 7 年提高最低收购价，而这也成为过去几年我国小麦价格总体稳中上涨的重要因素。但随着国内外市场环境的变化，这项政策在实施过程中面临的压力逐年增大。党的十八届三中全会提出，要完善农产品价格形成机制，使市场在资源配置中起决定性作用。2015年和2016年国家虽然继续在主产区实施最低收购价政策，但是并没有像过去一样再提高价格水平，而是维持2014年价位，而且2015年小麦年均价格是自2006年以来的首次下降，打破了小麦价格"只涨不跌"的预期。

但生产成本的持续上升将继续支撑小麦价格。当前，我国农业已进入高成本时代。过去10年间，我国小麦生产成本持续上涨，特别是工业化、城镇化进程加快，拉动人工和土地成本快速增长。2004～2013年，我国小麦种植每亩总成本从355.92元增加到914.71元，增加了1.57倍。其中物质与服务费用从200.28元增加到417.08元，增加了1.08倍。在此期间，农民工月工资从780元增长到2609元，相应地拉动小麦生产中的人工成本从111.84元增加到343.78元，增加了2.07倍，占总成本比重从31.4%提高到37.6%；土地成本从43.8元增加到153.85元，增加了2.51倍，占总成本比重从12.3%提高到16.8%。相比之下，同期美国每亩小麦生产总成本仅增长18.9%，其中雇工费用下降39.8%，土地机会成本增长19.1%。"十三五"期间，我国工业化、城镇化将进一步推进，农业生产中的人工和土地成本刚性增长也将持续，继而推高小麦价格。预计未来，政策支撑减弱后的小麦市场价格波动将加大，但价格水平整体将基本稳定。

（五）贸易展望

未来10年，小麦贸易仍将维持净进口格局。近年来，国内外价格倒挂，国际价格优势明显，成为我国小麦在产量"十二连增"的背景下进口大幅增加的重要原因。从未来走势看，全球小麦供给形势依然较为宽松，而需求在世界经济复苏乏力的背景下很难有大的改善，短期内国际小麦价格依然可能在低位震荡，国内外价差依然会存在。此外，随着国内面粉消费的升级，专用及高品质小麦粉需求进一步扩大，对高质量小麦的需求进一步增强，国内供给在短期内难以满足需求，对国际市场仍有品种调剂的需求。预计2025年小麦进口将在254万吨左右，较2015年有所下降，主要进口来源国预计仍为澳大利亚、加拿大和美国。今后随着我国"一带一路"倡议的推进，从中亚地区如哈萨克斯坦进口小麦的数量有望进一步增长。近年来小麦出口量呈现下降趋势，未来我国小麦出口每年将保持在20万吨左右，主要出口地为中国香港、中国澳门和朝鲜。

三、主要问题和不确定性因素

（一）小麦品质结构调整迫在眉睫

2016年"一号文件"首次提出推进农业供给侧结构性改革，包括"调结构、提品质、促融合、降成本、去库存、补短板"等措施。对于小麦而言，"调结构、提品质"的需求最为迫切。据农业部检测结果显示，2015年我国小麦抽样送检的质量状况总体稳定，但优质麦的结构出现明显变化，强筋、弱筋类品种样品占比少，中强筋、中筋类小麦成为优质达标麦主力品种。在检测达标小麦中，强筋小麦仅占3%，弱筋占1%，也就是说，我国优质小麦品种主要是传统的中筋和中强筋品种。主要原因是2010年我国小麦产业政策变化后，强筋和弱筋作为面包和蛋糕专用小麦，一方面由于产量低于中筋品种，农业部门推广积极性下降；另一方面由于不能优质优价，农民种植积极性下降。2010年以后，强筋和弱筋小麦的送检达标比例越来越小。2015年弱筋小麦样品只有4份，来自4个品种，样品占比由2006年的不足5%下降到不足0.5%。不仅如此，弱筋品种的蛋白质与湿面筋含量以及稳定时间都出现较高状态，导致多数难以达标。10 年间，我国中强筋和中筋类由 23% 提高到 48%，但强筋类由 12% 下降到 2%，加剧了我国优质麦对进口的需求。未来为适应国内面粉消费结构升级的需求，优质麦产业化生产将逐步加强。

（二）粮食调控政策将有所变化

2006 年国家在主产区实施小麦托市收购的同时，在郑州、安徽两省指定粮食批发市场按顺价销售的原则对托市收购的小麦进行公开竞价交易，形成收、拍两条线的小麦市场调控政策。可以说在起初的几年里，这套政策既保证了农民种粮收益，又保证了市场有序供应，调控取得较好成效。但近年来，国际粮食价格大幅低于国内粮食价格，进口压力持续增大，粮食调控政策亟须根据国内外形势变化进行改革。我国从 2014 年开始对主要农产品价格形成机制、补贴政策、收储方面的政策进行了适度调整，如在新疆和东北三省、内蒙古东部地区实行的棉花和大豆目标价格改革，2015 年对东北地区的玉米临时收储价格的调整。2015 年中央"一号文件"进一步提出，要"改革完善粮食等重要农产品价格形成机制和收储制度。坚持市场化改革取向与保护农民利益并重，采取'分品种施策、渐进式推进'的办法，完善农产品市场调控制度"。从长期看，粮食市场将减少政府直接干预，取而代之的是在国家宏观调控下充分发挥市场机制在粮食资源配置中的决定性作用，逐步实现粮食购销市场化、市场主体多元化。

（三）自然灾害与极端气候影响不定

小麦生长周期较长，受自然灾害和极端气候影响较大。我国是一个旱灾频繁的国家，据《中国水旱灾害公报》数据，21 世纪以来（2000~2013 年），全国农业平均每年因旱受灾面积达 2150 万公顷，年均因旱损失粮食 3010 万吨。与全球相比，近百年来中国平均气温升高了 1.1℃，比全球平均值略高。全国大部分地区都呈增温趋势，北方增温更为明显。特别是华北地区，最近 20 年中有 8 年发生干旱。气候变暖导致病虫害发生规律性变化。相关监测结果表明，与 20 世纪 80 年代相比，小麦条锈病越夏区的海拔高度升高了 100 米以上，发生流行时间提早半个月左右。原来南方小麦主发的赤霉病和白粉病也已经成为北方小麦的主要病害。气候变暖对种植制度也有影响。有关研究表明，气温每升高 1℃，水稻生育期缩短 7~8 天，冬小麦生育期缩短 17 天，直接影响单产水平。从未来气象条件看，2016 年 1 月，*Journal of Geophysical Research – Atmospheres* 发表文章指出，预计在高强度排放情景下，到 21 世纪上半叶，中国极端温度事件的增长速率将加倍。未来 10 年，以全球变暖为主要特征的全球气候环境变化将显著影响我国小麦生产的稳定性。

中国小麦市场展望报告（2017～2026年）

小麦是中国仅次于玉米和水稻的第三大谷物，2009年以来种植面积维持在36150万亩（2410万公顷）左右，约占粮食作物总面积的21%。2004年以来，中国小麦产量实现"十二连增"，但2016年，受极端天气影响，产量有所下降；小麦消费一直呈现稳中略增趋势，2016年由于制粉消费和饲料消费均有所提升，总消费量较上年增长1.8%；2016年小麦价格整体呈现"两头涨、中间跌"的特征，不同品质小麦价格差距拉大。预计未来10年，小麦生产将基本保持稳定，消费量整体将保持年均0.8%的速度增长，国内小麦供需形势将由宽松转为基本平衡。预计2017年中国小麦产量为12880万吨，消费量为12104万吨，净进口量为213万吨，与2016年相比分别减少0.1%、0.8%、39.2%；2020年小麦产量为13041万吨，消费量为12516万吨，净进口量157万吨；2026年小麦产量为13269万吨，消费量为13204万吨，净进口量达204万吨，与2016年相比分别增长3.0%、增长8.3%、减少41.9%。

一、2016年市场形势回顾

（一）国内小麦生产结束"十二连增"，托市收购数量创近年新高

1. 国内小麦产量下降

2016年，我国小麦播种面积3.62亿亩（2418.7万公顷），同比增长0.2%；单产355公斤/亩（5327公斤/公顷），与上年相比下降1.2%；总产量12885万吨，与上年相比下降1%，结束了连续12年的增产。小麦减产的主要原因：一是小麦生长前期农业气象条件总体较上年差。2015年秋季麦播后，北方麦区光温水匹配略差，小麦冬前生长不足，返青期略早于常年，返青后苗情基础偏差；江淮麦区遭遇连续阴雨和低温天气，导致小麦播期推迟。受冬前不利气象条件的影响，小麦个体生长发育较弱，有效生长量不足，分蘖偏少，北方麦区和江淮麦区亩穗数均有不同程度的减少。二是部分地区在小麦抽穗扬花和灌浆期遭遇连阴雨天气，导致麦赤霉病和穗发芽等较常年偏重发生。三是在小麦收获期部分地区遭受强降雨，不仅影响小麦产量形成，还造成小麦品质下降。5～6月，江苏省、安徽省及河南省大部分地区雨水偏多，有效光照不足，不利于小麦灌浆和收割，小麦在地时间过长，导致部分小麦早衰、死亡，籽粒不够饱满，同时导致已经成熟的小麦无法及时收获，部分地区小麦出现发芽迹象和轻度霉变，小麦品质下降。根据国家粮食局检测结果，2016年河北、山西、江苏、安徽、山东、河南、湖北、四川、陕西9省夏收小麦整体质量明显不如上年。容重和三等以上小麦比例有所下降，不完善粒超标问题较为突出，除山西省外，各省小麦不完善粒皆有超标。其中，由于黄淮地区小麦灌浆期和收获期普遍受降雨等特殊气候影响，江苏、安徽、河南、湖北4省不完善粒超标较为严重。

2. 小麦库存较为充足

一方面，托市收购量创近年新高。在全年减产的背景下，各主产省最低收购价小麦收购量累计达2852.95万吨，与上年相比增加773.70万吨，为2010年以来的最高水平；另一方面，最低收购价小麦拍卖成交率创历年新低。根据拍卖数据计算，2016年国家最低收购价小麦计划拍卖量8796万吨，与上年相比提高了115%，为近3年最高水平，但实际成交量仅为256万吨，成交率为2.9%，创历史最低。截至2016年12月下旬，最低收购价小麦剩余库存量在5800万吨左右，较2015年底大幅增加。

（二）国内小麦制粉消费略增，饲用消费增长明显

1. 制粉消费同比略增

2016年，小麦粉、麸皮等加工品市场总体需求旺盛。其中，小麦粉市场价格结束了2015年下半年以来的持续下跌，呈稳中有涨的走势。2016年小麦粉月均价为3.34元/公斤，与上年相比上涨0.9%。麸皮价格则经历较大起伏，第一季度由1月的1.56元/公斤跌至3月的1.38元/公斤，创2013年以来历史新低；4月后麸皮市场逐月回暖，价格迅速反弹，截至2016年12月底，涨至1.76元/公斤，较上年同期上涨13.7%，较3月上涨0.38元/公斤。受利润率回升刺激，2016年小麦粉总产量达15265万吨，与上年相比增加4.7%，高于2015年1.8%的增速，2013～2015年增速3年连续放缓的态势得到扭转。

2. 饲用消费明显增加

2016年受小麦收获期间主产区出现大范围降雨影响，部分新麦质量受损，芽麦、霉变麦和不完善粒超标小麦大量增加。由于这部分小麦收购价格较低，在上市初期每公斤仅为1.4～1.6元，相比当时玉米每公斤1.8元左右的价格具有竞争优势，使得2016年小麦对玉米的饲用替代量较2015年明显增加，约为700万吨。加上小麦常年用于饲料消费的数量为800万吨左右，估计2016年小麦饲用总消费量在1500万吨左右，与上年相比增长36.4%。

（三）国内外价差扩大，小麦净进口趋势明显

截至2016年12月，国内优质麦销区价连续40个月低于国际小麦到岸税后价。2016年全年平均价差在1元/公斤，略高于2015年0.98元/公斤的水平。据中国海关统计，2016年中国进口小麦产品为341.19万吨，与上年相比增13.5%；进口额为8.15亿美元，减少9.5%；出口11.28万吨，减少7.4%；出口额为0.62亿美元，减少15.1%。2009年以来，我国小麦进口量持续超过出口量，2013年净进口量达到525.7万吨，为2005年以来的最高值。虽然有品种调剂的成分，但近年来价差的驱动作用越来越明显，国内小麦及其制品竞争优势下降，出口量自2012年开始呈现持续负增长的趋势，已降至1996年以来的最低点。从贸易结构看，2016年我国小麦进口主要来自澳大利亚（占进口总量的40.8%）、美国（占22.8%）、加拿大（占30.2%）、哈萨克斯坦（占3.7%）；出口主要目的地是中国香港（占出口总量的83.5%）、朝鲜（占5.5%）、中国澳门（占5.4%）、埃塞俄比亚（占2.3%）。

（四）国内小麦价格下降，不同品质小麦价格分化明显

2016年国内小麦市场价格走势表现为"两头涨中间跌"趋势。1～4月由于市场粮源减少，托市收购小麦不能顺价销售，小麦供需阶段性偏紧，价格上涨趋势明显；新麦上市后，受新麦价格影响，5～8月陈麦价格由2.46元/公斤跌至2.26元/公斤，9月以后，由

于夏粮收购接近尾声，市场上质优小麦粮源减少，小麦价格止跌回升；10月粮源偏紧形势加剧，价格上涨趋势更为明显，国家适时投放2015年托市收购小麦，并扩大了拍卖区域，11月之后小麦价格涨势趋缓。2016年，普通小麦平均价格为2.34元/公斤，与上年相比跌了4.1%；优质小麦平均价格为2.70元/公斤，跌3.1%。

近年来，优质麦与普通麦价格分化逐渐加大。2013～2016年，优质麦与普通麦价差由0.12元/公斤扩大至0.38元/公斤，优质麦价格走势稳健而普通麦价格趋于下降。"质优小麦供不应求、质差小麦供大于求"是当前我国小麦市场价格的重要特征。此外，由于2016年南方小麦质量受损较北方严重，南北小麦价格走向分化特征明显，北方小麦价格上涨速度快、幅度大，而南方麦区市场价格重心却始终上行乏力。截至2016年12月底，南北小麦价差高达0.08～0.12元/公斤。往年河北、山东两地用粮企业多从河南、安徽、江苏等地采购小麦，而2016年市场却出现了粮源"倒流"的现象。

二、未来10年市场走势判断

（一）总体判断

未来10年，中国小麦生产将整体保持稳定，供求状况由当前的较为宽松转为基本平衡。

1. 生产保持稳定

预计2017年小麦种植面积和总产量分别为36086万亩（2406万公顷）和12880万吨，与上年相比减少0.5%和0.1%；到2020年，虽说小麦种植面积降至35997万亩（2400万公顷），但总产量将增加至13041万吨；到2026年，小麦面积预计为36151万亩（2410万公顷），比2016年减少135万亩（9万公顷），年均减幅为0.04%，总产量预计为13269万吨，比2016年增加383万吨，年均增长0.29%。

2. 消费稳中有增

预计2017年小麦消费量为12104万吨，到2020年增加到12516万吨，2026年进一步增至13204万吨，以2016年为基期，年均增长0.80%，消费量增速总体高于产量增速。其中，口粮消费、饲料消费、工业消费将持续增长，年均增速分别达到0.37%、1.69%和2.90%；种子消费和损耗量将略有下降，年均降幅分别为0.04%和0.13%。

3. 价格逐步向市场回归

随着国内粮食价格支持政策改革的加快推进，小麦市场上政策支持的作用将逐渐弱化，市场力量将逐渐在价格形成中起决定性作用。消费结构的升级将拉动优质和专用小麦需求的上升，普通小麦和优质小麦价格差距将逐渐扩大。

4. 净进口量趋于下降

随着我国农业供给侧结构性改革的不断深入，国内优质专用小麦生产将得到长足发展，加上国际小麦逐渐走出低迷时期，国内优质小麦对进口麦的替代作用将增强。预计2017年小麦净进口为213万吨，2020年为157万吨，2026年将达到204万吨，相比2016年减少42%。

（二）生产展望

1. 种植面积稳中略降

2016年5月，农业部印发《全国种植业结构调整规划（2016～2020年）》，提出小麦要"稳定冬小麦、恢复春小麦，抓两头、带中间"，即稳定黄淮海、长江中下游等主产区冬小麦，适度调减华北地下水严重超采区小麦；在东北冷凉地区、内蒙古河套地区、新疆天山北部地区等适当恢复春小麦；大力发展市场紧缺的用于加工面包的优质强筋小麦和加工饼干蛋糕的优质弱筋小麦；同时带动用于加工馒头、面条的中筋或中强筋小麦品质提升。预计展望期间我国小麦种植面积将呈现"总体稳中略降，结构调整优化"的局面，强筋、弱筋等加工专业优质小麦的播种面积将明显上升，传统中筋、中强筋小麦的播种面积将有所下降。预计 2017 年全国小麦播种面积为 36086 万亩（2406 万公顷），较 2016 年下降 0.5%；2020 年减至为 35997 万亩（2400 万公顷），2026 年略有增长，为 36151 万亩（2410 万公顷）水平，但与 2016 年相比略减少 0.04%，整体呈现稳中略增的局面。

2. 单产持续提升

小麦单产能力仍有进一步提升的空间。一方面，栽培方式的改善将极大地促进小麦增产。据有关专家研究表明，肥料的施用量、种类、配施比例，灌水量及灌水时期和方式，耕作模式以及化学调控等措施对小麦的生长发育、籽粒产量和品质形成均存在显著的调控效应，通过运用最优化的栽培措施可大幅提高小麦产量。另一方面，现有诸多品种的增产潜力还未完全发挥，仍有待挖掘。黄淮海地区小麦理论单产可达到 800 公斤/亩（12000 公斤/公顷）以上，但目前该区域单产在 400 公斤/亩（6000 公斤/公顷）左右，还不到理论的一半。随着农业技术推广体制机制改革与农业流通领域改革的不断深化，机械化和信息化技术水平提高，科技示范带动作用增强，优质品种与技术的广泛应用将进一步释放增产潜力。根据预测，2017 年小麦单产预计为 357 公斤/亩（5354 公斤/公顷），2020 年增至为 362 公斤/亩（5434 公斤/公顷），2026 年将达到 367 公斤/亩（5506 公斤/公顷），未来 10 年年均增长 0.33%。

3. 总产量整体保持稳中有增

虽然小麦播种面积稳中略降，但由于单产增速高于面积降速，总体来看，我国小麦总产量将保持稳中有增的态势。预计 2017 年小麦总产量可达 12880 万吨，2020 年增至 13041 万吨，到 2026 年达到 13269 万吨，未来 10 年年均增长 0.29%。

（三）消费展望

未来 10 年，中国小麦消费整体将呈现上涨态势。预计 2017 年小麦消费量为 12104 万吨，2020 年为 12516 万吨，2026 年进一步增至 13204 万吨，以 2016 年为基期，年均增长 0.8%，增速总体高于产量增速。其中，口粮消费、工业消费将持续增长，饲料消费先降后增，损耗量与种用消费量稳中有降。

1. 口粮消费总量稳步上升

随着我国居民食物消费结构的升级，人均口粮消费呈下降趋势，我国人均小麦消费量将稳中略降。人口总量的持续扩张仍将推动小麦口粮消费总量的增长。预计中国人口在未来 10 年仍将保持持续增长态势，2026 年达到 14.36 亿人。此外，经济的发展使城乡居民的支付能力和生活水平不断提高，消费者对农产品的需求由吃得饱向吃得好、吃得科学、吃得健康转变，消费结构将会带动国内加工消费结构转变。《粮食行业"十三五"发展规划纲要》（发改粮食〔2016〕2178 号）提出，到 2020 年我国主食工业化率将达到 25%，较 2015 年提高 10 个百分点，并将推动馒头、挂面、鲜湿面、速冻主食等主食产业化项目的建设，改造建设一批规范化、机械化、规模化的大型主食生产加工配送中心或主食厨房，建立一体化主食销售供应网点、放心主食店，开展冷链物流配送体系试点，这将为小麦作为口粮消费提供更好的条件。预计2017年我国口粮消费总量将达到8586万吨，2020年达到8712万吨，2026年达到8855万吨，未来10年年均递增约0.37%。

2. 饲料消费先降后升

小麦和玉米在饲料消费上具有替代性，小麦饲料用量主要取决于小麦和玉米的比价关系。2016年由于小麦质量受损，导致质差小麦较玉米有价格优势，饲用消费上升，但这种消费替代是短期的。玉米临储政策取消后，价格逐渐回归市场，而小麦最低收购价格在2017年依然保持不变，因此如果2017年上半年天气正常，下半年小麦在价格上难以对玉米形成替代优势，饲用消费量将有所下降。虽然从目前情况看，玉米价格持续低迷，但随着玉米种植面积的不断调减，供求形势将发生变化，玉米价格会逐渐回升，从而使得小麦的饲用消费替代量逐渐增加。2017年我国小麦饲用消费量预计为1092万吨，比2016年减少188万吨，2020年恢复至1215万吨，2026年将达到1516万吨，呈先降后增趋势，未来10年年均增长1.69%。

3. 工业消费快速增长

小麦工业消费量是指用于生产淀粉、变性淀粉、谷朊粉、酒精、麦芽糖、调味品等深加工产品的用量。当前，我国已经进入工业化中期阶段，城镇化建设进程加快。从国际经验看，在这一阶段，对粮食中间需求、间接需求的增长将会超过直接需求的扩张。尽管我国粮食加工业取得了快速发展，粮食加工产品达2000多种，但与发达国家和中国居民消费转型需求相比仍然存在较大差距，工业用粮仍是今后小麦消费的一个增长点。2017年我国小麦工业消费量预计为1449万吨，2020年为1607万吨，到2026年将增至1860万吨，2016～2026年年均增幅约2.9%，占小麦总消费量的比重由11%增至14.1%。

4. 损耗量与种用消费量稳中略降

未来随着我国烘干和仓储设施的改进，小麦损失率将有所降低，预计2017年损耗数量为519万吨，2020年为524万吨，2026年降至512万吨，比2016年下降1.3%。随着小麦品种改良技术的广泛应用和小麦总播种面积的变化，小麦种用消费量预计2017年为459万吨，2020年为458万吨，2026年约为460万吨，比2016年下降0.4%。

（四）贸易展望

传统上我国小麦进口主要为品种调剂，弥补国内优质强筋、弱筋小麦的不足，但近年来受国内外价格持续倒挂影响，价差驱动型进口逐渐增多。2016年全球小麦产量再创纪录，国际市场库存压力进一步加重，国际价格持续低迷。经济合作与发展组织（OECD）于2016年预测，国际小麦市场价格的下降态势将持续至2019年底。由此可见，国内外价格倒挂形势难以依靠外部市场变化得到缓解。从未来走势看，全球小麦供给形势依然较为宽松，而需求在世界经济复苏乏力的背景下很难有大的改善，短期内国际小麦价格依然可能在低位震荡，国内外价差依然存在。长期来看，随着小麦供给侧结构性调整，国产小麦将逐步满足国内对专用及高品质小麦粉的需求，进而对国外高质量小麦需求的依赖程度将出现降低。未来10年，小麦贸易仍将维持净进口格局，但净进口总额将大幅下降。2017年小麦净进口量预计为213万吨，2020年为157万吨，2026年将达到204万吨，较2016年下降147万吨，降幅为42%。

（五）价格展望

2006年以来，国家在河北、山东等6个主产省实施的小麦最低收购价政策，使得小麦价格在2006～2014年基本保持总体稳中有涨的态势，极大地促进了农民种粮积极性，成为保障小麦生产实现"十二连增"的重要因素。但随着国内外市场环境的变化，最低收购价政策"保供给"和"保收益"的双重目标也暴露出了一些问题。2017年2月，国家首次全面下调了三种稻谷最低收购价格水平。虽然2017年小麦的最低收购价格仍保持不变，但在稻谷、玉米的价格支持政策均有所调整后，为形成合理的比价关系，保证农业种植结构调整的顺利进行，小麦最低收购价格的调整也是预料之中的事情。而作为国家调控最有效的品种，最低收购价的变动对小麦市场的影响预期也最明显，这从2015年玉米临储价格变动引发小麦市场价格地震就可窥一斑。但有了玉米、稻谷价格支持政策改革的铺垫，市场主体对小麦最低收购价政策改革已有心理准备，市场价格也从2015年开始逐步下调，预计等到政策真正出台时，对小麦市场的振动将较为有限。

三、不确定性分析

（一）粮食价格支持政策调整的不确定性

2014年起，我国开始以大豆为突破口，探索"市场定价、价补分离"的改革思路，逐步取消了玉米临时收储政策，粮食价格支持政策改革的步伐逐渐加快。从2014年开始，国家连续两年停止上调稻谷和小麦最低收购价，2016年将早籼稻最低收购价格由2.7元/公斤略降至2.66元/公斤，中晚籼稻、粳稻和小麦价格保持不变；2017年中央"一号文件"强调要"坚持并完善稻谷、小麦最低收购价政策，合理调整最低收购价水平，形成合理比价关系"，并于2月首次全面下调了3种稻谷的最低收购价格，2017年生产的早籼稻、中晚籼稻和粳稻最低收购价格分别为2.6元/公斤、2.72元/公斤和3元/公斤，比2016年下调了2.26%、1.45%和3.23%。从长期看，小麦最低收购价改革也将提上日程，但调整的时间和幅度仍存在很大的不确定性，这将直接影响未来小麦价格走势及生产布局。

（二）种植收益变化的不确定性

近年来，随着种植成本的不断上涨，粮食价格支持政策对保证农民收益的作用受到较大影响。2013年小麦种植收益出现近10年来首次亏损，2014年亩均收益曾回升到87.8元，2015年有所下滑，2016年再次出现亏损。据农业部对河南、山东、河北、安徽、江苏和湖北6个小麦主产省的调查显示，2016年夏收小麦亩均亏损10.8元，比上年减少150.0元；每亩成本收益率为−1.1%，比上年下降19.9个百分点。小麦种植收益的下降使得国内农户种植积极性受挫，2016年安徽、江苏2地小麦秋冬种面积同比下降1%以上。今后是否能采取有效措施提高农民种植小麦的收益，对保证小麦生产稳定意义重大。鉴于粮食价格支持政策的作用有限及"市场定价、价补分离"的改革方向，未来在调整小麦最低收购价的同时，势必要配套出台种植收益补贴政策，但政策出台的时间及补贴的对象、标准和范围仍具有很大的不确定性。

（三）气候变化的不确定性

从全球范围来看，气象变化的主要特征是气候持续变暖伴随极端气候现象增多。世界气象组织（WMO）的《2011～2015年全球气候报告》显示，近10年以来全球变暖加剧，

2011～2015 年是全球有记录以来平均气温最高的 5 年，其中 2015 年是有记录以来最热的年份。全球气温上升会导致病虫害发生概率增高，发生范围增大，一年中虫害影响时间变长，且会削弱化肥农药的使用效果，对农业造成不利影响。受全球变暖导致的超强厄尔尼诺现象影响，2016 年我国气象条件较差，为有气象记录以来历史第 3 高温年份，降水最高年份。全国平均年降水量达 730 毫米，较常年偏多 16%，较 2015 年偏多 13%。高温与降水灾害频发是 2016 年小麦夏粮减产的一个重要因素。据全国农作物病虫测报网监测调查和专家会商，受 2016 年冬季气温偏高、土壤湿度偏大等因素影响，2017 年农作物病虫害呈重发趋势，预计发生面积比上年增加 9.7%；其中小麦赤霉病预计发生面积与上年持平，蚜虫害增加 12.0%，条锈病增加 31.3%，是近年来发生面积最大、范围最广的一年，且向北、向东扩散态势明显，对小麦主产区威胁大。极端气候现象导致的自然灾害，将是未来影响我国小麦产量提升的重要因素。

参考文献

［1］国家粮食局标准质量中心. 2016 年我国夏收小麦质量调查报告［EB/OL］. 国家粮食局门户网站，www. chinagrain. gov. cn.

［2］2016 年小麦行情综述及展望 2017［EB/OL］. 中国粮油信息网，http：//www. chinagrain. cn/nh/2017/1/1/201711151676567. SHTML.

［3］国家小麦产业技术体系. 中国现代农业产业可持续发展战略研究：小麦分册［M］. 中国农业出版社，2016.

［4］王秀丽，孙君茂. 中国小麦消费分析与未来展望［J］. 麦类作物学报，2015，35（5）：655 –661.

［5］王玉庭. 中国小麦消费现状及趋势分析［J］. 中国食物与营养，2010（5）：47 –50.

中国小麦市场展望报告（2018～2027年）

小麦是中国仅次于玉米和水稻的第三大谷物，2009年以来种植面积保持在36000万亩（2400万公顷）以上，约占谷物总面积的25%，2017年小麦种植面积略有下降，单产水平创历史新高，产量高于2016年，达到仅次于2015年的历史次高水平；小麦消费总体呈现稳中略增趋势，2017年饲用消费减少，总消费量较上年有所下降；2017年小麦价格整体呈现先低后高的特征，总体水平比上年小幅上涨。预计未来10年，小麦种植面积和产量先减后增，但幅度较小，生产基本保持稳定，消费总量呈稳中有增趋势，净进口量趋于下降。预计2018年中国小麦产量为12960万吨，消费量为12583万吨，净进口量为352万吨，与上年相比分别减少0.1%、增加1.1%、减少2.7%；小麦产量小幅下降后回升，消费量小幅增长，进口减少，预计2020年小麦产量为12978万吨，消费量为12839万吨，净进口量为347万吨；2020年到展望期末，小麦产量小幅增长，消费量继续增加，净进口减少，预计2027年小麦产量为13182万吨，消费量为13526万吨，净进口量为266万吨，与2017年相比分别增加1.6%、增加8.7%、减少26.5%。

一、2017年市场形势回顾

（一）小麦产量恢复性增长

2004～2015年，中国小麦产量实现"十二连增"，2016年受天气因素影响，产量和品质均有所下降。2017年，中国小麦播种面积3.60亿亩（2398.8万公顷），与上年相比减少0.8%，其中冬小麦播种面积为3.47亿亩（2314.9万公顷），与上年相比减少1.0%，主要是由于华北地区地下水严重超采区适度调减小麦面积；由于天气有利于小麦生长，小麦单产达到361公斤/亩（5410公斤/公顷），与上年相比增长1.5%，为历史最高水平；小麦总产量为12977万吨，与上年相比增长0.7%，仅次于2015年的历史次高水平，其中冬小麦产量12735万吨，与上年相比增长0.9%。从品质来看，2017年小麦质量较上年大幅改善，容重增加、不完善粒显著下降，中等（三等）以上小麦比例明显提高。其中，河南省小麦平均容重均值781克/升，与上年相比增加6克/升；不完善粒比重为5.3%，与上年相比下降4.6个百分点，中等以上小麦占94.1%；江苏省小麦平均容重为772克/升，与上年相比增加7.8%；不完善粒比重为4.5%，与上年相比下降9个百分点，中等以上小麦占80%。

（二）小麦消费总量略降

2017年小麦消费总量略减，主要是饲用小麦消费减少。2017年中国小麦消费总量为12441万吨，较上年减少245万吨。从消费结构看，人均口粮消费减少，但人口数量增加，小麦制粉消费量为8700万吨，比上年增长0.6%；工业用粮1500万吨，与上年略增；种子用粮相对稳定，约为468万吨；饲用小麦消费减少幅度较大，约为1200万吨，比上年减少 300 万吨，主要是受到高粱、大麦、玉米等其他饲料替代消费的影响。以玉米为例，2017 年小麦与玉米的比价为 1.64：1，而 2016 年两者比价为 1.49：1，小麦饲料消费优势减弱。损耗量估计为 573 万吨，比上年略减（见图 9）。

图 9　2007 年以来中国小麦面积、单产及产量

资料来源：中国国家统计局。

（三）小麦价格整体高于上年

2017 年国内小麦市场价格走势先低后高，总体水平比上年小幅上涨，南北粮价走势均衡，北高南低局面改观。2017 年产区普通小麦批发价格为 2.41 元/公斤，与上年相比上涨 2.5%；优质小麦批发价格为 2.67 元/公斤，与上年相比下降 0.7%。分时间段看，1～4 月，小麦价格维持上年弱势行情，普通小麦批发价格保持在 2.3～2.32 元/公斤；5 月新麦陆续上市后，由于小麦品质较好，贸易商和加工企业入市收购积极性高，加上粮库最低价小麦收购的支撑，小麦价格稳步上涨；8～9 月部分地区小麦市场价格高于托市收购价格，一些最低收购价收储库点陆续停止收购；12 月产区普通小麦批发价格达到 2.58 元/公斤，比年初上涨 11.7%。因 2017 年国内普通小麦质量普遍较好，市场主体采购积极性加大，优质麦和普通麦的价差小于上年。2017 年优质麦批发价格比普麦高 0.26 元/公斤，与上年相比，价差减小 0.08 元/公斤。此外，由于 2017 年南方小麦主产区质量明显好于上年，市场收购量大，价格上涨较快，改变了 2016 年小麦"北高南低"的局面。

（四）小麦进出口双增长

近 4 年来，国内优质麦销区价格持续高于配额内 1% 关税下国际小麦到岸价。截至 2017 年底，国内优质麦销区价已经连续 50 个月高于国际小麦到岸税后价，为 2003 年以来持续时间最长的一次。2017 年全年平均价差在 0.79 元/公斤，比 2016 年 1 元/公斤的水平略有缩小。在国内外小麦价差的驱动作用下，中国小麦进口量持续增加，达到 2014 年以来的最高水平。据中国海关统计，2017 年中国进口小麦产品为 442.25 万吨，与上年相比增长 29.6%；进口额为 10.83 亿美元，与上年相比增长 32.7%；出口 18.26 万吨，与上年相比增长 61.9%；出口额 0.85 亿美元，与上年相比增长 38.0%。分国别（地区）看，中国小麦进口主要来自澳大利亚（占进口总量的 43.1%）、美国（占 35.2%）、加拿大（占 11.8%）、哈萨克斯坦（占 7.0%）、乌克兰（占 1.3%）；出口主要目的地是朝鲜（占出口总量的 44.7%）、中国香港（占 43.4%）、埃塞俄比亚（占 5.5%）、中国澳门（占 3.0%）。

二、未来 10 年市场走势判断

（一）总体判断

未来 10 年，中国小麦生产整体将保持稳定，面积和产量略降后趋稳，消费稳中有增，净进口量呈下降趋势，库存结余先增后减。

1. 生产总体保持稳定

预计 2018 年小麦种植面积和总产量分别为 35904 万亩（2394 万公顷）和 12960 万吨，与上年相比减少 0.2% 和 0.1%；预计 2020 年，小麦种植面积降至 35896 万亩（2393 万公顷），总产量达到 12978 万吨；到 2027 年，小麦种植面积预计为 36088 万亩（2406 万公顷），比 2017 年增加 106 万亩（7 万公顷），年均增长 0.03%，总产量预计为 13182 万吨，比 2017 年增加 204 万吨，年均增长 0.16%。

2. 消费稳中有增

预计 2018 年小麦消费量为 12583 万吨，到 2020 年增加到 12839 万吨，2027 年进一步增至 13526 万吨，以 2017 年为基期，年均增长 0.87%，消费量增速总体高于产量增速。其中，口粮消费、饲料消费、工业消费将持续增长，年均增速分别达到 0.3%、3.2% 和 3.2%；种子消费和损耗量将略有下降，年均降幅分别为 0.04% 和 0.4%。

3. 净进口量呈下降趋势

随着中国农业供给侧结构性改革的不断深入，国内优质专用小麦生产将得到快速发展，加上小麦最低收购价政策调整完善，小麦市场化定价趋势明显，国内外小麦价差减小，国内小麦对进口小麦的替代作用将增强，小麦净进口较 2017 年有所下降。预计 2018 年小麦净进口量为 352 万吨，2020 年为 347 万吨，2027 年为 266 万吨，比 2017 年减少 96 万吨，年均降幅为 2.6%。

4. 价格先降后涨

小麦"政策市"特征将逐渐减弱，在市场机制逐步发挥主导作用的影响下，预计未来 1～3 年小麦市场价格将围绕最低收购价水平稳中略降，长期来看，受生产成本上涨的影响，小麦价格将稳中有涨，价格波动频率和幅度将增大。

（二）生产展望

1. 种植面积略降后趋稳

《全国种植业结构调整规划（2016～2020 年）》提出，中国小麦生产在稳定主产区冬小麦生产的基础上，适度调减华北地下水严重超采区小麦；适当恢复春小麦。农业部 2018 年种植业工作要点中强调，小麦生产要重点调减华北地下水超采区和新疆塔里木河流域地下水超采区的面积，适当调减西北条锈病菌源区和江淮赤霉病易发区的面积。预计展望期间中国小麦种植面积将呈现"略降后趋稳，结构调整优化"的局面，2020 年之前小麦种植面积稳中略降，此后面积趋于稳定，种植结构中强筋、弱筋小麦的播种面积将明显上升，传统中筋、中强筋小麦的播种面积将有所下降。预计 2018 年全国小麦播种面积为 35904 万亩（2394 万公顷），较 2017 年下降 0.2%；2020 年将减至 35896 万亩（2393

万公顷），与 2017 年相比年均略减 0.06%；2027 年略有增长，为 36088 万亩（2406 万公顷）水平，与 2017 年相比年均略增 0.03%，整体呈现略降后趋稳的局面。

2. 单产持续提升

中国小麦单产能力仍有进一步提升的空间。第一，黄淮冬麦区、长江中下游冬麦区和西南冬麦区小麦发展潜力巨大，但由于沟渠设施条件差，栽培管理粗放，灾害频繁，易旱易涝。2017 年国务院出台《关于建立粮食生产功能区和重要农产品生产保护区的指导意见》，以黄淮海地区、长江中下游、西北及西南优势区为重点，划定小麦生产功能区 32000 万亩（2133 万公顷），加强骨干水利工程和中小型农田水利设施建设，加快灌区续建配套与现代化改造，建设一批重大高效节水灌溉工程，将有利于提升小麦核心产能。第二，栽培技术的提高和优质高产品种的研发应用，也将促进小麦增产。根据预测，2018 年小麦单产预计为 361 公斤/亩（5410 公斤/公顷），2020 年增至为 362 公斤/亩（5423 公斤/公顷），2027 年将达到 365 公斤/亩（5479 公斤/公顷），未来 10 年年均增长 0.13%。

3. 总产量略降后趋稳

受面积变化的影响，2019 年前小麦产量稳中略降，此后趋于稳定。预计 2018 年小麦总产量为 12960 万吨，与上年相比减少 0.1%；2019 年小麦总产量为 12955 万吨，与 2017 年相比减少 0.17%；2020 年恢复至 12978 万吨；2027 年，小麦总产量预计为 13182 万吨，与 2017 年相比年均略增 0.16%（见图 10）。

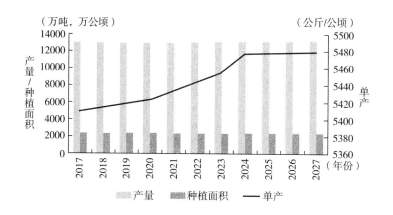

图 10　2017～2027 年中国小麦面积、单产及产量

资料来源：中国农业科学院农业信息研究所 CAMES 预测。

（三）消费展望

未来 10 年，中国小麦消费整体将呈稳中有增趋势。估计 2017 年小麦消费量为 12441 万吨，预计 2018 年小麦消费量为 12583 万吨，到 2020 年增加到 12839 万吨，2027 年增至 13526 万吨，以 2017 年为基期，年均增长 0.87%，消费量增速总体高于产量增速。其中，口粮消费、饲料消费、工业消费将持续增长，种用消费量和损耗量稳中有降。

1. 口粮消费总量稳步上升

随着居民生活水平的不断提高，中国消费者对肉蛋奶及蔬菜等食品摄入量增加，对面粉、大米等口粮的直接摄入量呈下降态势，中国人均小麦口粮消费量将稳中略降。预计中国人口在未来 10 年仍将保持持续增长态势，将推动小麦口粮消费总量的增长。此外，经济快速发展、城镇化率进一步提高，主要消费群体趋于年轻化将推动主食消费结构发生变化，直接家庭面粉消费量减少，而馒头、挂面、鲜湿面、速冻主食、面包、糕点等加工面制食品消费量增加。预计在 2018 年中国小麦口粮消费总量将达到 8739 万吨，2020 年达到 8811 万吨，2027 年达到 8956 万吨，未来 10 年年均递增约 0.3%。

2. 饲用消费总体增加

小麦和玉米、高粱、DDGS、大麦等在饲料消费上具有替代性，小麦饲料消费量主要取决于小麦和玉米的比价关系。从 2016 年起中国取消玉米临时收储政策，实行市场定价，玉米价格逐渐回归市场，2016～2017 年玉米价格连续下跌，两年累计跌幅在 20%～30%。2016 年南方产区小麦质量较差，导致饲用消费上升，2017 年小麦质量好于上年，价格稳中略涨，小麦与玉米的比价上升，饲用消费量减少。随着中国玉米种植面积调减，新增供应量减少，加上玉米价格跌幅已较深，触及农户生产成本线，国内外价格也基本接轨，未来玉米价格持续大幅下跌的可能性较小，而 2018 年小麦最低收购价格首次下调，小麦与玉米的比价将降低，从而使得小麦的饲用消费替代量逐渐增加。但由于近年来高粱、DDGS、大麦进口量较大，部分替代了玉米和小麦的饲用消费，因此小麦饲用消费增速趋缓。2018 年中国小麦饲用消费量预计为 1245 万吨，比 2017 年增加 45 万吨，2020 年增至 1328 万吨，2027 年将达到 1579 万吨，未来 10 年年均增长 3.2%。

3. 工业消费快速增长

小麦工业消费量是指用于生产淀粉、变性淀粉、谷朊粉、酒精、麦芽糖、调味品等深加工产品的数量。当前，中国已经进入工业化中期阶段，城镇化建设进程加快。从国际经验看，在这一阶段，对粮食中间需求、间接需求的增长将会超过直接需求的扩张。随着小麦加工技术的不断进步，小麦深加工工艺逐渐提高，深加工产品日趋多样化、安全化、标准化，但与发达国家和中国居民消费转型需求相比，仍然存在较大差距，因此工业消费仍是今后小麦消费的一个增长点。2018 年中国小麦工业消费量预计为 1556 万吨，2020 年为 1660 万吨，到 2027 年将增至 1973 万吨，未来 10 年年均增幅约 3.2%。

4. 种用消费量和损耗量稳中略降

未来随着中国烘干和仓储设施的改进，小麦损失率将有所降低，预计 2018 年损耗数量为 576 万吨，2020 年为 574 万吨，而随着小麦品种改良技术的广泛应用和小麦总播种面积的变化，预计 2027 年小麦种用消费量约为 466 万吨，比 2017 年下降 0.4%。

（四）贸易展望

传统上，中国小麦进口主要为品种调剂，弥补国内优质强筋、弱筋等专用小麦的不足，但近年来受国内外价格持续倒挂影响，价差驱动型进口逐渐增多。据联合国粮农组织 2017 年 12 月预计，2017 年全球小麦产量为 7.55 亿吨，比上年减少 0.9%，但仍为历史次高水平；消费量为 7.40 亿吨，比上年增长 0.8%，产大于需，期末库存为 2.57 亿吨，比上年增长 5.2%，库存消费比为 34.7%，比上年上升 1.4 个百分点，是历史较高水平。未来全球小麦供需形势较为宽松，预计中短期内国际小麦价格难以大幅上涨，国内外价差依然长期存在，从而小麦进口的驱动作用仍长期存在。长期来看，随着中国小麦供给侧结构性调整，国产小麦将逐步满足国内对专用及高品质小麦粉的需求，进而对国外高质量小麦需求的依赖程度将出现降低。未来 10 年，小麦贸易仍将维持净进口格局，但呈下降趋势，

2018 年小麦净进口量预计为 352 万吨，比 2017 年下降 10 万吨，2027 年将减至 266 万吨，较 2017 年下降 96 万吨，降幅为 26.5%（见图 11）。

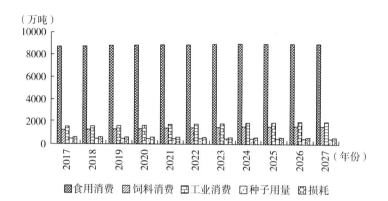

图 11　2017～2027 年中国小麦消费

资料来源：2017 年数据为农业部小麦分析预警团队估计，2018～2027 年数据为中国农业科学院农业信息研究所 CAMES 预测。

（五）价格展望

2006 年以来，国家在河北、山东等 6 个主产省实施了小麦最低收购价政策，其中 2008～2014 年连续 7 次提高最低收购价，从 0.72 元/公斤调高到 1.18 元/公斤，2015～2017 年价格水平一直保持不变，使得小麦价格在 2006～2014 年基本保持总体稳中有涨的态势，极大地促进了农民种粮积极性，成为保障小麦生产实现"十二连增"的重要因素。但随着国内外市场环境的变化，最低收购价政策"保供给"和"保收益"的双重目标也暴露出了一些问题。继 2016 年玉米临时收储政策取消，2017 年 2 月稻谷最低收购价格水平下调之后，为了形成合理的比价关系，2017 年 10 月小麦最低收购价下调 0.03 元/公斤。中长期"市场定价"导向逐渐明确后，小麦"政策市"特征逐渐减弱，在市场机制逐步发挥主导作用的影响下，预计未来 1～3 年小麦市场价格将围绕"最低收购价"水平稳中略降，长期来看，受生产成本上涨的影响，小麦价格将稳中有涨为主，价格波动频率和幅度将增大。

三、不确定性分析

（一）价格政策的不确定性

2014 年起，中国开始以大豆为突破口，探索"市场定价、价补分离"的改革思路，2016 年玉米临时收储政策取消，粮食价格支持政策改革的步伐逐渐加快。从 2015 年开始，稻谷最低收购价停止上调，2016 年早籼稻最低收购价格下调，2017 年早籼稻、中晚籼稻和粳稻最低收购价格全面下调，分别从 2.66 元/公斤、2.76 元/公斤和 3.1 元/公斤下调至 2.6 元/公斤、2.72 元/公斤和 3.0 元/公斤。从 2015 年起，小麦最低收购价停止上调，2018 年生产小麦最低收购价水平首次下调，从 2.36 元/公斤下调至 2.3 元/公斤。未来 10 年小麦最低收购价政策有可能继续调整，最终建立起以市场定价为主体的粮食价格形成机制，去除最低收购价政策的"增收"功能，促进回归"保供给"、"保底线"的政策定位，即"托底收购、价补分离"，弥补农民种粮成本。但调整的时间和幅度仍存在很大的不确定性，这将直接影响未来小麦价格走势及生产发展。未来在调整小麦最低收购价政策的同时，建立粮食主产区利益补偿机制，综合运用价格和补贴等手段，建立起既能充分发挥市场机制作用，又能保障种粮农民收入、促进粮食生产稳定发展，既符合 WTO 规则，又符合中国国情的口粮支持政策体系。

（二）气候变化的不确定性

从全球范围来看，气候持续变暖伴随极端气候现象增多。受全球变暖导致的超强厄尔尼诺现象影响，2016 年中国气象条件较差，为有气象记录以来历史第三高温年份和降水最高年份。全国平均年降水量达 730 毫米，较常年偏多 16%，较 2015 年偏多 13%。高温与降水灾害频发是 2016 年小麦夏粮减产和芽麦、不完善粒、赤霉病粒、病斑粒超标等严重发生的重要因素。2017 年气象条件对小麦生产总体有利，但 9～10 月黄淮和长江中下游小麦产区出现大范围长时间连阴雨天气，对秋收秋种均造成不利影响，使小麦播种普遍推迟。截至 2017 年 10 月中旬，全国播冬小麦为 30.7%，进度比上年慢了 28.7%。在晚播地区，农民通过更换适合晚播的小麦种子，并适当增加了播种量，减小晚播对小麦产量的影响。在气候变化频繁的情况下，预计未来 10 年小麦生产面临的自然风险天气和不确定性依然很大，气象条件对小麦产量和品质的影响日益明显，市场波动也可能加剧。

（三）贸易不确定性

1. 国际小麦市场供求形势变化

全球小麦市场供需形势较为宽松，2016 年小麦产量达到 7.61 亿吨，创历史新高，2017 年受美国、加拿大、澳大利亚小麦减产的影响，总产量略有下降，但仍为历史次高水平，全球小麦库存也达到了历史较高水平，因此，2016～2017 年国际小麦价格持续较低。未来国际小麦供求形势和价格走势的不确定性将对国内小麦进口带来直接影响，进而影响小麦市场及生产。

2. 汇率变化

近年来，美元汇率变化较大，未来美元汇率走势仍具有不确定性。若人民币对美元持续升值，则会导致进口小麦成本降低，国内外小麦价差进一步扩大，小麦进口增加，反之，国内外小麦价差缩小，小麦进口减少。

参考文献

[1] 王秀丽，孙君茂. 中国小麦消费分析与未来展望 [J]. 麦类作物学报，2015，35（5）：655 - 661.

[2] 王玉庭. 中国小麦消费现状及趋势分析 [J]. 中国食物与营养，2010（5）：47 - 50.

[3] 赵广才等. 中国小麦生产发展潜力研究报告 [J]. 作物杂志，2012（3）：2 - 6.

[4] 中国农业展望报告（2017～2026 年）[M]. 北京：中国农业科学技术出版社，2017.

[5] 程国强. 2018 年小麦稻谷最低收购价面临重大调整 [EB/OL]. http://www.xiaomai.cn.

2015年小麦秋冬种生产总体保持稳定

——河北、江苏两省调查思考

2015年的小麦秋冬种已基本结束，为及时了解主产区小麦成本收益、播种面积、苗情长势、农资市场供应和市场价格等情况和问题，应农业部市场司的要求，近期小麦全产业链农业信息分析预警专家团队赴河北省石家庄藁城区和辛集市、江苏省常州市金坛区和淮安市盱眙县开展专题调研，与基层干部、农产品加工企业负责人、家庭农场主、农民合作社理事长、普通农户进行深入座谈交流。得出的基本判断是，2015年小麦生产情况进展顺利，播种面积总体稳定，农资市场供应价格基本平稳，但是也面临着粮价下跌、人工成本上涨、部分农业规模经营主体土地流转积极性下降等问题，值得进一步关注。

一、基本情况

（一）小麦秋冬种总体播种面积保持稳定，苗情长势良好

受种植习惯、蔬菜/棉花等其他替代作物种植技术缺乏和销路不畅等因素影响，2015年小麦秋冬种播种面积并未因小麦价格下降而出现播种面积大幅下滑现象，总体继续保持稳定。调研得知，截至11月上旬，河北省小麦秋冬种基本上全部完成播种任务，预计全省小麦播种面积为3448.5万亩，比上年减少14.06万亩；目前，小麦苗情总体长势较好，据河北省辛集市调查显示，2015年该市小麦基本苗为27.1万亩，其中一类苗占67%以上、二类苗占28%以上。受降雨影响，2015年江苏省麦播进度慢于上年。据江苏省农情调度数据显示，截至11月23日，小麦播种2578.8万亩，占全省预播面积的78.5%，而上年同期全省小麦已基本播种完毕。由于连日阴雨，已经播下去长出苗的田块，开沟排灌措施做得较好的长势均不错，开沟排灌措施做得不好的长势较差。

（二）农资市场供应充足，价格保持稳定

从调研情况来看，2015年农资市场整体供应充足，农药和化肥价格较上年略有下降，小麦种子价格与上年持平。目前，河北省辛集市尿素市场价为1.6元/公斤左右，比上年同期降低0.1元/公斤；复合肥价格在2.4元/公斤左右，比上年同期降低0.2元/公斤。小麦种子价格为5.0元/公斤左右，与上年基本持平。江苏省农资市场供应充足，受市场季节性需求增加的影响，尿素市场价格在前期不断下跌的基础上略有上升，江苏尿素出厂价格在1500~1550元/吨；由于进口货源充足，钾肥、磷肥价格稳中下调，钾肥60%出厂价格在2300元/吨左右，磷肥一铵55粉出厂报价2150元/吨。大部分种粮大户对化肥等农资早有备货，受市场价格影响不大。

（三）河北省实施地下水超采综合治理项目，推广节水抗旱小麦品种

为减缓地下水超采，河北省实施地下水超采综合治理试点调整农业种植结构和农艺节水项目，主要通过实施调整种植结构和推广冬小麦节水稳产配套技术继续补助项目来达到

压采地下水目的。其中，根据推广冬小麦节水稳产配套技术实施方案，2015 年河北省安排 1.5 亿元专项资金，在深层地下水严重超采严重的衡水、沧州、邢台、邯郸 4 市大力推广节水抗旱品种 300 万亩，进行示范引导推广。调研中得知石家庄市藁城区主要推广藁优 - 2018、藁优 - 5766 等节水优质品种，具体品种由农民自愿选择，补贴标准为物化补贴每亩 30 斤麦种。较普通小麦相比，节水品种由原来的浇 3 次水变为浇 2 次水，同时收购价格上升 0.1 元/斤。

二、主要问题

(一) 小麦种植成本上升，种粮收益进一步下降

受人工成本上升和小麦市场收购价格下降等因素影响，小麦种植收益进一步下降。调研中得知，2015 年河北省小麦亩产 450.07 公斤，较上年下降 8.98 公斤。每亩产值 1121.26 元，较上年下降 37.46 元。每亩总成本为 996.06 元，较上年增加 71.35 元，其中，物质与服务费用为 479.60 元，比上年增加 6.70 元；人工成本为 335.65 元，比上年增加 55.09 元；新增土地折租费用为 180.81 元，比上年增加 9.56 元。综合起来，2015 年河北小麦每亩种植净利润为 125.2 元，较上年下降 108.81 元。据江苏省物价局调查数据，2015 年小麦亩均现金成本 490.67 元，比上年增加 6 元。构成现金成本的三大项目费用"两增一减"，即物质与服务费用增加 5.6 元、流转地租金增加 7.53 元、雇工费用减少 2.84。亩均总成本 819.79 元，比上年增加 30.8 元，增幅 3.9%。综合测算，2015 年江苏省小麦亩均净利润仅为 109.3 元，比上年减少 144.08 元，减幅 56.86%。

(二) 粮价下跌，新型农业经营主体流转土地积极性受挫

种粮比较效益本来就较低，往年从事粮食种植的新型农业经营主体都是小麦和玉米轮作，一年种两季赚一季。但是，2015 年小麦和玉米的市场收购价格明显低于往年，而流转土地租金价格居高不下、农业雇工成本节节攀升，粮价下跌和种粮成本上升的双重挤压使得种粮收益进一步下降，原有的盈利模式已被打破，部分新型农业经营主体开始考虑减少租种土地面积或者毁约弃租。在座谈中，粮食价格走势一直是备受老百姓关心的话题，藁城区永波种植服务专业合作社理事长韩西文反复询问，"明年的国家粮食最低收购价还会再降吗？如果再降，我就得和农民谈谈下调土地租金或者干脆就不再租地种粮了"。在座谈临结束时，团队就土地流转积极性进行了意向性调查，在座的 6 位合作社理事长和家庭农场主均表示 2016 年不打算扩大租地规模，如果粮食价格继续大幅下跌，将考虑退租一部分流转土地或者放弃粮食种植了。

(三) 农业保险保障力度有限，满足不了规模经营需求

我国的政策性农业保险政策主要围绕"低保障、广覆盖、保成本、保基本"设计实施，其保障能力过低，难以规模化种植地应对自然灾害风险的需求。据了解，目前小麦保险保费为 3 元/亩，2015 年河北省藁城区部分地块的小麦在成熟时节出现火灾，保险赔偿金额仅为 112 元/亩，对广大新型农业经营主体而言，赔偿金额基本属于杯水车薪，且不说每年 1000 元/亩的租地费用打了水漂，就连单纯的种粮成本都无法弥补。在座谈中，当地合作社理事长和家庭农场主纷纷表示粮食生产受天气影响较大，规模化经营风险较高，希望政策性农业保险能够提高赔付金额，增强保障能力，减少农业遇灾年所造成的损失，并提出即使每亩保费 30 元也愿意参保。

三、对策建议

（一）临时收储政策调整应保持稳定性和连续性，并提早公布

多年以来，临时收储价格已经成为国内粮价变动的风向标，直接影响国内粮食市场上价格的变动。为避免因政策调整带来粮价波动而造成农民经济损失，我们建议，一是临时收储政策的调整应充分考虑政策的社会效益，注重政策的稳定性和连续性，避免临时收储价格大幅下降，尽可能地保护农民利益不受损；二是临时收储政策的调整方案应该在农作物播种之前及时公布，让农民能够根据收储政策的具体变化来决定种植结构，使农民由被动性接受状态转为积极的适应性接受状态，以减少因收储政策变动带来粮食价格波动造成的影响。

（二）农业生产性支持政策重点向新型经营主体倾斜

一是继续加大生产性农业支持政策对新型农业经营主体的支持，落实新型农业经营主体发展现代农业和适度规模经营的农业生产配套设施用地政策，加大对烘干设备、晾晒场等农业附属设施的支持力度；二是鼓励和支持社会化服务组织发展，为规模经营主体提供及时有效的农业社会化服务；三是强化金融支持，重点解决规模经营主体农业生产贷款难问题。

（三）完善政策性农业保险政策，提高农业保险的保障力度

积极转变政策性农业保险政策思路，将农业保险由现在的"广覆盖、低保障"向"调增量，侧重点、高保障"进行转变。我们建议，一方面，在原有保险保费补贴存量资金继续保障传统农户农作物保险需求的基础上，将农业保险保费补贴增量资金向种植业规模化经营方向倾斜，在现有农业保险的基础上扩大保险范围，提高农业保险保障程度，以满足农业规模化生产风险需求；另一方面，积极鼓励和引导发展商业化农业保险，填补政策性农业保险的空白领域，为新型农业经营主体提供多元化的农业保险选择。

2017年华北地区优质小麦生产情况与市场展望

——冀、鲁、豫三省调研的思考

2017年5月8～12日，笔者应邀参加中华粮网组织的"华北地区优质小麦生产情况考察"调研活动，先后赴郑州、安阳、邢台、邯郸、德州、济南、济宁、菏泽了解当地的优质小麦产销情况，期间与种粮农户、专业合作社负责人、粮食贸易加工企业负责人、地方粮食系统干部，就2017年优质小麦生产情况与小麦市场走势进行了广泛深入的座谈交流。总体感觉是，2017年华北地区小麦长势总体良好，若收获期无极端异常天气出现，有望实现丰收；6月初新麦开秤后，市场价格将出现高开低走的格局，前期普麦平均每斤价格预计在1.22～1.25元；夏秋之际，华北地区启动全局性托市收购的可能性较小；10月后，价格变化受政策信号影响大，市场走势尚难确定。

一、华北地区优质小麦生产情况

小麦以品质（容重、水分）差异划分为优质小麦与普通小麦。而以理化标准划分，可分为强筋、中筋、低筋小麦。区别在于面团稳定时间渐次降低，强筋小麦面团稳定时间长，可满足面包加工发泡工艺需要；普通小麦稳定时间中等，适宜面条、馒头等大众家用主食；低筋小麦稳定时间短，利于加工烘制食品。强筋、低筋小麦又被称为专用小麦，以满足食品加工业需求。我国大多数地区种植小麦仍以普通中筋小麦为主，以满足家庭日用主食需要；优质强筋与低筋小麦种植比例小，加工需求缺口大。推进小麦供给侧改革，一是要努力提高小麦的种植品质，实现小麦优质化；二是要推动专用品种种植，发展小麦的专用化。在调研过程中，我们既要从优的角度关注小麦长势与品质情况，又要从专的角度考察专用小麦品种的发展情况。总体看，华北地区小麦种植生长具有以下三方面特点：

（一）因水土气候条件不同，各地专用小麦推广种植品种多元

各地种植以本省农科院与农业部门所推广，适合本地土壤条件品种为主。豫北强麦集中于安阳、延津等地，品种以郑麦366与新麦26为主；河北省强麦集中于石家庄藁城、邢台市北部等地，主要品种为师栾02－1与藁优2018；山东省强麦集中于济宁、滨州邹平、德州平原等地，品种为济麦17。河北南部与山东西部等主产区，由于常年种植技术水平高，普通小麦往往可达到优质麦标准，如河北衡水与山东济宁等地，"普麦专用"较为常见。弱筋小麦对土壤有特殊要求，适宜种植区域较少，河南省集中于淮滨县与息县等地，品种为扬麦15。

（二）在供给侧改革背景下，各地专用小麦播种面积显著增加

强筋小麦种植适宜地区较多，种植面积增加较大。上年秋种时，河南省在8个县市开展优质专用小麦推广工作，合计推广面积达100万亩以上。其中，滑县推广优质强筋小麦

种植面积（以供种量每亩15斤为标准计，下同）30万亩、永城市15万亩、内黄县16万亩、浚县15万亩、延津县50万亩、濮阳县13万亩。通过走访考察，河北省强麦推广面积估计在100万～200万亩，其中藁城区强麦实际种植面积达40万亩，占全区小麦总播种面积的80%。山东省强麦推广面积估计在100万亩以上。其中，德州平原县强麦实际种植面积达20万亩，占全县总播种面积的1/4；济宁市强麦实际种植面积达32万亩，占全市总播种面积的6%。综合考虑，华北地区强麦实际种植面积可增至300万亩以上，总产量预计可达200万吨水平。

（三）主产区小麦总体生长品质较好，实现质优量增的可能性大

两方面气候因素导致2017年冬小麦单产显著提高。一是上年受暖冬气候影响，华北地区小麦分蘖顺利；二是该年春季降雨量充沛，土壤墒情较好。即使是河北衡水常年较为干旱的地区，该年春季也降雨两次，没有出现旱情。山东省小麦总播种面积为5673万亩，增加了21.9万亩；预估总产量达到470.6亿斤，增产约6亿斤。冀、鲁两省常年专用强筋小麦单产低于中筋小麦，2017年若收获期间无异常天气，多数地区的专用小麦可达到中筋小麦单产水平。河南滑县预估强麦品种郑麦366亩产可达1300斤，新麦26可达1200斤，个别高产田亩产可达1400斤；河北藁城、衡水地区，预估藁优2018亩产可达1200斤；山东济宁市普麦品种"济麦22"，预估容重可达800克以上，品质将会赶超优麦标准。总体看，2017年华北地区小麦实现丰收的前提下，数量品质将会显著好于上年。

二、2016年以来全国小麦市场特征的回顾

2015年至2016年上半年，小麦价格在新麦上市后总体呈现先稳中趋低后陡然上升并持续高位运行的特点。据农业部市场司小麦预警监测数据，2016年8～10月，国内小麦优质麦平均价格每斤由1.37元升至1.39元，呈现温和上行趋势。托市收购之后，自2016年11月开始，国内价格持续猛增。至2017年3月，5个月时间优麦平均价格每斤由1.41元增至1.52元，平均每斤涨价0.1元。2017年3月以来，小麦市场平均价格每斤在1.50元以上，几次托市小麦拍卖并未彻底缓解粮源偏紧的局面。至5月上旬，河北省面粉加工企业优麦采购价格为每斤1.57～1.58元，处于高位运行。加之面粉销售处于淡季，5月河北省面粉加工企业开工率较低，调查估计平均开工率仅为35%。目前面粉加工企业多处于等待轮换小麦拍卖入市与新麦上市的半停工状态。

2016年下半年以来，小麦价格大幅变动的主要原因在于三个方面：一是收获季节河南省暴雨造成新麦质量下降。2016年夏季，河南作为主产省发生特大洪涝灾害，导致小麦减产，部分地区绝收，市场上优质粮源减少。河南省本地粮食贸易加工企业需要从邻近河北省、山东省采购优质小麦，与本地低质小麦混合以满足生产需要，带动优麦价格普遍上涨。二是中储粮托市收购，加剧市场上优质粮源短缺，推高后市小麦价格，造成价格走势分化。洪涝灾害导致河南省小麦赤霉病发生，不完全粒上升，容重下降。为达到托市收购质量标准，部分承担临储与托市任务的粮库，采用普通低质小麦与优质小麦掺混的方式提高小麦平均质量实现入库，这样进一步导致华北地区优质粮源短缺。河南省启动托市后，优麦先由河北省、山东省流向河南省；随着河北省、山东省启动托市，优质麦又向两省回流。三是小麦仓储贸易企业囤粮惜售，对市场价格攀升产生了放大效应。当歉收出现时，粮食贸易企业倾向采取前期抢购囤积优麦，后期高价销售的经营策略。我们在调研中

发现，2016 年流通环节参与小麦贸易的企业通过囤粮大多实现盈利，其中承担储备任务的央地各级粮库获利最大。基层粮库一是可通过储备任务可获得财政补贴；二是陈粮轮换出库入市可实现盈利；三是通过自有库容额度，参与优麦贸易获利。在自有仓容条件下，若市场上每斤上涨 0.01 元，万吨库容便可获利 100 万元。此外，国有粮库较易获得农业发展银行贷款支持，半年时间购粮贷款资金可实现两次周转。上年麦价上涨，山东省某库容 4 万吨员工 30 人的县级储备库，通过经营合理实现创收 100 余万元。

三、2017 年全国小麦市场价格展望

2017 年夏秋之际，新麦价格预计将呈现高开低走的趋势，而今冬明春的走势尚难确定。这一判断的依据主要考虑三方面的影响因素：一是气候情况；二是市场主体行为；三是政策信号。

（一）主产区天气状况总体较好，小麦有望实现丰收，是平稳市场价格的利好因素

收获期气候状况直接决定粮食市场供给规模，进一步决定了各市场主体的行动策略，是价格形成的重要前置决定因素。从 5 月中旬至 6 月上旬，我国小麦主产区将由南部的湖北、安徽、江苏 3 省渐次向北部的河南、山东、河北 3 省推进开秤销售。从往年情况来看，豫南、赣皖苏等地区受暴雨天气影响大，收获期若出现长期降水，将导致小麦含水量显著上升，并引发赤霉病，造成至少 10% 以上的数量减产甚至绝收，并大幅降低小麦平均品质；豫北、冀南、鲁西等地区收获期易受干热风气候影响，若发生将导致小麦倒伏及生病造成减产。截至 5 月中旬，湖北省小麦主产地区出现连续降雨天气，可基本确定减产，但由于非主产区对全局影响不大；河北、河南、山东等主产区收割尚未展开，气候条件总体正常，实现小麦总量丰收的概率较大；山东南部菏泽、济宁等地有条锈病暴发的态势，但当地农业部门已及时干预，预计对总产量影响有限。总体看，若今后 20 天左右主产区气候条件正常，2017 年夏粮将实现丰收。丰年条件下，普通小麦质量高，优普小麦价格差异较小，对市场价格平稳是利好因素。

（二）开秤至托市启动前，市场价格预计将呈现"高开低走"的局面

一方面，2017 年麦农有囤货冲动，国有粮库有"抢粮"补库冲动，两相结合提高了市场价格高开可能性。调研中，很多麦农均表示上年小麦卖早了，没有享受到后市价格陡增带来的收益，因此今年不会急于出售，希望在能力范围内囤积一段时间观望。这将导致开秤以后，新麦交易期将被拉长，麦价被拖高。承担储备与轮换任务的国有粮库与企业，既可补库赚取财政补贴（70 元/吨），又因上年轮换销售普遍盈利，今年收购成本压力小，有条件在高位入手补仓。因此，开秤之后各级粮库与国有粮储企业预计将强势积极补库，会对新麦早期价格强力支撑。此外，中储粮先补库后托市的行动取向，也加大了 6～7 月小麦价格高位运行的概率。另一方面，粮食贸易企业等待观望可能成为补库结束后，麦价低走下行时的利空影响因素。"歉年囤货居奇、丰年快进快出"是粮食贸易商的常规行动策略。随着 2017 年小麦丰收预期加大，贸易商普遍判断新麦价格高开。在此背景下，粮贸商多会选择暂时等待观望，避免高位抢粮，待价格下行时再低吸高抛，实行快进快出的策略。随着各级粮库补库任务完成，带动前期囤货的麦农陆续顺价出货，8～9 月小麦价格出现下行时，是粮贸企业陆续展开收购的时期。这一时期，"买涨不买跌，卖跌不卖涨"的心理会导致前期囤粮的农户加速销售，粮贸企业逢低购入。若市场出现恐慌性的

下跌迹象，那么粮商将会在托市启动之前迅速抛出，从而加速麦价下跌过程。综合分析，预计托市收购启动之前，小麦市场价格将呈现高开低走的趋势，均价维持在每斤1.22～1.25元的水平。

（三）以托市收购启动为分界，政策信号变化将主导后市价格变动，趋势影响仍不确定

市场主体在分析小麦政策因素的影响时，主要看两方面：一是看当年托市收购启动程度，二是看第二年的托市价格信号。从是否启动托市收购看，2017年小麦质优量增，预计托市收购启动区域范围将小于上年，这是后市价格稳定或温和上扬政策利好因素。往年中储粮托市收购启动时机与收购总量，直接决定市场小麦现货存量，间接影响市场主体的后市行为与市场价格走势。上年主产区受灾，小麦质量普遍不佳，托市收购保障了农民种粮收入，保护农民种粮积极性，成效是显著的。但大举托市对市场干预程度较深，扭曲了市场调控机制，引发了不同品质价格分化与平均价格快速上扬，托市直接主导了后市价格变化。若2047年小麦实现丰收且质量较好，可预计托市收购启动区域较小，政策市影响减弱，这将有利于市场价格平稳或温和上行。从对明年托市收购价格的预期看，市场主体普遍预计明年小麦的最低收购价格将会下调，这是今冬明春市场价格走势的利空影响因素。随着玉米价格市场化改革的启动，粮食价格市场化改革势必将进一步推进，市场各方普遍认为2018年小麦最低收购价格很有可能出现下调。这导致市场主体观望或看空后市价格，有可能进一步放大今冬明春价格下跌的概率。综合两方面考虑，政策性信号将是小麦市场后市价格的主导因素，今冬明春小麦市场价格走势尚难确定。

四、思考与政策建议

粮食流通领域的价格形成机制具有强烈的政策性特征。中央有通过国有粮食收储企业与托市收购政策对小麦流通市场进行干预管控，实现粮食安全的战略需要；国有粮食企业的营利性需求和公益性要求，交替推动影响着小麦市场价格的形成。市场中的农户、民营粮食贸易加工企业是价格的接受者。在托市收购政策下，种粮农户作为整体所承担的经营风险小，但难以从流通环节粮价的波动中获利。在现阶段市场条件下，农民通过小麦生产经营实现增产增收，应依靠农业供给侧改革不断深入，努力提高农业劳动经营的生产力水平。

（一）农业部门应立足自身，深入推进小麦产业供给侧结构性改革

一是要大力推进小麦品质提升，引导各级农业部门由追求单纯数量上升转向品质提高方面转变。二是要大力发展专用小麦种植，引导农户以产定销、以需定销，生产农产品加工业急需的优质专用小麦品种，以此改变供需结构失衡与国内外价格倒挂的局面。从"优"与"专"两方面入手，实现小麦"优质优价"，夯实种粮农民增产增收的基础。

（二）应加强优质品种的培育，打破良种推广中的区域保护

目前市场上劣质假种子基本绝迹，但种子套牌销售现象较多，扰乱了种子市场正常运行秩序。我们在调研中发现，很多所谓自主研发的种子，实为异地良种的本地套牌销售。本地政府积极引导鼓励农户购买本地农科院的品种，消极打压外省质优价廉品种，是良种套牌经销现象产生的一个原因。消除利益关联与门户之见，建立良性竞争机制，有利于农业优质新品种的研发推广，为农民带来实惠。

（三）应加强气候灾害预警，重视小麦生产的病虫害防治

气候的不确定性是小麦生产环节的品质风险与流通环节的价格风险所形成的重要原因，应努力加强装备技术水平，提高灾害预警与气候变化预测能力，降低生产领域风险。此外，应加强针对分散的小规模兼业户的病虫害防治工作。小麦病害（如条锈病）易防难治，发现即受害，而兼业农户往往因外出打工或不重视无法及时参与防控，从而遭受损失。在冬小麦主产区，应强化"防优于治"的理念，坚持推广"一喷三防"等防治结合的农业技术，保障小麦稳产高产。

（四）应鼓励发展农业服务型经营主体，通过市场为小麦种植户提供农业专业化、社会化服务

我们在调研考察中发现，各地均有面向普通生产者，提供专业化农业服务的新型市场主体，如河南安阳广源种植合作社、山东宁阳先锋种植合作社等。他们多已通过十多年摸索，基本形成了成熟稳定的盈利模式。核心在于通过市场向农户提供育种研发—种子销售—农技支持—订单回购等一条龙服务的形式，与村集体对接，带动兼业化、小规模分散农户提高了生产水平，实现自身与农户经济效益的双赢。因此，应鼓励运行规范、信誉良好、具有经验的服务主体，通过提供农业社会化服务，引导小农户形成适度规模经营；强化村集体（或村集体主导的农村经济组织）在农业社会化服务提供中，发挥组织串联作用；鼓励服务型农业经营主体通过市场直接与农村集体组织对接，解决农业中小农户与大市场的矛盾。

关于当前河南省小麦购销情况的调研报告

为了解当前小麦购销进展情况、存在的问题和农民诉求，推动完善小麦最低收购价政策，近日农业农村部派出调研组赴河南省开展实地调研，与南阳市唐河县、社旗县种粮户、贸易商、加工企业和基层农业部门进行了座谈交流。总体来看，2018 年河南小麦单产水平和质量因灾明显下降，收购进度偏慢，收购均价降低，也出现了市场化收购占主导、优质优价特征明显等积极变化；需关注部分质量较差小麦存在销售压力、小麦种植收益大幅下滑乃至亏损、农业保险保障程度偏低三个问题。

一、当前小麦购销基本情况

（一）单产水平和质量明显下降

2017 年播种期河南省多地受阴雨天气影响，播种普遍推迟 5～10 天，晚播小麦长势较差，2018 年 4 月上旬大范围的寒潮天气导致冻害，小麦亩穗数、穗粒数下降，加上成熟及收获期间全省自南向北先后普降大到暴雨，大部分地区小麦不同程度出现霉变、发芽现象，特别是豫南地区小麦不完善粒严重超标，小麦单产水平和质量较上年均明显下降。据河南省统计局发布数据，2018 年全省小麦平均亩产 418.5 公斤，比上年减幅 3.2%，总产下降 2.8%。河南南阳市单产 371.8 公斤，比上年减幅 3.9%，总产减幅 2.6%；所辖唐河县单产 418.4 公斤，比上年减幅 7.2%，总产减幅 7.4%；社旗县单产 439.8 公斤，比上年减幅 11.6%，总产减幅 11.6%。据地方农业部门反映，2018 年南阳市小麦不完善粒超标率高达 80% 左右，三等以上且符合国家食品安全标准的小麦仅占总产量的 6.9%，而正常年份小麦一般都在三等以上。

（二）市场化收购占主导，收购进度偏慢

2018 年河南省小麦上市以来，由于最低收购价收购标准提高和质量下降"碰头"，市场化收购一直占据主导地位，前期信阳、驻马店、济源 3 市启动了最低收购价执行预案，但之后价格很快就涨到最低收购价水平以上，有最低收购价并没有实际收购量。贸易商、面粉加工企业高度关注真菌毒素指标，收购较为谨慎，导致小麦整体收购进度明显偏慢。据河南省粮食局数据，截至 8 月 25 日，全省累计收购小麦 76.7 亿公斤（全部是市场化收购），比上年同期减少 111.7 亿公斤，减幅 59.3%，上年同期最低收购价收购量为 102.43 亿公斤。截至 8 月 22 日，南阳市夏粮累计收购 30.97 亿斤，比上年同期减少 3.16 亿斤，减幅 9.3%。

（三）市场收购均价有所降低，优质优价特征明显

由于 2018 年小麦最低收购价下调，加之优质粮源减少，市场收购均价较上年有所降低。全省小麦收购均价为每公斤 2.28 元，比上年同期下降 0.11 元。同时，小麦购销市场分化明显，质量好的小麦价格一直保持在较高水平，而质量差的小麦只能用作饲料或工业

消费，价格下跌明显，上市初期价格普遍在每公斤 1.0 ~ 1.4 元。据农户典型调查，品质优良的小麦销售价都在每公斤 2.3 元以上，如唐河县振群家庭农场销售价格每公斤2.30 ~ 2.50 元、丰皇农作物种植基地销售价格每公斤在 2.60 元以上，社旗县盛康家庭农场几乎未受赤霉病的影响，销售价格在每公斤 2.42 元；品质较差的小麦销售价远低于最低收购价水平，如唐河县建成小麦种植专业合作社小麦销售价仅为每公斤 1.42 元、立新农作物种植专业合作社每公斤 1.6 ~ 1.8 元，社旗县东玉粮食种植专业合作社开秤初期售价仅为每公斤 0.94 元，后期每公斤 1.98 元。

（四）明年农户种植优质麦的积极性增加

2018 年的灾害频发以及普通小麦销售价格下降使得种植户对 2018 年秋季的小麦种植风险存在不同预期，在种植面积和品种的规划上，更加倾向于订单种植优质小麦。例如，唐河县振群家庭农场 2017 年播种面积为 1850 亩，其中优质强筋麦占比 80%，2018 年秋季计划播种面积保持不变，而为了更好地进行订单销售，其将全部种植优质强筋麦；唐河县艳青家庭农场 2017 年播种面积为 1000 亩，其中优质麦比重为 20%，鉴于 2018 年夏收收益状况不乐观，其 2018 年计划将种植面积缩减至 500 ~ 600 亩，优质小麦的比重增长至 30%；社旗县盛康家庭农场打算将经营范围拓展至面粉加工领域，预计小麦种植面积会由 8000 亩增长至 10000 ~ 15000 亩，优质小麦占比也会由 75% 增长至 100%；社旗县沃野粮食种植合作社 2017 年小麦播种面积为 2600 亩，其中优质麦不到 10%，2018 年秋季计划播种面积缩减为 2000 亩，优质小麦面积比重将增至 50%，并采用订单销售的办法。

二、需重点关注的问题

（一）部分不达标小麦亟待出售

为做好质量不达标小麦收购工作，河南省政府于 2018 年 7 月 19 日下发通知，由每个县选择 1 ~ 2 家饲料加工企业和具有超标小麦无害化处理能力的工业用粮企业为收购主体，按照随行就市原则开展超标小麦收购。省级财政采取后补助方式，按县级财政超标小麦收购处置费用支出总额的 50% 给予补助。南阳市共有 7 个县（区）对超标小麦收购进行了补贴，其中唐河县对每公斤超标小麦给予 0.06 元的补助（省级 0.02 元、县级 0.04 元）。调研中了解到，唐河县牧原饲料厂是县政府指定的一家超标小麦收购主体，累计收购超标小麦 1.6 万吨，收购价每公斤在 1.8 元左右，在一定程度上缓解了低质量小麦销售难题。但也有的县（如社旗），由于没有能够处理超标小麦的加工企业而未能实行该办法，部分农户销售超标小麦较为困难，仍有较多余粮待售。社旗县沃野粮食种植专业合作社 2018 年收获小麦 35 万公斤，只卖了不到 30%，仍有 25 万多公斤的超标小麦待售。据南阳市农业局近期调查，粮食经纪人累计收购数量约 21.4 亿斤，已销售 18.7 亿斤，存粮约 1.9 亿斤；农户存粮约 15 亿斤，而上年同期农户手里基本已经没有存粮了。

（二）小麦种植收益下滑、亏损面较大

生产成本上升、单产和质量下降叠加，导致 2018 年河南小麦种植收益明显下滑，不少县市甚至出现亏损，特别是种粮大户亏损严重，种粮积极性受挫。据河南省农业厅对 14 个基点县 302 个样本户的调查，2018 年小麦亩均生产成本 772.3 元，同比增加 41.5 元，增幅 5.7%；样本户平均小麦出售价格每公斤 2.13 元，同比降幅 5.0%；亩均纯收益 60.1 元，同比减少 366.4 元，减幅 85.9%。在 14 个调查县中，汤阴县、浚县、濮阳县、唐河县、郸城县 5 县亏本，亩均分别亏损 374.1 元、321.7 元、220.4 元、154.1 元、28.7 元。种粮大户由于需要支付土地租金（双季作物每亩地租 700~800 元，小麦分摊租金 300~400 元），亏损更为严重。社旗县沃野粮食种植专业合作社 2018 年小麦单产下降近 50%、赤霉病粒小麦约占 80%、平均销售价格每斤不足 1 元，预计亏损 100 多万元。

（三）农业保险赔付额偏低

为保证种粮农民的合理收益，河南在全省范围内对种植面积在 50 亩以上的新型农业经营主体试点开展小麦种植保险 A 款，保险金额 800 元，费率 6.5%，每亩保费 52 元，农户每亩合计承担 10.4 元，其中物化成本部分 447 元对应保费为 29 元，农户承担 5.8 元，超过物化成本的部分 353 元，每亩保费为 23 元，农户承担 4.6 元。但从实际执行情况看，存在保险测算标准不清、赔付额偏低问题。据社旗县沃野粮食种植专业合作社负责人反映，"综合算下来，今年实际产量下降了接近一半，价格每斤也下降了 3 毛，每亩地亏损了 400~500 元。我购买了 10.4 元（农户承担部分）的那个保险，保额是 800 元，今年遭灾减产了近一半，保险公司说损失率超 30% 才赔付，即使按照 30% 计算，每亩也应该赔付我们 240 元，但实际上保险公司只答应赔付 70 元。测产定损是保险公司带着专家测的，我们没有参加，赔付额也不知道是怎么算出来的"。唐河县和社旗县其他受灾的种植大户得到的每亩赔付金额有 20 元、30 元、70 元和 100 元不等，均表示赔付金额与自己亏损所应得的预期差距较大。

三、基层有关建议

在调研中，基层和农民主要提出了四方面的诉求和建议：一是稳步推进小麦最低收购价政策改革。在小麦生产自然灾害频繁、成本上升、收益下降的情况下，希望国家推进小麦最低收购价政策改革的步伐不要过快，保持价格水平稳定或小幅调整，以保护种粮农民尤其是新型经营主体的生产积极性。二是完善超标小麦收购办法。加大补贴力度，在超标小麦占比较大而又没有处理能力的地区，抓紧组织临时收储，缓解农户卖粮压力。三是提升农业保险保障水平。尽快规范农业保险的保障额度、合约设计、免赔规定和分阶段赔付系数等内容，健全投保人、保险公司和第三方主体共同参与的测产定损理赔机制，推出成本保险、收入保险等综合性保险产品，最大程度减少种粮农户的因灾损失。四是促进新型农业经营主体健康发展。我们在调研中了解到，有不少种粮大户是依靠几年外出打工的积累回乡创业的，但由于经营不善，干了几年不仅没赚钱还负债累累。建议一方面从信贷、保险、基础设施建设等方面加大对新型农业经营主体的支持力度，增强其抗风险能力；另一方面引导其适应农业发展新形势，转变经营思路，运用新品种、新技术、新渠道提升经营水平。

江苏省小麦产业发展报告

一、江苏小麦生产布局

(一) 江苏省小麦总产、面积与单产

自1985年以来,江苏省小麦生产依据总产量的变化情况可以分为三个阶段:

第一阶段:1985~1994年的徘徊波动期,这一期间江苏省小麦的总产量在800万~1000万吨,小麦的播种面积略微下降,单产水平在波动中略微上升(见图1)。

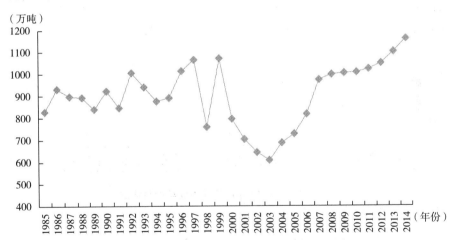

图1　1985~2014年江苏省小麦总产量折线图

资料来源:历年《中国农村统计年鉴》。

第二阶段:1995~2003年的快速下降期。随着市场供求状况的改变以及农业种植结构的调整(增加经济作物的种植面积)。此阶段江苏省小麦总产量、播种面积以及单产水平均下降。

第三阶段:2004~2014年的恢复增长期。2004年起国家明确要求恢复粮食生产,并连续6年出台"中央一号"文件,扶持农业建设的一系列新的政策措施陆续实施,这些政策措施主要包括取消农业税、对种粮农民实施直接补贴等方面。政策的实施强有力地调

动了农民从事农业生产的积极性，江苏省的小麦生产出现了恢复性增长，小麦种植面积和单产均有所提高（见图2、图3）。

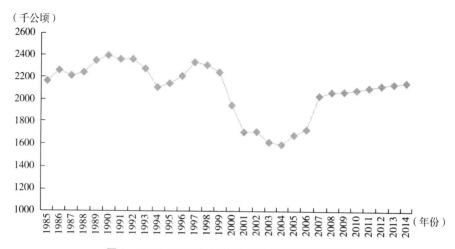

（千公顷）

图2　1985～2014年江苏省小麦播种面积折线图

资料来源：历年《中国农村统计年鉴》。

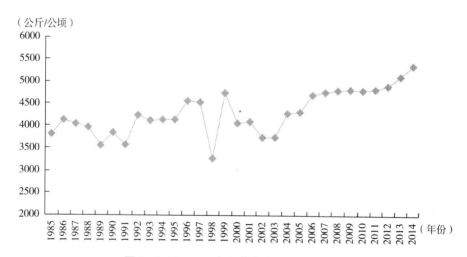

（公斤/公顷）

图3　1985～2014年江苏省小麦单产折线图

资料来源：历年《中国农村统计年鉴》。

从表1可以看出，1985～2014年，江苏省小麦种植面积占全国的比重呈现波动上升的趋势，与1985年相比，2014年小麦种植面积占全国的比重上升了1.54个百分点；江苏省小麦单产与全国平均的比较值呈下降趋势，从1985年的130.10%下降至2014年的102.46%；江苏省小麦总产量占全国的比重总体呈现波动变化趋势。

表1　1985～2014年江苏省小麦生产在全国小麦生产中的变动情况

年份	种植面积 （千公顷）	占全国比重 （%）	单产 （公斤/公顷）	与全国平均 比重（%）	总产 （万吨）	占全国比重 （%）
1985	2170.0	7.43	3825.0	130.10	829.4	9.67

年份	种植面积（千公顷）	占全国比重（%）	单产（公斤/公顷）	与全国平均比重（%）	总产（万吨）	占全国比重（%）
1990	2399.0	7.80	3855.0	120.66	923.7	9.40
1995	2150.4	7.45	4150.8	117.22	892.6	8.73
2000	1954.6	7.33	4074.5	109.00	796.4	7.99
2005	1684.4	7.39	4325.0	101.17	728.5	7.48
2010	2093.1	8.63	4816.4	101.43	1008.1	8.75
2014	2159.9	8.97	5372.4	102.46	1160.4	9.19

资料来源：根据历年《中国农村统计年鉴》相关数据整理、计算而得。

（二）江苏省小麦生产区域布局

江苏省地处南北过渡地带，独特的地理环境条件使沿江、沿海、丘陵地区的小麦弱筋优势明显，其面粉一直受到南方许多省份的饼干、糕点企业的青睐。淮北地区和里下河地区生产的小麦既没有北方麦区的筋力强，又没有南方麦区的筋力弱，特别适宜面粉企业作为小麦配麦的原料，因而在全国具有比较优势。同时淮北地区也有较好的面包类优质强筋小麦和白粒弱筋啤酒小麦。沿海地区则有历史悠久的优质啤酒大麦。这些都是江苏省麦业的优势和生长点所在，具有广阔的发展前景。

根据温光水资源、土壤特性等，按照不同专用类型及适宜条件，我们将江苏省小麦划分为淮北北部陇海线强筋小麦、里下河及沿淮中筋小麦、沿江及沿海弱筋小麦、苏南丘陵及太湖中筋弱筋小麦4个优势产业区（见表2）。

表2　江苏省小麦优势产区具体布局

四大优势产区	主产县	主要品种
淮北北部陇海线强筋小麦	丰县、邳州市、沛县、铜山县、新沂市、睢宁县、沭阳县、赣榆县、灌云县、灌南县、东海县、泗阳县、宿豫区、宿城区等20个县（市、区）	省优质强筋小麦优势区
里下河及沿淮中筋小麦	泗洪县、楚州区、涟水县、金湖县、盱眙县、淮阴区、洪泽县、滨海县、响水县等11个县（市、区）	我国面粉加工企业的优质中筋配麦原料基地
沿江及沿海弱筋小麦	姜堰市、泰兴市、兴化市、靖江市、如皋市、海安县、通州市、如东县、仪征市等13个县（市、区）	我国最大的弱筋小麦生产基地
苏南丘陵及太湖中筋弱筋小麦	溧水、丹阳、句容等14个县（市、区）	精耕细作可适合中筋小麦，投入不足则适合弱筋小麦

资料来源：江苏省农业委员会。

从地域划分的角度，江苏省现设南京、无锡、徐州、常州、苏州、南通、连云港、淮安、盐城、扬州、镇江、泰州和宿迁 13 个省辖市。一般按地域划分为苏南地区，包括南京、苏州、无锡、常州和镇江 5 市；苏中地区，包括扬州、泰州和南通 3 市；苏北地区，包括徐州、盐城、连云港、淮安和宿迁 5 市。

各区域的主要小麦生产情况如表 3 所示。

表 3　2015 年江苏省各地区小麦生产情况

地区	具体地级市	总产量（万吨）	播种面积（万亩）	单产（公斤/亩）
苏南	南京市	24.13	68.87	350.37
	苏州市	36.08	101.12	356.80
	无锡市	26.01	71.27	364.95
	常州市	30.44	85.29	356.90
	镇江市	37.05	108.65	341.00
	合计	**153.71**	**435.20**	**353.19**
苏中	扬州市	111.90	281.24	397.88
	泰州市	116.70	284.64	409.99
	南通市	102.87	260.52	394.86
	合计	**331.47**	**826.40**	**401.10**
苏北	徐州市	202.50	525.78	385.14
	盐城市	223.10	563.88	395.65
	连云港市	140.13	355.94	393.69
	淮安市	175.92	456.99	384.95
	宿迁市	156.19	416.10	375.37
	合计	**897.84**	**2318.69**	**387.22**
总计		**1383.02**	**3580.29**	**386.29**

资料来源：江苏农业网。

从产量占比来看，2015 年苏北、苏中、苏南分别为 64.92%、23.97%、11.11%；从面积占比来看，2015 年苏北、苏中、苏南分别为 64.76%、23.08%、12.16%；另外，苏北、苏中小麦单产高于苏南。

（三）江苏省小麦品种

据统计，2015 年江苏省秋播小麦商品良种应用比例为 85.6%，优良品种覆盖率继续稳定在 90% 以上，主体品种基本稳定，区域性主推品种突出。淮北地区小麦主体品种为烟农 19（446.3 万亩）、济麦 22（358 万亩）、淮麦 20（245.3 万亩）、矮抗 58（107.8 万亩）、徐麦 30（72.7 万亩）、淮麦 33（69.3 万亩）；沿淮地区主体品种为郑麦 9023（272.5 万亩）；淮南地区主体品种为扬麦 16（349.7 万亩）、宁麦 13（305.6 万亩）、扬辐麦 4 号（194.2 万亩）、扬麦 20（145.5 万亩）、扬麦 13（118 万亩）、宁麦 14（55.4 万亩）。上述 13 个品种面积达 2740.4 万亩，占全省小麦面积的 76.0%（见表 4）。

表4 江苏省主要小麦品种面积统计表　　　　　　单位：万亩

分类	品种	2011 年	2012 年	2013 年	2014 年	2015 年
弱筋	扬麦 13	235.20	254.8	196.4	179.8	118.0
	宁麦 13	135.1	139.5	256.60	276.2	305.6
偏强筋	烟农 19	563.77	580.7	498.2	381.4	446.3
	淮麦 20	241.90	221.8	285.0	250.4	245.3
中筋	郑麦 9023	264.35	233.4	300.5	247.7	272.5
	济麦 22	180.30	218.4	307.0	214.3	358.0
	扬麦 16	489.55	523.4	529.6	448.8	349.7
	扬辐麦 4 号	27.10	61.8	97.4	116.9	194.2
	扬麦 20			9.3	91.0	145.5
	宁麦 14	55.58	43.7	60.9	67.4	55.4
	矮抗 58	221.90	196.5	155.0	135.2	107.8
	徐麦 30	25.00	68.0	68.0	69.0	72.7
	淮麦 33					69.3

资料来源：江苏省作物栽培技术指导站。

近年来，从江苏主要小麦品种面积统计可以看出，小麦种植品种以中筋小麦为主，其次是偏强筋小麦，弱筋小麦占比最少。弱筋小麦虽然占比一直保持在 15% 左右，但绝对数有所增长，从 2011 年的 370.3 万亩增长到 2015 年的 423.6 万亩（见图4）。

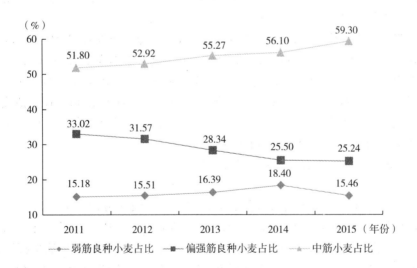

图4　2011～2015 年江苏省小麦良种种植面积构成

（四）江苏省小麦成本收益

表5 为 2010～2016 年江苏省小麦生产效益汇总，从中可以看出，亩产在 2010～2014 年持续增长，在 2014 年达到高峰 440.36 公斤/亩，之后下滑；出售价格因为托市最低价

收购，2014 年之前逐年攀升，但因为国际国内价格倒挂、库存高企导致托市收购政策难以为继，2015 年价格开始下滑，至 2016 年下滑到近 7 年来最低；总产值也存在类似规律；总成本、生产成本、现金成本则在 2016 年达到历史最高值，分别高达 857.04 元/亩、630.03 元/亩和 502.37 元/亩；现金收益和净利润达到历史最低值，现金收益为 239.10 元/亩，净利润则为 – 115.57 元/亩。

表5　2010～2016 年小麦生产效益汇总

年份	亩产（公斤/亩）	出售价（元/公斤）	总产值（元/亩）	总成本（元/亩）	生产成本（元/亩）	净利润（元/亩）	现金成本（元/亩）	现金收益（元/亩）	补贴收入（元/亩）
2010	377.12	1.913	737.66	547.06	428.71	190.60	346.59	391.07	52.45
2011	382.22	1.964	765.54	609.54	480.43	156.21	393.03	372.72	62.38
2012	368.29	2.030	763.26	691.28	540.47	71.98	421.17	342.09	75.79
2013	384.00	2.230	871.87	721.20	560.08	150.67	451.85	420.02	79.50
2014	440.36	2.328	1042.37	788.99	596.72	253.38	484.67	557.70	80.97
2015	403.08	2.265	929.09	819.79	619.99	109.30	490.67	438.42	72.16
2016	386.48	1.8734	741.47	857.04	630.03	– 115.57	502.37	239.10	70.93

资料来源：江苏省成本调查监审分局调查汇总。

在国际国内粮价倒挂的背景下，小麦价格已达到"天花板"，通过提升小麦价格来增加收益几乎不可行，唯一可行的是降成本。

进一步分析成本构成，我们发现地租和人工成本占比非常高，2016 年江苏小麦总成本为 857.04 元/亩，其中人工成本为 188.85 元/亩、地租成本为 227.01 元/亩，两者合计占总成本的 48.52%。而这是平均水平，如果考虑种粮大户，90% 以上的土地都是流转过来的，地租成本高达 800 元/亩左右，平均到一季小麦也有 400 元/亩，在其他成本相同情况下，人工成本和地租成本占比高达 57.17%。今后必须通过规模化来降低人工成本、提高劳动生产率，同时通过粮价下降倒逼地租下降。

（五）江苏省小麦生产主体特征及经营规模

1. 经营主体老龄化

2006 年的全国第二次农业普查数据表明，在江苏省农业劳动力中，40 岁以下农业劳动力所占比例仅为 29.04%，40 岁以上的比例高达 70.96%，其中 40 岁以上的农业劳动力中又有 64.92% 的农业劳动力超过 50 岁。至今，10 年已经过去，如果简单按照农业劳动力不增不减的思路推算，原先的调查对象 40 岁以上农业劳动力所占比例已经高达 90.07%，超过 50 岁的所占比例已高达 70.96%。未来，江苏农业劳动力老龄化将进一步加剧，农业劳动力将出现快速减量化趋势（见图5）。

图6 也印证了江苏省农业劳动力减量化这一趋势，1991 年江苏省农业劳动力曾高达 2405.68 万人，至 2014 年江苏省农业劳动力仅为 918.84 万人。

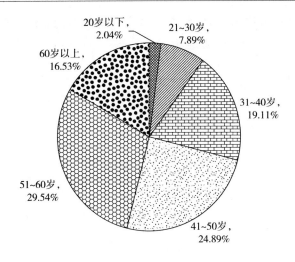

图5 2006年江苏省农业劳动力年龄结构

资料来源：第二次农业普查数据。

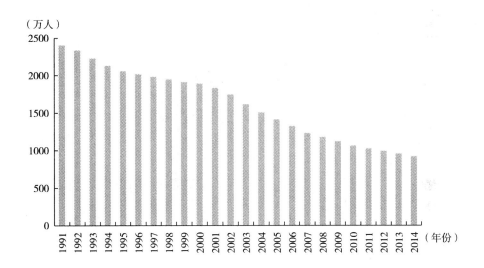

图6 1991～2014年江苏省农业劳动力数量

资料：《江苏统计年鉴（2015）》。

2016年江苏省农业科学院对136个农户进行了抽样调查，数据表明：从事农业生产的劳动力平均年龄在50岁以上的累计占53.68%，在40岁以上的累计占86.03%，与前文推算结果基本接近。劳动力老龄化将是江苏小麦生产必须面对的重大问题。

2. 经营主体规模化

根据江苏省农业委员会数据，2015年江苏从事粮食生产的家庭农场，经营规模为50～200亩的家庭农场有8897个，比上年增加20.72%；200～500亩的家庭农场有5191个，比上年增加36.46%；经营规模为500～1000亩的家庭农场有1334个，比上年增加75.53%；经营规模在1000亩以上的家庭农场有448个，比上年增加68.42%。江苏省农业科学院2016年的典型抽样调研数据也表明，样本平均经营规模为86亩，其中经营规模为50亩以上的农户样本占比达到20.59%。总之，规模经营主体快速发展，经营规模逐步扩大，有利于提高江西省小麦产业竞争力（见图7、图8）。

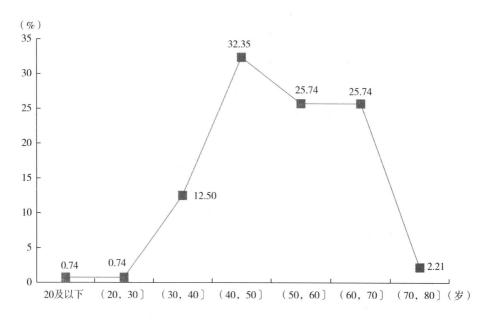

图7　2016年江苏省农业科学院抽样调查数据农业劳动力平均年龄

资料来源：江苏省农业委员会。

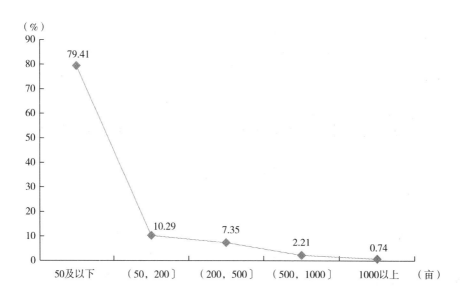

图8　2016年江苏省农业科学院抽样调查数据土地经营规模分布

资料来源：江苏省农业委员会。

（六）江苏省小麦生产社会化服务

自20世纪90年代以来，随着农业劳动力的老龄化、减量化以及兼业化，江苏省小麦生产出现劳动力不足问题，小麦生产的社会化服务应运而生。规模相对较小的农户普遍通过购买机械化作业服务的方式解决小麦耕地、播种、植保、收获等作业。拥有大马力拖拉机、水稻插秧机、稻麦收购机的农机专业户，通过为周边农户提供作业服务甚至跨区（跨县、市、省）提供作业服务的方式赚取季节性收入，而外出务工的农户不必返乡参加繁重的农忙抢种抢收活动，也不必损失返乡带来的误工损失，只需支付合理的作业费用就可以完成农业生产，社会化服务为农机户和购买农机服务的兼业农户带来了双赢局面，使得江苏省小麦生产机械化水平在 2000 年初就基本实现了机械化，处于全国领先水平。在农业劳动力老龄化、减量化背景下，农机作业社会化服务有效支撑了江苏省小麦生产，保障了粮食安全。

表 6 展示了江苏省 2001～2014 年小麦生产机械化水平，从中可以看出，耕地和收获环节机械化水平已经达到 100%，只有播种环节机械化水平徘徊在 95% 左右。这主要是由于部分地区小规模农户为了省工，直接采用人工撒播方式进行播种，导致机播水平难以达到 100%。江苏省的小麦植保机械化水平没有单独统计，但据调查，纯人工手动式喷雾机基本停止使用，大量使用的是电动或汽油动力的背负式小型喷雾、喷粉机或者担架式喷雾机，仅从机械化水平来说可以认为是 100%，但劳动生产率仍然有待通过大型喷杆式喷雾喷粉机的使用来进一步提高。

表 6　2001～2014 年江苏省小麦生产机械化水平　　　　　　　　　单位:%

年份	机耕水平	机播水平	机收水平
2001	—	87.87	99.15
2005	—	90.00	100.00
2010	100.00	88.39	100.00
2011	100.00	91.60	100.00
2012	100.00	95.01	100.00
2013	100.00	97.80	100.00
2014	100.00	96.33	100.00

此外，由于没有单独统计小麦机械化烘干量，因此难以计算小麦烘干机械化水平。但 2014 年江苏省粮食烘干量为 806.37 万吨，占当年江苏省稻麦产量的 26.25%，同时考虑到刚收获的小麦含水率比稻谷低，烘干以水稻为主，因此可以粗略认为江苏省小麦烘干机械化水平应不足 20%。随着规模经营的群体扩大，传统小户通过自家院子或附近公路来晾晒的模式已经不再适用，种粮大户短时间收获成百上千吨小麦，如果遇到阴雨天气而又没有烘干设备的话，可能因为小麦霉变而遭受巨大损失。因而烘干机械化水平发展较快，烘干设备增加迅速，2010 年全省谷物烘干机保有量只有 0.14 万台，而 2015 年达到 1.12 万台，5 年累计增长了 700%。但谷物烘干机械化水平发展仍然还处于较低水平，未来还有较大的发展空间。

除了直接的生产环节作业社会化服务发展较好外，种子、化肥、农药等生产资料购买社会化服务也较为健全，不过还存在一系列问题，如农药购买和使用存在管理不规范、农户购药决策主要依靠农药销售商推荐、施药效率低下等问题[1]，化肥购买和使用存在错误

① 张宗毅. 基于农户行为的农药使用效率、效果和环境风险影响因素研究 [D]. 南京农业大学博士论文，2011.

的用肥习惯导致化肥施用结构不合理、效率低下等问题①，种子存在农户留种率偏高的问题②等（见图9）。

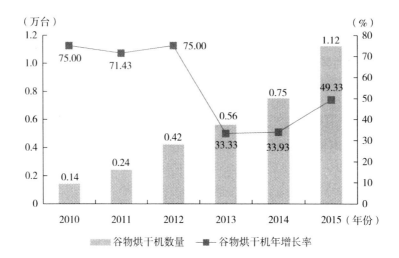

图9　2010～2015年江苏谷物烘干机保有量与增长率

资料来源：历年《全国农机化统计年报》。

二、江苏小麦流通主体及购销行为特征

下面对农户、小麦经纪人、国家粮库、面粉企业等主体的小麦储藏、销售和收购行为特征进行简要描述。

（一）农户储粮与售粮行为特征

1. 储粮能力与储粮意愿

长期以来，农户存储设施不足制约农户储粮数量。从调查结果看，大多数农户没有专门的储粮设施和固定的储粮地点，储粮装具简陋，许多农户还是用塑料编织袋、苇席、瓦缸等装具存放粮食。因此，储粮条件差，保管水平低，易遭鼠害、虫害和霉变，损失较大。据国家粮食局调查，全国农户储粮损失率平均为8%左右，每年损失粮食约400亿斤③。

一般来说，储粮是基于以下几个原因：①因交通不便，从市场获取粮食成本高；②因市场供给不足或价格波动大，从而对市场获得家庭所需粮食的信心不足；③满足家庭成员基本需要及粮食安全；④满足生产性粮食消费的需要，如种子、饲料等④。

然而随着交通的日益便捷、粮食市场体系的日益完善、国家对粮价的稳定控制能力日

---

① 杨帆. 测土配方施肥技术在我国的发展与现状［J］. 中国农资，2006（4）：60－61.

② 靖飞，张燕. 农户水稻种子市场参与行为的影响因素分析——基于江苏和辽宁水稻种植农户的实证［J］. 江苏农业科学，2016，44（5）：600－603.

③ 农业部市场与经济信息司课题组. 农户储粮行为变化情况调查［J］. 农产品市场周刊，2014（1）：26－29.

④ 农户储粮行为对国家粮食安全的分析［EB/OL］. 食品商务网，http：//www. 21food. cn/html/news/12/77689. htm，2006－05－31.

益增强，外出务工导致家庭成员在家里消费粮食数量的快速下降以及小农户逐渐退出粮食生产等情况的出现，江苏省农户储粮意愿快速下降。

2. 售粮行为

储粮意愿的下降直接体现在售粮行为上。2016 年 7 月，由江苏省农业科学院信息所组织了小麦种植农户的抽样调研。调研数据表明：选择将小麦"留够自家吃的，其余全部卖掉"的占 67.03%，选择将小麦"一点不留全部卖掉，自家吃时再买"的占 18.68%，两者合计占 85.71%；选择"看价格走势选择机会再卖"的占 12.09%，选择"基本不卖"的占 2.20%。选择"留够自家吃的，其余全部卖掉"，"一点不留全部卖掉，自家吃时再买"的农户平均小麦种植规模为 75 亩；选择"看价格走势选择机会再卖"的农户平均小麦种植规模为 62 亩；选择"基本不卖"的农户平均小麦种植规模仅有 2.75 亩。可见，经营规模越大、商品化率越高的农户，越是希望尽早将小麦变现以获得继续从事下一季农业生产的现金流，而不是储粮择机待售。

另外，江苏省国家粮库小麦托市收购一般在 6 月初至 6 月中旬，时间一过便截止收购，因此种粮大户们也倾向于在这短短的十多天里尽快将小麦销售给国家粮库。

（二）小麦经纪人收购与销售行为特征

随着农户储粮意愿的下降和急于售粮变现心理的增强，再加上农户在夏收同时忙于夏种，没有时间对小麦进行晾晒清选和粮库排队销售，小麦经纪人便应运而生。大部分农户的小麦刚被收割机收割下来就被小麦经纪人直接在地头收购。经纪人收购小麦后，或经过简单的清选直接送到国家粮库，或租赁粮站仓库对小麦进行烘干储存择机而售。

2016 年 7 月，江苏省农业科学院信息所组织了对全省小麦种植农户的抽样调研。调研数据表明：75.82% 的农户选择了将小麦销售给小麦经纪人，同时将小麦销售给小麦经纪人的农户平均小麦种植规模为 33 亩，将小麦销售给国家粮库的农户平均种植规模为 272 亩。这表明：对于中小规模的小麦种植农户来说，由于小麦种植规模较小，将小麦进行晒干、清选并运送到国家粮库排队销售的机会成本相对较高，不如直接销售给小麦经纪人由其代理；而对于种粮大户来说，自身对小麦初加工能力较高（部分大户自己家就有烘干机）、销售规模较大更具有谈判能力，因此直接销售给国家粮库或者小麦加工企业能够获得更多收入。

小麦经纪人的存在一定程度上促进了小麦产业链专业化分工，提高小麦流通效率，特别是便利了中小规模小麦种植农户。但根据江苏省小麦产业链省级分析师张宗毅的调查表明，也有面粉企业反映，它们更愿意直接收购农户销售的小麦，因为农户不会对不同等级的小麦进行掺混以提高小麦等级，而经纪人则会这么做。

（三）国家粮库收购与销售行为特征

1. 分布

2016 年江苏省小麦最低收购价委托收储库点分布情况如下，全省共 770 个最低收购价委托收储库点，在苏南、苏中、苏北的数量分布比例基本与小麦产量相匹配，如 2014 年苏北、苏中、苏南的产量占比分别为 64.91%、23.82%、11.27%，而 2016 年的小麦最低收购价委托收储库点在苏北、苏中、苏南的数量比例分别为 61.04%、27.66%、11.30%（见表 7）。

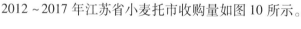

表7　江苏省2016年小麦最低收购价委托收储库点分布

地区	地级市	最低收购价委托收储库点（个）	合计（个）	占比（％）
苏南	南京市	16	87	11.30
	苏州市	10		
	无锡市	23		
	常州市	16		
	镇江市	22		
苏中	扬州市	102	213	27.66
	泰州市	79		
	南通市	32		
苏北	徐州市	138	470	61.04
	盐城市	100		
	连云港市	50		
	淮安市	128		
	宿迁市	54		
合计		770		100.00

资料来源：江苏粮网整理。

2. 收储能力与收购数量

2014年，江苏省（包括中央企业）粮食仓储企业共1358户，江苏省（包括中央企业）粮食总仓容为2886万吨，粮食仓储企业烘干设备905套，烘干能力为9224吨/小时；粮食设施接收能力为16.9万吨/小时，发放能力为15.9万吨/小时。2014年，国有粮食企业收购小麦1026万吨，其中最低收购价收购小麦671万吨（《中国粮食年鉴2015》）。

2012～2017年江苏省小麦托市收购量如图10所示。

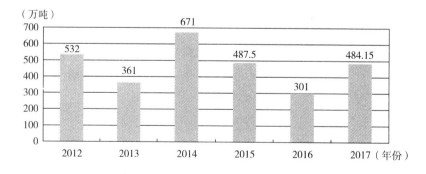

图10　2012～2017年江苏小麦托市收购量

资料来源：2014～2015年《中国粮食年鉴》；张春良．江苏小麦后市行情展望［EB/OL］．江苏粮网，http://www.jsgrain.gov.cn/default.php? mod = article&do = detail&tid = 242693，2014 - 06 - 17；江苏托市小麦收购量同比增加［EB/OL］．食品商务网，http://www.21food.cn/html/news/35/1716525.htm，2014 - 07 - 14s.

5年最高时托市收购量为671万吨，约占当年小麦产量的57.82%；最低收购量为

2016 年的 301 万吨，约占当年小麦产量的 23.71%。政策性托市收购小麦占总产量的比例巨大，小麦市场成了政策市。但托市收购小麦的数量从 2014 年的高峰开始逐年快速下降。然而，这并非主动的市场行为，而是因为江苏省小麦库存高居不下，仓容不足，截至 2016 年 6 月下旬，江苏地区国家临储小麦剩余库存数量为 783 万吨，同比高出 483 万吨①。高居不下的库存、逐年扩大的仓容需求让托市收购政策难以为继，托市收购能力逐年下降。

3. 小麦拍卖情况

由于政策性临储小麦实行顺价销售策略，销售价格远高于市场价格，因此近年来大多数月份的成交率都极低，只有在市场粮源趋于枯竭的四五月，其成交率才会略有回升，但仍然较低（见表 8）。

表 8　江苏省 2015～2016 年度部分临储小麦竞价拍卖信息

竞价交易时间	计划销售数量（吨）	实际成交数量（吨）	实际成交率（%）	成交价格（元/吨）
2016.04.20～2016.05.05	298468	80259	26.89	2501
2016.03.10～2016.03.25	305347	9478	3.10	2480
2016.03.01～2016.03.10	295525	4000	1.66	2480
2016.02.21～2016.02.27	305347	9478	3.10	2480
2015.12.10～2015.12.17	299570	4625	1.54	2524
2015.11.16～2015.11.22	295543	483	0.16	2460
2015.10.11～2015.10.17	306617	909	0.30	2500
2015.09.20～2015.09.26	306617	0	0	—
2015.08.17～2015.08.22	306327	1335	0.44	2540
2015.07.19～2015.07.24	305361	4420	1.45	2512
2015.06.22～2015.06.28	299898	3847	1.29	2474
2015.05.20～2015.05.26	300796	43678	14.52	2540

资料来源：根据江苏粮网数据整理所得。

旧麦未出、新麦难进，这是目前国家粮库面临的困境。如徐州市沛县湖西农场粮库，截至 2016 年 7 月，2014 年、2015 年的小麦还没有全部轮换出，其中 2014 年 6000 多吨小麦没有轮换，2015 年还有 3000 多吨小麦没有轮换，没有剩余仓容。2016 年向社会租赁了 5000 吨仓容，2017 年新收购的小麦全进入这 5000 吨租赁仓容，收满后即截止。扭曲的最低收购价政策，一方面造成了农民对市场价格失去灵敏性；另一方面让财政托市的压力越来越大，库存不断增加，托市能力越来越弱，最终失去市场调节能力。应及时调整小麦托市收购政策。

---

① 今年南方小麦托市收购量将下降［EB/OL］. 农产品期货网, http://www.ncpqh.com/detail.jsp? newsclass=140&id=365184，2016-06-27.

（四）面粉企业收购行为特征

1. 分布

2014年，江苏省有小麦加工企业300家左右。利用爬虫技术，从各大黄页网站抓取185家江苏省面粉生产企业的厂名、电话和所在地址，并按照所在地市进行统计，得到如表9所示的结果。从中可以看到，江苏省面粉生产企业主要分布在产地，表现出苏北较多、苏中和苏南偏少的特征。

表9　江苏省各地市面粉厂数量分布　　　　　　　　　单位：家

地区	具体地级市	面粉厂数量	合计
苏南	南京市	5	28
	苏州市	9	
	无锡市	3	
	常州市	3	
	镇江市	8	
苏中	扬州市	5	32
	泰州市	12	
	南通市	15	
苏北	徐州市	64	125
	盐城市	6	
	连云港市	19	
	淮安市	12	
	宿迁市	24	

资料来源：星魂黄页网（http：//www.qincai.net/）抓取。

2. 收购能力与行为

2014年，江苏有300多家小麦加工企业，小麦加工能力为2082万吨，2014年生产面粉1097万吨。江苏省小麦加工能力超出本省小麦总产量，按出粉率70%计算，实际加工小麦占加工能力的75.27%，是当年小麦总产量的1.35倍，可见开工率不足、产能过剩，同时江苏需要从外省购买部分小麦以满足加工需求。

2014年全国小麦产量达12621万吨，当年全国小麦加工能力为21655万吨，实际加工小麦数量不足加工能力的60%。同时，面粉企业产业集中度较低，2014年，全国3066家面粉加工企业，平均每家面粉加工企业的产能仅7万吨（《中国粮食年鉴2015》）。江苏最大的面粉企业江苏三零面粉集团年加工面粉不足100万吨，市场占有率不足本省的10%。

一方面下游产品竞争激烈，另一方面由于国家托市收购导致上游原料——小麦的收购成本居高不下，使得面粉企业遭受两头挤压，"麦强粉弱"成为了常态。这就导致面粉企业对小麦收购不积极，对小麦的采购采取"随用随购"的策略，储粮数量大大减少（见图11）。

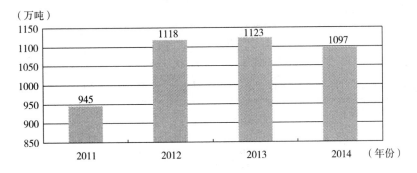

图 11　2011～2014 年江苏面粉加工量

资料来源：历年《中国粮食统计年鉴》。

三、江苏小麦消费概况

下面简要描述了江苏省小麦消费结构与趋势，并根据供求分析江苏省对外省小麦直接和间接外拨数量。

（一）小麦消费结构

由于缺少江苏省的小麦平衡表数据，本部分以全国小麦平衡表数据粗略分析江苏省小麦消费结构。从中可以看出，国内小麦消费主要以面粉加工消费的食用用途为主，面粉加工消费占国内总需求的比例常年维持在80%左右；饲用消费占比大多年份在5%～10%；工业和用种消费两者大多年份均在4%～5%；浪费的小麦占比一般不到2%（见表10、表11）。

表 10　2010～2016 年我国小麦平衡表　　　　　　　　　　单位：万吨

	年份		2010	2011	2012	2013	2014	2015	2016
总供给		合计	16854.14	17629.48	16826.85	16475.62	16627.15	16267.15	16137.15
	国内供给	小计	16774.64	17334.14	16537.35	15768.92	16477.65	15967.15	15837.15
		期初库存	5374.64	5554.14	5313.75	4757.25	5177.65	4737.15	4937.15
		产量	11400.00	11780.00	11223.60	11011.67	11300.00	11230.00	10900.00
	进口量		79.50	295.34	289.50	706.70	149.50	300.00	300.00
总需求		合计	11300.00	12315.73	12069.60	11848.00	11890.00	11330.00	11630.00
	国内总需求	小计	11300.00	12310.00	12040.00	11830.00	11870.00	11310.00	11610.00
		面粉加工消费	9450.00	9530.00	9610.00	9640.00	9680.00	9750.00	9650.00
		加工面粉	7040.25	7099.85	7159.45	7181.80	7211.60	7263.75	7189.25
		加工麸皮	2315.25	2334.85	2354.45	2361.80	2371.60	2388.75	2364.25
		饲用消费	650.00	1600.00	1250.00	950.00	950.00	320.00	700.00
		工业消费	450.00	450.00	450.00	500.00	500.00	500.00	520.00
		种用消费	520.00	500.00	500.00	510.00	510.00	510.00	510.00
		浪费	230.00	230.00	230.00	230.00	230.00	230.00	230.00
		出口	0	5.73	29.60	18.00	20.00	20.00	20.00

年份	2010	2011	2012	2013	2014	2015	2016
期末库存	5554.14	5313.75	4757.25	4627.62	4737.15	4937.15	4507.15
库存消费比（%）	49.15	43.17	39.51	39.12	39.91	43.65	38.82

资料来源：布瑞克数据库。

表11　2010～2016年我国国内小麦消费结构　　单位:%

年份	2010	2011	2012	2013	2014	2015	2016
面粉加工消费	83.63	77.42	79.82	81.49	81.55	86.21	83.12
饲用消费	5.75	13.00	10.38	8.03	8.00	2.83	6.03
工业消费	3.98	3.66	3.74	4.23	4.21	4.42	4.48
种用消费	4.60	4.06	4.15	4.31	4.30	4.51	4.39
浪费	2.04	1.87	1.91	1.94	1.94	2.03	1.98

另外，应该看到，我国已经成为小麦净进口国，最近7年来年均净进口小麦达286.74万吨，不过仅占国内年均消费小麦总量的2.44%。

（二）小麦消费总量

从2013～2014年江苏省小麦食用消费情况可以看出，城镇人均消费量低于农村人均消费量，全省合计食用小麦230万吨左右。假如江苏省的小麦消费结构与全国相同，80%为食用小麦，则可粗略计算出2013年和2014年全省小麦消费总量分别约为281.93万吨和289.65万吨，而这两年江苏省小麦产量分别为1101.31万吨和1160.40万吨，也即本省消费的小麦只有25%左右，剩余75%也即是800多万吨供给外省，江苏省为保障我国其他省份的粮食安全做出了重要贡献（见表12）。

表12　2013～2014年江苏省小麦食用消费情况

年份	城镇人均购买消费量（公斤）	农村人均消费量（公斤）	消费总量（万吨）
2013	26.42	31.96	225.55
2014	26.80	33.44	231.72

资料来源：根据历年《江苏统计年鉴》数据整理计算而得。

（三）小麦外供他省形式

从2014/2015年度我国小麦分省份供需平衡表（见表13）可以看出，虽然江苏本省消费的小麦只有230万吨左右，但本省实际需求的小麦却高达906.1万吨，其中最主要的需求为制粉消费，也即是作为原产地，江苏省并非以原粮形式供给外省，而是产地加工成面粉后销往外省。

表 13　2014/2015 年度中国小麦分省份供需平衡表　　　　　单位：万吨

	产量	总供给	制粉消费	其他消费	总需求	结余量
总计	12530	12830	10050	3325	13375	−545
小麦调出省份						
安徽	1393.5	1393.5	595.0	140.3	735.3	658.2
河南	3330.0	3335.0	1935.0	883.6	2818.6	516.4
江苏	1160.0	1165.0	688.0	218.1	906.1	258.9
新疆	579.3	599.3	316.0	25.8	341.8	257.5
内蒙古	140.8	140.8	87.0	7.5	94.5	46.3
陕西	415.0	415.0	335.0	35.8	370.8	44.2
青海	36.6	41.6	30.0	3.0	33.0	8.6
西藏	25.3	25.3	23.0	0.6	23.6	1.7
小麦调入省份						
吉林	0	0	7.0	2.2	9.2	−9.2
四川	425.0	425.0	292.0	142.2	434.2	−9.2
甘肃	256.2	256.2	244.0	25.2	269.2	−13.0
云南	96.0	96.0	97.0	12.9	109.9	−13.9
贵州	51.6	51.6	58.0	8.0	66.0	−14.4
重庆	32.0	32.0	9.0	45.7	54.7	−22.7
湖北	426.0	426.0	277.0	172.3	449.3	−23.3
宁夏	38.0	48.0	68.0	4.4	72.4	−24.4
黑龙江	37.2	37.2	81.0	4.7	85.7	−48.5
广西	0.3	5.3	39.0	42.2	81.2	−75.9
海南	0	0	76.0	5.0	81.0	−81.0
辽宁	2.7	2.7	110.0	3.4	113.4	−110.7
浙江	28.1	28.1	94.0	60.0	154.0	−115.9
江西	2.6	2.6	56.0	75.2	131.2	−128.6
河北	1429.0	1429.0	1370.0	191.9	1561.9	−132.9
湖南	11.3	11.3	27.0	117.8	144.8	−133.5
福建	0.9	20.9	101.0	59.1	160.1	−139.2
山东	2263.7	2268.7	1744.0	673.8	2417.8	−149.1
北京	14.4	19.4	163.0	24.5	187.5	−168.1
天津	62.7	62.7	163.0	24.5	187.5	−168.1
山西	255.9	255.9	415.0	20.9	435.9	−180.0
上海	15.8	25.8	236.0	43.3	279.3	−253.5
广东	0.4	200.4	344.0	251.1	595.1	−394.8

资料来源：国家粮油信息中心。

四、江苏小麦产业政策梳理

（一）生产扶持政策

1. 农业"三项补贴"

自 2004 年起，依照中央政策，江苏省先后实施了良种补贴、种粮直接补贴、农资综合补贴三项农业补贴。

良种补贴是直接给种植良种的农民按种植面积发放的补贴。如江苏省农业委员会、省财政厅联合制定的《江苏省 2015 年国家农作物良种补贴项目实施方案》中规定，省财政下达补贴预拨资金 10.83 亿元用于 2015 年农作物良种补贴工作，农作物良种补贴工作按照政策公开、全面覆盖、直补到户的原则，对种植小麦的农户按照实际种植面积给予补贴，补贴金额为每亩 10 元。补贴资金全部通过江苏农民补贴"一折通"系统操作，并通过"一折通"存折直接发放到户，确保农民受益。在补贴发放过程中，及时向社会公开补贴政策，公示补贴农户、补贴标准、补贴面积、补贴金额、监督电话等，确保过程透明，阳光操作。

种粮直接补贴为发放给直接从事粮食生产的农户的补贴。江苏省财政厅、农业委员会《关于下达 2015 年对种粮农民直接补贴资金的通知》中规定了以下方法原则：①粮补贴按照"谁种地补给谁"的原则执行；②抛荒地及非农业征（占）用的耕地，不予补贴；③已作为畜牧养殖场使用的耕地，及成片粮田转为设施农用地的，不予补贴；④占补平衡所"补"的土地质量达不到耕种条件的，不予补贴；⑤村组集体机动地租给农户种植粮食作物的，种粮补贴必须补给承租人。粮食直接补贴标准为 20 元/亩。

农资综合补贴指国家对农民购买农业生产资料（包括化肥、柴油、农药、农膜等）实行的一种直接补贴制度。按照《关于下达 2015 年对种粮农民直接补贴资金的通知》，2015 年农资综合补贴按原标准的 80% 发放，即每亩补贴 82.8 元。2015 年应由省财政负担的农资综合补贴资金 435351.60 万元，抵扣 2008~2014 年结余在各地资金 24405.90 万元，此次拨付农资综合补贴 410945.70 万元。

2016 年，为解决农业三项补贴项目资金"碎片化"问题，按照中央关于整合三项补贴的要求，将 80% 的农资综合补贴存量资金加上种粮农民直接补贴资金和农作物良种补贴资金，统筹整合为耕地地力保护补贴资金，支持耕地地力保护；将 20% 的农资综合补贴资金和农业三项补贴增量资金，统筹用于支持粮食适度规模经营。

2. "一喷三防"补贴

2015 年，江苏省农业委员会还发放了小麦"一喷三防"补助资金，主要用于小麦赤霉病防治和叶面肥喷施，控制小麦穗期病虫危害，增强后期防早衰、防干热风、防高温逼熟等能力，挖掘增产潜力。补助对象为在项目区内组织开展喷施作业的社会化服务组织、自愿实施小麦"一喷三防"的农民（含种粮大户、家庭农场）、农民专业合作社。补助标准由各地根据生产实际确定项目实施区域、实施面积和资金补助标准，但每亩补助不得超过 10 元，以物化形式补助到户。

3. 机械化秸秆还田补贴

2013 年，江苏省农机局出台了《江苏省秸秆机械化还田推进工作实施办法》，明确规定：在省下达的年度目标任务计划范围内、有作业任务书并按作业标准实施机械化还田作业的本省农机服务组织或农机户，给予每亩 10 元安排作业补助，各地可根据地方财力累加补助。

2014 年，江苏省《秸秆机械化还田实施办法》规定："省财政设立省级秸秆机械化还田作业补助资金，按照苏南每亩 10 元、苏中每亩 20 元、苏北每亩 25 元标准进行补助。"

2015 年、2016 年继续实施秸秆还田补贴。2015 年，江苏省省级秸秆还田补贴资金总额为 8.4 亿元，2016 年达到 8.8 亿元。

机械化秸秆还田补贴政策极大地促进了小麦秸秆还田机械化水平，在省补资金带动和地方财政扶持下，全省 2015 年共实施麦稻秸秆机械化还田作业超过 4000 万亩，还田率在 50% 以上，各地都超额完成了当地政府计划目标，有 28 个县（市、区）还田率超 85%。农民对秸秆还田认知程度普遍提高，作业质量和效果普遍增强，农机具的配置和结构得到优化，大马力机具明显增加，土壤结构和肥力有了明显改善[①]。

4. 农机购置补贴

与全国同步，2004 年江苏省开始农机购置补贴政策，对购买农机的农户给予不超过农机价值 30% 的购置补贴。2004 年，江苏省农机购置补贴中央财政资金仅 177 万元，而到 2015 年，江苏省使用中央和省级补贴资金已高达 17.02 亿元。

该政策的实施对江苏省小麦生产机械化水平提高有极大的促进作用，较高的小麦机械化水平使得小麦规模种植成为了可能，也使得在小麦价格稳定的背景下种植小麦成为规模经营农户的种植决策首选。

（二）价格政策

1. 最低收购价政策

最低价托市收购政策是指承担国家最低收购价收购任务的收储库点向农民按照规定价格直接收购达到一定标准的小麦，以当年生产的国标三等小麦为标准品。2006 年，作为小麦主产省，江苏省开始实施小麦最低收购价政策，收购价格从 2006 年的 0.72 元/斤节节攀升至 2014 年的 1.18 元/斤，由于国际国内粮价倒挂，财政压力逐渐加大，价格无力继续推高，2014 年以后稳定在 1.18 元/斤，但收购数量在 2014 年达到历史高峰后却开始逐年下降（见表 14）。

表 14　2006～2016 年历年江苏省小麦最低收购价及托市收购数量

年份	收购价格（元/斤）	收购数量（万吨）
2006	0.72	611
2007	0.72	582
2008	0.75	420
2009	0.87	451
2010	0.90	65
2011	0.95	0

---

① 谢建水. 江苏 2015 年秸秆机械化还田取得新成效［EB/OL］. http：//www. nj. agri. gov. cn/nxtwebfreamwork/detail. jsp？articleId = ff8080815306b3c0015307e5bcfe017e.

续表

年份	收购价格（元/斤）	收购数量（万吨）
2012	1.02	552.0
2013	1.12	361.0
2014	1.18	671.0
2015	1.18	487.5
2016	1.18	301.0

资料来源：2015年江苏夏粮收购分析报告［EB/OL］. 江苏粮网, http://www.jingjiang.gov.cn/art/2015/6/23/art_ 39_ 108709. html.

2016年江苏省最低收购价为1.18元/斤。执行最低收购价的小麦为当年生产的等内品，相邻等级之间等级差价为0.02元/斤。国家规定最低收购价收购对符合国家质量标准的小麦敞开收购。最低收购价小麦质量必须达到国家小麦质量标准五等以上（含）。五等小麦具体质量指标为：容重710～730克/升，水分在12.5%以内，杂质在1%以内，不完善粒在10%以内。托市收购政策有利于稳定小麦市场价格，但由于托市价格高于国际粮价，国家粮库又要进行顺价销售，使得拍卖价格高于市场价格，导致近年来小麦库存高居不下，托市政策难以为继。

2016年，由于江苏地区新麦受灾区域较广且程度较重，新小麦水分、不完善粒、赤霉病率均较高，总体等外粮比重较大，难以达到储备及托市收购的质量要求。针对新麦质量大幅下降的特殊情况，江苏省政府苏政传发〔2016〕130号文件对做好当前夏粮收购工作提出了明确要求。对因灾减产降质较为严重的田块由当地政府加强协调，组织开展农业保险定损理赔工作，尽力减轻农民因灾损失。对一些地区品质因灾下降，不符合收购标准的等外粮食，已要求各地从当地实际出发，组织国有粮食企业进行收购，分仓保存和销售，尽力缓解农民售粮困难。各地市、县也相继出台等外粮收购政策，放宽了不合格小麦收购标准，采取专仓收购、单独储存的办法，同时积极联系饲料、酒精生产企业消化不合格小麦，努力降低对农民的损失。虽然江苏地区自6月3日起启动小麦托市收购预案，但受制于粮源质量参差不齐，托市收购进度较为缓慢，同比大幅落后于上年。

2. 目标价格保险政策

江苏省部分地市实施了目标价格保险政策。如张家港大力推进政策性农业保险，水稻、小麦100%参保，并启动保险理赔，赔偿方案为200元/亩。该项保险政策以上一年的价格为基础，如果当年的价格低于上一年，则视为发生风险，保险公司会对农户进行赔付。保费由市财政承担50%，镇级财政承担40%，农民只需承担10%。价格保险补贴政策的实施可以有效地降低农业经营主体特别是规模经营主体的经营风险，减少农民损失，有效保障农民收入与粮食种植意愿。

（三）粮食贸易、加工企业扶持政策

1. "粮安工程"

2013年初，国家粮食局提出实施"粮安工程"，即粮食收储供应安全保障工程的简称，目的是守住"种粮卖得出，防止出现农民卖粮难；吃粮买得到，防止发生粮食供应脱销断档"底线。当年9月，江苏省被确定为第一批中央补助地方粮库维修改造重点支持省份。同期，江苏省政府制定出台《关于深化地方国有粮食企业改革的意见》。其中，针对地方国有粮食企业的扶持项目有：粮食"危仓老库"维修改造、"中心骨干库"建设、粮食"烘干机"建设、粮食信息化建设、粮食增"储"行动等。这些项目使得江苏省粮食仓储基础设施得到改善，现代粮食物流体系初步形成。

2. 储备粮财政补贴

根据《江苏省省级储备粮财政补贴资金管理暂行办法》（苏财规〔2010〕16 号）规定，储备粮财政补贴包括保管与轮换费用补贴、银行贷款利息补贴，财政补贴资金直接拨付到储备粮承储企业。

储备粮保管与轮换费用根据省下达的承储规模总量计补，实行定额包干，超支不补，节余留用。保管费用包干补贴标准为每年每吨 80 元、轮换费用包干补贴标准为小麦每年每吨 40 元。

储备粮银行贷款利息根据省下达的承储规模总量、省级财政部门会同省粮食行政管理部门和农业发展银行江苏省分行核定的入库成本以及同期银行一年期贷款利率等计补。

五、江苏小麦产业问题与对策

（一）产业需求

1. 农户需求

（1）需求主体。商品农业与生计农业两极分化，规模经营主体是江苏省未来小麦生产的主体。而以生计农业为特征的传统小农急剧萎缩，今后小麦的科技推广、补贴、金融扶持等产业政策应重点考虑规模经营主体的需求。

（2）社会化服务需求。从产中向产前、产后延伸，从单一的机械化作业服务向技术、融资、信息等多领域扩展。传统小农户生产规模较小，生产小麦品种选择随大溜儿、农艺选择按传统、产后晾晒靠院子（或公路），主要需求的社会化服务是生产过程中的作业机械化。但随着提供农机作业社会化服务的农机专业大户通过承包土地成为直接从事农业生产的规模经营主体，这些规模经营主体（或叫家庭农场，或叫某某合作社）对社会化服务提出了新的需求，例如短时间大规模收获小麦导致不能再像传统小农那样通过晾晒的方式来降低小麦含水率，烘干社会化服务需求应运而生；又如较高的商品化率使其对小麦的品种、成本更加重视，因此愿意付出更多代价寻求优良高产品种和低成本高产的农艺，对科技信息需求更加强烈。各种社会化服务应围绕着新的经营主体的需求来开展。

（3）品种需求。高产品种仍然是大部分农户对小麦品种的第一需求。2006 年国家实施小麦最低收购价以来，小麦主要由国家粮库来收储，只要农民收获的小麦符合相应标准则不愁出售问题。有了价格保证之后，农户片面追求高产、稳产，其次才会考虑抗倒伏、抗病虫害和小麦品质等要素。

2. 企业需求

规模化、集约化、优质化和品牌化是未来面粉加工业的发展方向。在国家托市收购政策下的面粉市场，国内面粉价格变化并不完全遵循市场规律变化，与此同时，国内面粉加工企业数量多、规模参差不齐、竞争激烈。要想在此形势下做大做强企业，必须准确把握产业和行业特点，在做好生存的同时，必须要谋转型，做好中长期发展规划。

（1）相对稳定的小麦政策预期。长期以来，之所以会出现"麦强粉弱"的情况，在很大程度上是因为国家托市政策对面粉市场造成了干扰，一方面对企业的面粉价格走势预期增加了不确定性，另一方面抬高了企业的经营成本。未来要想面粉加工产业健康有力地发展，必须要减少政策干扰，从政策上给予企业可以判断的预期。

（2）多元化的优质品种。随着城乡居民生活水平的提高，人们对面粉品质的要求日益提高。因此未来企业势必需要根据消费品种的多元化选择而对面粉市场进行细分，这就需要有多元化的优质品种供应。

（二）问题及风险

1. 结构性供给过剩与总量供给过剩并存

2016 年江苏省小麦结构性过剩问题尤为突出，一方面大量赤霉病粒、不完善粒超标、容重不足的小麦无处销售，另一方面企业采购不到质量达标、品质较好的等内小麦，需要外省采购。

另外，由于远高于国际市场的托市收购价格使得江苏省农民不断扩大小麦种植面积、小麦总产逐年提高，供给快速增加；而国家对库存小麦顺价销售的要求，使得拍卖成交率不断创新低，小麦库存不断水涨船高，供求关系失衡情况不断加剧。

2. 科技供需矛盾突出

（1）农业科技资源分散与精准科技需求之间的矛盾。江苏农业院校、科研单位等科技资源丰富，大部分单位均承担有小麦品种培育与关键技术研发等工作，据调查，2015年全省小麦生产 10 万亩以上应用规模的品种就有 29 个，且每年都有新品种审定推出，大规模的科技供给之间存在科技资源分散、科技成果供给过剩、品种研发与转化脱节等问题。

（2）农业科技供给与不同环节主体技术需求之间的矛盾。小麦产业链涉及品种研发、品种转化推广、栽培、病虫害防治、灾害防控、收获、烘干、储藏、流通、加工等诸多环节，由于现有的农技推广"一主多元"体系更多地关注于产中过程，对于产前和产后的服务能力不够，科技主体的技术供给与不同环节主体的技术需求存在供需不对称的问题，从而导致效率损失甚至无效供给。

3. 生产主体面临双重风险

随着江苏省乃至全国小麦库存的不断高企，江苏省和全国的财政压力快速加大，从事小麦生产的农户面临小麦市场的系统风险越来越大。2016 年江苏省由于小麦托市收购启动较往年晚，谣传政府不再进行托市收购，使得等内小麦地头收购价格一度降到 0.3 元/斤，小麦生产农户特别是从事规模生产的小麦种植农户遭受巨大损失。

在遭受市场风险的同时，小麦种植户还面临着较大的自然风险。2016 年小麦生产的拔节期、抽穗期、扬花灌浆期、收获期等各个关键生长环节都遭受过恶劣的天气，使得小麦产量下降、病虫害高发，小麦产量和品质都受到严重影响。

如果继续让小麦种植户暴露在市场和自然双重风险下而无任何防护，则未来农户的生产积极性将受到严重打击。

4. 流通矛盾

以往在粮食流通体系中，农户承担了很大一部分粮食储存的功能，粮农的存粮行为直接受到粮价变化的影响，然而，当前直接生产粮食的农户已经很少再储粮，农户粮食收获的时候就是粮食出售的时候，粮食收购企业承担了越来越重的储粮任务。在托市政策背景下，随着城镇化与农村超市的发展，粮农逐渐从以往粮食流通体系中单纯的生产者变成兼具生产者和消费者的双重角色，粮农角色的转变一方面导致传统乡村粮食加工作坊的消失，另一方面对粮食物流和仓储能力造成冲击，将粮食仓储功能全部推给国家。

在粮食收购环节，经纪人收购占了绝大部分，其中4/5的经纪人属于无证经营，这部分经纪人队伍对于粮食流通起到承上启下的作用，但由于利益驱使，经纪人永远不会承担粮价下跌时的亏损，从而在一定时期助推了粮食市场波动。在粮价下跌时，他们快购快销，边购边销，推动了市场粮价的下跌；在粮价上涨时，他们哄抬抢购，有的甚至故意制造错误信息，在一定范围内拉动了市场粮价的进一步上涨，对市场行情波动起到了推波助澜的作用。

在粮食仓储环节，国家小麦最低收购价政策与结构性过剩的矛盾日益突出，省内粮食仓容紧张，同时出库量较少，在此情形下难以避免农民卖粮难和压价情况的出现。在收储环节，由于收购粮食主要以含水率、不完善粒、容重等标准作为收储标准，而没有将粗蛋白含量等体现品质和用途的指标作为标准，导致粮农片面追求产量，造成库容紧张，市场销量却受限。

5. 加工矛盾

麦强粉弱是面粉加工行业的常态。受国家托市收购政策的支撑，我国稻谷价格持续高位平稳运行，而由于终端需求不旺，面粉走货不畅，价格持续低位偏弱运行，虽然油糠等副产品价格略有上涨，但企业加工利润依然处于亏损的状态，加工企业入市经营意愿较低，企业开机率普遍不足。受麦强粉弱格局的影响，面粉加工企业入市经营意愿较低，加工利润长期处于偏低或亏损边缘，大部分企业均处于半开半停的状态，部分中小型企业甚至长年处于停产状态中。受最低收购价政策的影响，加工企业往往出于规避风险的需要，缺少收购动机，由于面粉整体行业的利润率较低，开工率较低，导致整个面粉加工行业的竞争力不强，地方企业多，有影响力的品牌少，加工产业发展远远滞后于产业发展需要。

6. 消费矛盾

总量与结构矛盾：消费总量不断下降，结构性消费不足。即优质面粉供给与不断升级的市场消费需求的矛盾。江苏省人均GDP超过1.3万美元，城镇化率达到65.2%，已经进入高收入阶段，粮食和主要农产品消费进入结构转型和提档升级阶段。面粉供给虽然能满足数量要求，但面粉品种、结构、品质等难以满足需求的新变化。

（三）对策预案

今后江苏小麦产业发展政策必须紧紧围绕"创新、协调、绿色、开放、共享"的发展理念，按照"提质增效转方式、稳粮增收可持续"的总体工作方针，以产出高效、产品安全、资源节约和环境友好为发展目标，针对当前制约产业健康可持续发展的问题，从政策上统筹兼顾，谋求突破。

（1）完善农业保险制度。建议完善农业保险政策，探索天气指数保险（产量保险）试点和目标价保险试点，并给予保费补贴，以降低农民经营风险，避免农户暴露在自然和市场双重风险之下。

（2）实施"价、补分离"，改革小麦托市收购政策，去除市场系统风险，使补贴真正补给从事农业生产的农民，而不是粮食储备企业，更不是全球农业生产者。

（3）在科学测算谷物烘干机最佳分布、保障谷物烘干机的使用效率基础上，加大谷物烘干机补贴力度，规避小麦霉变风险，提高小麦质量。

（4）加强产销对接，鼓励规模经营主体直接将小麦卖给面粉厂、饲料厂、酿酒厂等小麦加工企业，而不是卖给国家粮库，通过订单农业形式加强产销对接，实现按需、按质生产，避免产销失衡。

（5）改革科技立项形式，减少科研重复投入，提高科技资源利用效率。根据行业专家筛选产业重大问题项目招标，鼓励同领域专家协同创新，联合攻关。

（6）鼓励各种科技研发单位依托自身优势，开展多种形式的农技推广服务，加快成果转化速度。支持科技创新体系、基本农技推广体系与社会化服务体系三系合一的农技推广模式。

（7）规范土地流转行为，遵守平等协商、依法、自愿、有偿原则，严禁各级政府为了政绩强行推动土地流转而推高地租；同时各级政府不应将土地流转规模作为政绩考核指标或者应降低其权重，以防止行政干预市场行为；此外，应由省级政府建立统一的土地承包权交易信息化平台，推动农民间自发的土地承包权交易。

（8）培育一批大型粮食加工集团，增强江苏面粉产业化竞争力。规模化、集团化生产经营是今后面粉产业链价值提升的关键。作为小麦主产省，江苏省面粉加工企业以中小型企业为主，产品同质化竞争激烈，企业利润空间小，资本积累慢。只有凭借规模优势，依托产加销一体化，积极做大产业链，加大品牌建设，才能不断增强市场竞争力。也只有大型企业才能凭借规模优势，建设完善的面粉加工全产业链，实现更高的附加值。

2015 年江苏省小麦销售情况调研报告

通过针对产业信息员的调研，结合江苏省实际情况，本报告分析了江苏省小麦市场的销售情况、供求趋势、价格趋势，并提出了相应的对策建议。

一、小麦市场销售情况

（一）江苏农户大部分小麦销售完毕，近期价格波动对农户影响不大

在盱眙、金坛、宝应等地的被调研 6 个小麦种植大户都表示，小麦在 10 月之前就几乎已经全部卖掉，手里留有部分小麦是做种子的，或者要卖量也不大。例如种植 120 亩小麦的常州金坛农户邹建华表示，2015 年卖了 10 万斤，在 7 月就大部分卖掉了，60% 卖给经纪人，价格为 1.17 元/斤，40% 卖给粮库，价格为 1.14 元/斤，全是二等小麦，目前小麦全部卖完。种植 200 亩小麦的宝应市农户朱树高表示，种植的小麦收割完就全部卖掉，部分小麦是经纪人在地头就收走了。淮安盱眙由于 2015 年小麦虫害严重，质量相对较差，农户销售价格为 1.00 元/斤左右。与往年相比，农户销售进度基本相同，销售价格近期比上年低。种植 170 亩小麦的盱眙市农户俞英国表示，三等白麦的销售价格只有 1 元/斤，比上年同期便宜了 0.10 元/斤左右。常州金坛县农户邹建华表示，卖了 5000 多斤二等白麦价格只有 1.10 元/斤，而上年同期在 1.20 元/斤以上。

（二）小麦经纪人收益下滑，但严重亏损的较少

调研情况表明，2015 年大多数经纪人收益有所下滑，但出现严重亏损的情况相对较少。例如扬州宝应小麦经纪人赵小兵表示，2015 年收购了 2400 吨左右，收购价约为 1.14 元/斤，大部分都按照国家保护价 1.18 元/斤及时卖给了粮库或面粉厂，目前手上剩下 400 吨左右，最近价格下行只能以 1.12 元/斤卖给面粉厂了，但谈不上亏损，因为毕竟前期赚了一点，现在亏一点，两相抵消基本上没亏本。常州宝应经纪人陈志粉表示，2015 年收购了三等红小麦 1200 吨，收购价格为 1.17 ~ 1.18 元/斤，如果含水率每高于收购标准 12.5% 一个百分点，就扣掉 1.5% 的重量，自己是去地头找大户收购的，收购后自己烘干，卖给国家粮库的销售价格是 1.18 元/斤，另外粮库会给 0.02 元/斤的收购费，因为没有仓库所以已经全部卖掉了，谈不上亏损。至于亏损的，主要是个别经纪人承包了镇上的国家粮库，库存了一部分，准备价高时销售，结果价格下滑到 1.15 ~ 1.16 元/斤，导致亏损。淮安盱眙经纪人陈正国表示，2015 年只收了 50 吨，收购价是 1.03 ~ 1.06 元/斤，卖给面粉厂 1.12 元/斤，都是收上来很快卖掉了，自己认识的经纪人中大部分都是收上来很快卖掉，亏本的只有一个，目前手里还有四五百吨，连农民的粮食欠款都付不出来。

（三）面临国际国内竞争，加工企业希望小麦收购价格下降

国际国内粮价倒挂，而国内小麦保护价收购政策导致"麦强粉弱"，面粉厂迫切希望小麦收购价格能够有所下降。扬州和信食品公司质管部主任王辉表示，所在企业 2015 年

主要收购三级红小麦，收购价格为 2300 元/吨，因为价格比上年低，所以收购了 2000 吨左右，而上年只有 1400 吨。扬州名佳食品有限公司总经理任鸿飞表示，2015 年面粉价格比上年上升约 3%，由于养殖业的滑坡，加上玉米价格大幅下滑，副产品价格比上年下降 50%，平均比上年同期下降 800 元/吨，按目前的产成品价格计算加上加工所需费用，小麦进仓价格不能高于 2360 元/吨，而现在公司使用的优质小麦价格在 2400 元左右。若下月托市小麦按上年价格拍卖，加上相关费用，小麦进仓价格将达到 2480 元/吨。导致加工企业生产经营非常困难，亏损压力较大。按现在的市场预测，2015 年和 2016 年两年面粉价格难有大幅度提升，副产品价格将在低价位运行，若使用托市小麦，加工企业亏损还将进一步加大。江苏省的监测情况也反映了这一问题，近期据江苏省发改委调控处价格监测，本期江苏全省三等小麦收购均价为 117.0 元/百斤，较上期下调 0.5 元/百斤；出库均价 121.1 元/百斤，较上期下跌 0.6 元/百斤。托市收购结束，制粉企业加工不景气，贸易企业和用粮企业收购积极性均较低，小麦行情依旧维持弱势。

（四）国家粮库托市收购能力下降，宏观调控作用受限，市场调控作用失灵

2015 年江苏省小麦产量为 1383.03 万吨，计划托市收购小麦 650 万吨，然而 2015 年江苏省只收购了 487.5 万吨，比上年减少了 183.5 万吨。上年的陈粮还占库存的 1/3，新粮收储能力下降，要有效执行最低保护价政策就必须不断地增加仓容。国家托市收购的目的是要起到市场稳定器的作用，在市场价格上升时抛售、在市场价格下跌时托底收购。然而小麦连年增产，库存越来越大，宏观调控能力越来越受限。与此同时，江苏省粮库为了消化存粮，在市场供大于求的情况下还多次组织拍卖，虽然拍卖大多流拍或成交率较低，但这也与宏观调控方向背道而驰。更大的问题是，目前的托市收购导致"麦强粉弱"，农民种植意愿对市场需求反应变得迟钝，不断增加小麦种植面积，进一步加大国家粮库库存压力，导致市场调控作用失灵。这些都不是政策制定的本意。

二、2015 年小麦销售情况变化的原因

2015 年小麦收购价回落的主要原因：一是各类主体收购积极性不高。国家明确 2015 年每 50 公斤三等小麦最低收购价为 118 元，与上年持平，没有出现预期的上涨，市场价格走势呈现横盘调整，波动较小。新麦上市后，加工企业因面粉、麸皮价格下跌，无法消化成本，加上收购资金不足，入市收购谨慎；国有粮食购销企业因受制于仓容，托市收购早早结束，加上托市收购点布局不合理，农民交售粮难度加大，大部分农户直接销售给粮食经纪人，造成农户出售价低于最低收购价。二是粮源供应充足而新麦品质较差。据如东、兴化、东海等主产区反映，上年留存的陈麦大部分还没有轮换出库，说明市场上小麦供应充足，并且陈麦品质好于上市的新麦。受病害和阴雨天气影响，不仅新麦达到标准品的比例不及上年，而且水分高、品相差，部分新麦出现发芽、发黑，直接导致出售价上不去。

三、对后期小麦市场供需状况及价格走势的判断

（一）下游环节价格压力将向上传导，小麦需求疲软

受进口粮食和饲料用粮价格冲击，再加上国内玉米价格下降，面粉和麸皮价格下行压力加大，这种压力降传到上游的小麦原粮价格，导致小麦需求疲软。

（二）小麦种植面积连年攀升，小麦供给总量短期难减

江苏省是稻麦轮作区和稻油轮作区，种植小麦的季节亦可种植油菜。但国内油价受到国际冲击更大，江苏省油菜面积已经呈现出迅速下滑的趋势，即使小麦价格下降农民也不会种植油菜。改种植蔬菜也不大可能，因为江苏省农业人工成本较高，而蔬菜种植机械化水平低，属于劳动密集型。江苏小麦生产机械化程度较高，每亩小麦用工量只有 3.42 天，种植小麦收益相对其他作物较高。再加上目前种植小麦的种粮大户，种植面积都在数十上百亩，若改种其他机械化水平较低的作物，根本没有足够的人力进行种植。所以最近 10 年来，小麦种植面积连年增加。即使小麦销售价格下滑，在没有更好的替代作物的情况下，小麦种植面积只会稳定而不会下降。不过，农户的种植行为开始受到市场需求影响而不仅仅是政策影响，不少种植大户主动打电话问加工企业，对小麦品种有什么需求。

总体来说，需求下降、供给不变，再加上国家粮库满仓，预计未来小麦价格将继续下行。

四、针对当前小麦市场存在问题的相关建议

针对当前小麦价格下行的压力，笔者认为，应在保护农民利益的基础上，尊重市场规律。具体来说，应适当下调保护价甚至逐步取消小麦保护价而实施土地补贴，但在这个过程中要温和，要提前给种植农户、经纪人形成预期，坚决不能像公布玉米保护价那样在玉米收获季节公布下调后的保护价，应在播种前及时公布，尽量避免对市场造成较大冲击进而造成整个链条上的主体因政策受到损害。只有尊重市场规律，才能避免对市场造成扭曲，影响整个农业生产的资源配资效率，伤害我国农业的国际竞争力。

2016 年江苏省小麦市场供需年报

【特点】全年小麦质降量减，价跌库满（见表15）。

表 15　2016 年小麦价格比较　　　　　　　　单位：元/斤

月份	本省价格	国内价格	国际价格	国际比国内高
1 月	1.15	1.42	0.96	−47.9
2 月	1.15	1.44	0.92	−36.1
3 月	1.16	1.44	0.91	−37.2
4 月	1.17	1.45	0.89	−38.9
5 月	1.17	1.45	0.88	−39.5
6 月	0.96	1.45	0.92	−36.6
7 月	0.95	1.41	0.89	−36.7
8 月	0.99	1.37	0.91	−33.7
9 月	0.97	1.28	0.90	−34.0
10 月	1.06	1.39	0.93	−33.1
11 月	1.12	1.41	0.94	−33.3
12 月	1.18	1.46	0.96	−34.5

注：本省小麦价格采用面粉企业三等白小麦挂牌价，国际、国内价格由农业部提供。

【走势】2016 年全年，小麦 1～5 月价格基本平稳，5 月下旬至 6 月出现断崖式下跌，10 月才开始逐步恢复，至 12 月价格达到全年高位。2016 年新麦由于赤霉病严重、不完善粒超标，质量严重下降，等外小麦价格一度下跌到 0.3 元/斤以下。同时，各地粮库均处于满仓状态，最低保护价收购小麦能力受限，托市效果不显著。

【详情】

2016 年全年份小麦价格走势情况

2016 年全年，小麦 1～5 月价格基本平稳，5 月下旬至 6 月出现断崖式下跌，10 月才开始逐步恢复，至 12 月价格达到全年高位（见图12、图13）。

江苏省 2016 年小麦产销情况分析

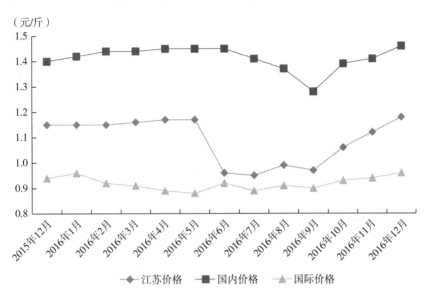

图 12　江苏省、国内、国际小麦价格比较

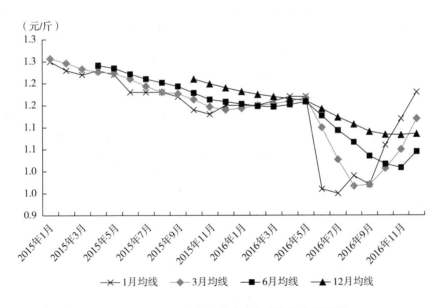

图 13　2015～2016 年江苏省小麦价格移动平均线

（一）生产环节

受上年秋播期拉长、低温寒潮早到等不利因素影响，加上 2016 年 5 月以来江苏省遭遇近年来少有的连续阴雨天气，导致部分麦田积水、倒伏，影响后期籽粒灌浆充实，从而影响麦子正常收获，导致小麦容重、单产均不及预期，赤霉病粒比率、不完善粒比例偏高，产量减幅扩大。

根据江苏省物价局成本调查监审分局的调查数据显示：2016年江苏省冬小麦夏收面积为2189.87千公顷，比上年增加0.51%，小麦亩均产量为386.48公斤，比上年减少了13公斤，全省小麦总产约126.95亿公斤，比上年下降了2.76%。全省除了徐州、宿迁、连云港等部分县（市、区）因受灾影响较小略有增产或持平外，其他大部分地区均出现不同幅度的减产，其中常熟、昆山、江阴、如皋、海安、姜堰、盐都、东台、涟水等地因气候不利分别减产40.05%、31.26%、29.82%、23.43%、21.43%、21.22%、16.28%、15.00%、5.91%。全省小麦平均亩成本增加3.62%、产量下跌3.25%、价格下跌16.86%，净利润为－115.57元/亩，比上年减少了206.23元。

　　根据江苏省农情调度数据，因11月中下旬和12月上旬阴雨较多，土壤积水较多，很多地方难以播种，导致2016年播种面积比预计播种面积下降。截至12月26日，全省小麦播种面积约3162万亩，比预计播种面积少100万亩左右，下降幅度为3.07%；比上年播种面积少124万亩左右，下降幅度为3.77%左右。播种已全部结束。

　　（二）流通环节

　　1. 农户小麦销售情况

　　2016年7月，根据小麦种植农户的抽样调研数据表明：选择将小麦"留够自家吃的，其余全部卖掉"的占67.03%、选择将小麦"一点不留全部卖掉，自家吃时再买"的占18.68%，两者合计占85.71%；选择"看价格走势选择机会再卖"的占12.09%，选择"基本不卖"的占2.20%。而且选择"留够自家吃的，其余全部卖掉"、"一点不留全部卖掉，自家吃时再买"的农户平均小麦种植规模为75亩，选择"看价格走势选择机会再卖"的农户平均小麦种植规模为62亩，选择"基本不卖"的农户平均小麦种植规模仅有2.75亩。可见，经营规模越大、商品化率越高的农户，越是希望尽早将小麦变现以获得继续从事下一季农业生产的现金流，而不是储粮择机待售。

　　另外，江苏省国家粮库小麦托市收购一般在6月初至6月中旬，时间一过便截止收购，因此种粮大户们也倾向于在这短短的十多天里尽快将小麦销售给国家粮库。

　　监测数据表明，在7月底，监测农户整体销售进度已经达到90%以上；8月底基本上全部销售完毕。

　　2. 小麦经纪人购销情况

　　随着农户储粮意愿的下降和急于售粮变现心理的增强，再加上农户在夏收同时忙于夏种，没有时间对小麦进行晾晒清选和粮库排队销售，小麦经纪人应运而生。大部分农户的小麦刚被收割机收割下来就被小麦经纪人直接在地头收购走。经纪人收购小麦后，或经过简单地清选直接送到国家粮库，或租赁粮站仓库对小麦进行烘干储存择机而售。

　　2016年7月，课题组组织了对江苏省小麦种植农户的抽样调研，调研数据表明：75.82%的农户选择了将小麦销售给小麦经纪人，同时将小麦销售给小麦经纪人的农户平均小麦种植规模为33亩，将小麦销售给国家粮库的农户平均种植规模为272亩。这表明：对于中小规模的小麦种植农户来说，由于小麦种植规模较小，将小麦进行晒干、清选并运送到国家粮库排队销售的机会成本相对较高，不如直接销售给小麦经纪人由其代理；而对于种粮大户来说，自身对小麦初加工能力较高（部分大户自己家就有烘干机）、销售规模较大更具有谈判能力，因此直接销售给国家粮库或者小麦加工企业能够获得更多收入。

　　小麦经纪人的存在，在一定程度上促进了小麦产业链专业化分工，提高小麦流通效率，特别是便利了中小规模小麦种植农户。但根据调查，也有面粉企业更愿意直接收购农户销售的小麦，因为农户不会对不同等级的小麦进行掺混以提高小麦等级，而经纪人则会这么做。

以 6 月为例，课题组对常州金坛、扬州宝应、淮安盱眙三地的 6 名经纪人开展了调研，6 名经纪人共收购 11200 吨小麦，在收购的小麦中，一等、二等小麦共 2817 吨。小麦地头收购平均价格为 0.905 元/斤。收购规模与上年同期相比缩小，主要原因是由于小麦质量较差，表现为赤霉病粒等指标超标、黑穗病粒超标、不完善粒超标、容重不达标、含水率高等。经纪人收购小麦后绝大多数都很快转手卖给国家粮库或者烘干后转手卖给面粉厂、饲料厂或其他社会企业。6 位经纪人销售小麦 7700 吨，占收购总量的 68.75%。小麦平均销售价格为 1.02 元/斤，每斤小麦保管、加工、销售的成本平均约为 0.05 元/斤。

3. 面粉企业收购及参加拍卖情况

监测数据表明，面粉企业在新麦上市的六七月为收购高峰，向农户、经纪人等市场主体直接采购小麦，8 月从市场采购小麦的数量开始逐步萎缩，直至 9 月趋近于 0。10 月开始，参加国家粮库拍卖的程度急剧增加，在来年 1～3 月因需求淡季而急剧下降，在四五月市场粮源紧缺时参与拍卖程度达到峰值，但在 6 月新麦上市后又回归冰点（见表 16）。

表 16　2016 年江苏省部分临储小麦竞价拍卖信息

竞价交易时间	计划销售数量（吨）	实际成交数量（吨）	实际成交率（%）	成交价格（元/吨）
2016. 02. 21～2016. 01. 27	305347	9478	3.1	2480
2016. 03. 01～2016. 03. 10	295525	4000	1.66	2480
2016. 03. 10～2016. 03. 25	305347	9478	3.1	2480
2016. 04. 20～2016. 05. 05	298468	80259	26.89	2501
2016. 05. 18	313893	101395	32.30	2492
2016. 06. 28	589675	693	0.12	2500
2016. 07. 26	582519	5705	0.98	2540
2016. 08. 30	574226	2000	0.35	2500
2016. 09. 27	574226	0	0	—
2016. 10. 25	601771	65906	10.95	2500
2016. 11. 22	689863	173693	25.18	2489
2016. 12. 27	682463	150566	22.06	2497

资料来源：根据江苏粮网数据整理所得。

最近 5 年最高时托市收购量为 671 万吨，占当年小麦产量的 57.82%；最低收购量为 2016 年的 301 万吨，约占当年小麦产量的 23.71%。政策性托市收购小麦占总产量的比例巨大，小麦市场成了政策市。但也可以看出，托市收购小麦的数量从 2014 年的高峰开始逐年快速下降。然而，这并非主动的市场行为，而是因为江苏省小麦库存高居不下，仓容不足，截至 2016 年 6 月下旬，江苏地区国家临储小麦剩余库存数量为 783 万吨，同比高出 483 万吨①。高居不下的库存、逐年扩大的仓容需求让托市收购政策难以为继，托市收购能力逐年下降。

（三）加工环节

江苏省有小麦加工企业 300 家左右。课题组利用爬虫技术，从各大黄页网站抓取 185 家江苏省面粉生产企业的厂名、电话和所在地址，并按照所在地市进行统计，得到如表 17 所示的结果。可以看到，江苏省面粉生产企业主要分布在产地，表现出苏北较多、苏中和苏南偏少的特征。

表 17　江苏省各地市面粉厂数量分布　　　　　　　　　　单位：家

地区	具体地级市	面粉厂数量	合计
苏南	南京市	5	28
	苏州市	9	
	无锡市	3	
	常州市	3	
	镇江市	8	
苏中	扬州市	5	32
	泰州市	12	
	南通市	15	
苏北	徐州市	64	125
	盐城市	6	
	连云港市	19	
	淮安市	12	
	宿迁市	24	

资料来源：星魂黄页网（http://www.qincai.net/）抓取。

2014 年全国小麦产量为 12621 万吨，当年全国小麦加工能力为 21655 万吨，实际加工小麦数量不足加工能力的 60%。同时，面粉企业产业集中度较低，2014 年，全国 3066 家面粉加工企业，平均每家面粉加工企业的产能仅 7 万吨（《中国粮食年鉴 2015》）。江苏最大的面粉企业江苏三零面粉集团年加工面粉不足 100 万吨，市场占有率不足本省的 10%。

一方面下游产品竞争激烈，另一方面由于国家托市收购导致上游原料——小麦的收购成本居高不下，使得面粉企业遭受两头挤压，"麦强粉弱"成为了常态。这就导致面粉企业对小麦收购不积极，对小麦采购采取"随用随购"的策略，储粮数量大大减少。

1. 后期走势展望

2017 年 1~5 月，国内小麦市场基本是政策市，国家粮库几乎是唯一的卖家，临储小麦拍卖价格就是市场价格，因此预计这段时间内小麦价格坚挺。但预计亦不会有太大涨

---

① 今年南方小麦托市收购量将下降［EB/OL］.农产品期货网，http://www.ncpqh.com/detail.jsp? newsclass = 140&id = 365184，2016 - 06 - 27.

幅，因为国际小麦期货市场小麦价格中短期呈下跌态势。2017 年 3 月交货的美国 2 号软红冬小麦 FOB 价格为 165.2 美元/吨，合人民币 1147 元/吨；到中国口岸完税后总成本约为 1687 元/吨。再加上国家粮库库存充裕，因此预计国内小麦涨幅有限。

2. 需要关注的问题及建议

今后应重点关注以下两个问题：一是连续阴雨天气推迟了江苏小麦播期，多地田间积水无法播种减少了播种面积，后面大概率复制上年小麦播期推迟、拔节期遇"倒春寒"、灌浆期连续阴雨、收获期大量降雨的天气情况，进而导致赤霉病暴发、产量下降。为了尽量减少损失，后期应重视病虫害防治和开沟排水。

二是国际小麦价格长期有继续下行的趋势，我国小麦生产成本仍然远高于国际小麦，麦价长期下行风险仍然较大。今后江苏省应在降成本、提质量、增效益等方面继续下功夫，努力提高小麦国际国内竞争力。

2017年江苏省小麦市场形势分析及展望

江苏省是我国重要的小麦主产省，其在全国的播种面积占比及产量占比均稳步提升，分别由2005/2006年度的8.10%和7.54%增至2016/2017年度的9.42%和9.20%。据国家统计局数据，2016/2017年江苏省小麦播种面积居全国第4位，小麦总产量居全国第5位。同时，由于整个生长周期降雨量多，光照相对河南、河北、山东产区较少，小麦蛋白质积累相对较低，因此江苏省是我国最大的弱筋小麦产区和稻麦轮作区，其小麦的生产状况关系着我国粮食安全和全省农民增收的问题。

一、2017年江苏小麦生产主要特点

（一）收获面积同比下降，秋播面积预计增加

2016年秋播时期因连日阴雨、部分地区水稻收获较迟延误了播种，再加上部分大户因为2016年小麦生产出现亏损而担心效益问题未播种，2016年小麦秋播面积有所减少。据江苏省农村社会经济调查队的数据显示，2017年全省小麦收获面积（即2016年全省小麦面积）218.08万公顷，比上年减少0.97万公顷。

2017年秋播时期，由于天气状况较好，未出现2016年连日阴雨的状况，再加上2017年小麦市场行情较高，农户小麦种植意愿增强，因此2017年小麦秋播面积预计恢复到2015年水平，达219万公顷。

据江苏省小麦产业链在苏北、苏中、苏南共8个县的产业信息监测数据，受2017年小麦价格上涨刺激，农户小麦种植意愿增强，2017/2018年度小麦种植大户计划播种面积比上年实际播种面积增加10.40%。监测数据也表明，小麦最低收购价下调影响有限，47.06%的农户认为小麦最低收购价下调对自己种植意愿没有影响，35.29%的农户认为种植面积将有小幅下降，只有5.88%的农户认为自己的小麦播种面积将大幅度下降。

（二）小麦产量与品质同比显著提高

2017年小麦产量达1171万吨，同比增加4.55%。2017年小麦扬花、灌浆和收获期等各个关键生长阶段并未出现类似2016年的连续阴雨天气，也没有暴发大面积的赤霉病，小麦品质高于上年，容重、赤霉病粒、不完善粒等各项指标均优于上年。据江苏省粮食部门监测调查，2017年江苏省小麦质量总体好于上年，全省小麦平均容重为772克/升，同比增加7.8%；不完善粒（赤霉病）水平较低，全省平均为4.5%（2016年为13.5%）；杂质也较上年有所降低，为1.1%。整体来看，江苏省小麦三等及以上占80%以上，二等及以上占50%~60%，一等占20%~30%。

（三）生产成本持续攀升，净利润也同比大幅上升

据江苏省物价局农产品成本收益调查显示，2017年全省小麦生产总成本为13284.6元/公顷，同比增加429元/公顷；小麦出售价格为2.28元/公顷，同比增加0.4元/公顷；

平均总产值为 14978.1 元/公顷，同比提高 3855 元/公顷；净利润为 1693.5 元/公顷，同比增加 3427.5 元/公顷；现金收益为 6722.55 元/公顷比上年增加 3136.50 元/公顷，生产效益显著高于上年。这也是在国家发改委宣布 2018 年小麦最低收购价下降 0.20 元/公顷的背景下，但 2017 年小麦秋播种面积并未出现下滑反而增长的重要原因，当然政策出台时小麦播种已接近尾声也使得政策效果对当期小麦播种面积影响甚微。

二、2017 年江苏小麦市场主要特点

（一）新麦价格高开高走

2017 年 1～5 月，由于市场上流通社会小麦趋于枯竭，市场用粮主体主要靠从国家粮库拍卖获得，因此价格从 2 月开始持续走高，截至 5 月接近 2.36 元/公斤的最低收购价格；6 月新麦出来后，小麦价格虽有所下降但并没有像 2016 年那样断崖式地下跌，反而出现了用粮企业抢购新麦进而抬高市场价格的情况（1～5 月因为国家粮库拍卖的小麦价格太高而市场面粉价格太低，不少面粉加工企业越生产越亏损，因而采取降低开工率甚至停工的策略，等待新麦出来低价收购小麦进而打"翻身仗"，然而期望落空）；7 月小麦价格就迅速恢复了新麦出来之前的市场价格，随后价格一路攀升，至年底竟然超过了最低收购价格。

（二）小麦市场购销两旺

农户销售进度明显加快。为了收回资金和节约时间投入到下一茬作物生产，绝大部分农户直接在地头将小麦卖出。据江苏省小麦产业链信息监测数据，6 月监测样本农户整体销售进度为 71.75%，7 月提高到 82.65%，8 月增至 95.18%，9～11 月进一步增加，依次为 96.54%、99.90% 和 100%。

小麦经纪人选择快进快出避免市场风险。2017 年江苏省小麦经纪人收购高峰和低谷与农户销售高峰和低谷基本一致。由于 2017 年小麦价格高开，为了避免价格波动带来的风险，经纪人采取快进快出的策略，收购小麦后即很快转手销售给国家粮库或者用粮企业（见图 14）。

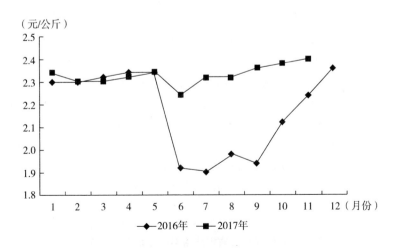

图 14　2016～2017 年江苏省小麦价格走势

面粉企业的小麦采购主要集中在 5～7 月，以采购新麦为主。据江苏省小麦产业链监

测团队监测的面粉企业采购小麦情况，采购量最高月份集中在新麦出来的 5～7 月（一般 5 月下旬湖北省新麦上市，江苏省的面粉企业会赴湖北省抢购新麦；江苏省新麦多为 6 月上旬收获）；随着 2017 年小麦价格的逐月攀升，面粉企业采购小麦的数量则逐月下降，9 月跌至谷底，10 月为传统的面粉销售旺季，因此 10 月小麦采购量有所攀升，但 11 月又降至谷底（见图 15）。

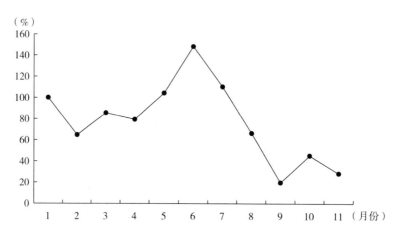

图 15　2017 年监测面粉企业小麦采购量（以 1 月为定基）

（三）国家粮库与民争粮，41% 的新麦收购入库

据江苏省粮食部门数据，2017 年江苏省国家粮库最低价收购小麦逾 484.15 万吨，而江苏省全年小麦产量仅 1171 万吨，最低价收购量占产量的比例逾 41%。在新麦价格高开、新麦质量较好、用粮企业采购较为积极的背景下，国家粮库却将 41% 以上的小麦收购入库，大大降低了市场上的小麦有效供给数量，成为小麦价格上扬的重要推手。

而实际上，江苏省 2014 年收购的小麦还没有全部轮换出库。2017 年 11 月 28 日江苏省国家粮库拍卖 48.72 万吨小麦，实际成交率仅为 7.02%。其中，2014 年产白小麦 38.48 万吨，成交率为 1.08%；2015 年产白小麦 8.55 万吨，成交率为 23.26%；2015 年产混合麦 1.70 万吨，成交率为 59.93%。显然，时至 2017 年底，2014 年的小麦仍然是重点轮换出库的小麦，即使成交率非常低也仍然以 2014 年的小麦为主对外拍卖。

从 2017 年以来的部分临储小麦竞价拍卖信息可以看出，江苏省临储小麦拍卖成交率相对较高的月份主要集中在社会小麦粮源枯竭的 1～4 月和年底前的两个月，其他月份成交率极低，尤其是在新麦上市前后成交率跌至冰点，即使是成交率最高的 4 月也不足 20%。因此，最低价收购政策实际上是把市场上流通的小麦变成无效供给的一个过程，特别是在 2017 年收购量高达 41%，大大降低了市场上的小麦有效供给量，推高了小麦市场价格（见表 18）。

表 18　2017 年江苏省部分临储小麦竞价拍卖情况

竞价交易时间	计划销售数量（吨）	实际成交数量（吨）	实际成交率（%）	成交价格（元/吨）
2017 - 01 - 17	67.42	8.23	12.28	2478

竞价交易时间	计划销售数量（吨）	实际成交数量（吨）	实际成交率（%）	成交价格（元/吨）
2017 - 02 - 21	69.00	11.59	16.79	2478
2017 - 03 - 28	69.98	11.51	16.45	2478
2017 - 04 - 25	69.93	13.67	19.54	2488
2017 - 05 - 23	68.05	3.03	4.45	2481
2017 - 06 - 20	64.89	0.06	0.09	2540
2017 - 07 - 18	64.84	0.04	0.05	2460
2017 - 08 - 22	64.86	0.00	0.00	—
2017 - 09 - 26	46.40	0.84	1.80	2503
2017 - 10 - 31	48.44	0.13	0.26	2471
2017 - 11 - 28	48.72	3.42	7.02	2475

三、2018 年展望

从国内需求看，小麦年度消费总量稳定在 1.09 亿吨左右，随着时间推移略有下降趋势，预计 2017/2018 年度不会有太大变化。从国内供给看，由于关税配额的存在，供给主要来自国内。2018 年 1~5 月的供给主要来自国家粮库，5 月下旬开始主要供给来自 2017/2018 年度的新麦。从目前监测情况来看，2018 年新麦播种面积和产量可能都将比 2017 年有所增加。再加上最低收购价格下降，因此预计 2018 年 5 月下旬之后，市场上流通的新麦数量将高于 2017 年。总体来说，在需求基本稳定的前提下，2018 年 1~5 月中上旬小麦供给主要源于国家粮库，价格取决于国家粮库的轮换速度；但 5 月下旬之后，小麦供给量将高于 2016/2017 年度，价格出现一定幅度的下跌。

四、未来发展思路

据国家统计局公告，2017 年全国小麦播种面积为 2314.87 万公顷，比上年减少了 23.6 万公顷，减少 1.0%；在播种面积同比略降的情况下，总产却比上年增加 0.9%。在市场价格方面，受夏收期间主产区连绵阴雨影响，2016 年小麦品质总体较差，导致 2017 年上半年市场优质粮源短缺，市场价格持续高位运行；2017 年夏粮丰收，新麦品质整体较好，优普麦品质差异分化程度小，市场价格高开高走，市场主体积极入市抢购优质粮源，收购进度快于往年。

在小麦市场呈现难得的购销两旺局面下，为了取得更好的发展需要思考以下两个问题：一是小麦最低收购价的支撑作用问题。从 2016 年和 2017 年两年情况对比看，国内小麦供求总体平衡，支撑市场价格的因素在很大程度上取决于小麦品质。最低收购价的小幅调低对市场影响并不大。说明最低收购价的支撑作用已经逐步弱化，而且主要是影响各市场主体对后市价格的预期。二是国库收储时机把握与收储比例问题。2017 年江苏省小麦总产量为 1171 万吨，而最低收购价收购小麦近 500 万吨进入国家粮库，占当年产量的 41%。在小麦价格高开、国家粮库 2014 年产小麦仍然没有轮换出库且成交率趋于冰点时，大量高价从市场上采购小麦，逼迫面粉企业破产或从国外采购小麦是否合适。

（一）稳妥推进小麦最低价政策改革

近期主要根据市场供求状况进行调低或调高的选择，并根据当年新麦上市品质、市场供求状况等情况选择执行最低价、国库入市收储的时间窗口。从长远看，建议实施价补分离方案，而不是保守治疗方案"逐步降低最低收购价格至成本价"，如果认为农户受损就直接发钱补贴给农户，而不是通过代价高昂的价格扭曲政策来稳定市场，进而严重损害我国小麦的国际竞争力。

（二）从小麦全产业链各主体健康发展的视角考虑最低收购价的问题

在小麦商品化生产趋势日益明显的情况下，重点要解决种粮大户地租过高问题，以适当抵消最低收购价下调带来的收益减少问题。而最低收购价的适当下调，"麦强粉弱"的状况将得到改善，面粉企业将有更强的竞争力面对国际竞争，整个小麦产业链将更加健康、可持续发展，同时也有利于应对国外低价小麦对国内市场的冲击。

（三）完善扶持粮食生产的配套政策

现行最低收购价被赋予过多的政策职能，在粮食价格市场化程度不断提高、国内外价格联动效益日益显著的新形势下，不同的政策目标很难兼顾。需要将最低收购价格政策回归到解决"农民卖粮难"的政策目标上，而促进农民增收目标主要需要采取相应配套支持政策解决。

参考文献

［1］陈锡文．玉米补贴改革推行在即　小麦稻谷跟进［N］．粮油市场报，2016 - 03 - 01．

［2］师逸．价补分离，倒逼经营主体转型升级［N］．粮油市场报，2016 - 04 - 16．

［3］陈锡文．价补分离，市场定价［J］．农经，2016（3）：36 - 37．

［4］裴会永，韩俊．价补分离继续深化收储制度改革［N］．粮油市场报，2016 - 12 - 20．

［5］戴公兴．小麦和稻谷是否还要坚持保护价收购？［N］．人民政协报，2017 - 11 - 18．

［6］韩俊．农业供给侧改革须做好"稳调改补"文章［N］．粮油市场报，2017 - 03 - 30．

［7］张瑞娟，高芸．国内外小麦价格联动关系研究［J］．价格理论与实践，2016（7）：112 - 115．

［8］韩一军．变革背景下中国小麦产业模式及政策探讨［J］．农业展望，2016，12（1）：32 - 35．

［9］齐驰名．麦强粉弱持续加工利润暂难回转［N］．粮油市场报，2016 - 10 - 29．

［10］赵霞．"麦强粉弱"现象的深层次原因探析——麦粉市场价格波动的动态关联性研究［J］．价格理论与实践，2014（8）：73 - 75．

山东省小麦产业发展分析与展望
（2016～2020 年）

一、我国小麦产业概况和发展趋势

（一）我国小麦产业概况

小麦是世界性的重要粮食作物，产量和消费量占世界谷物产量和消费量的30%左右，而贸易量占世界谷物贸易量的45%左右。在我国，小麦是仅次于玉米和水稻的第三大谷物，近年来每年种植面积在2400万公顷左右，约占粮食作物总面积的1/4。

1960年以来，中国小麦产业呈现五个显著特点：一是面积下降、总产增加，均以1997年和2003年为拐点，呈三段式波动。二是单产持续提高，2015年比1960年增长了5.64倍。三是总产增加主要由单产驱动。四是集中度高，河南、山东和河北3省常年种植面积占全国的45.3%，产量占全国的55.5%。五是主产省份的种植规模和单产均较高。

消费呈现两个明显特点：一是持续增长，2014年比1961年增加了1.05亿吨，年均增长率为3.6%，略高于同期小麦总产的年增长率3.3%；二是长期产不足需，1960～2014年仅有11个年份国内小麦供大于求，其余年份均产不足需。2008年至今一直为净进口国，进口量逐年增加，2013年一度达到677万吨，这两年预计增速有所减缓。

（二）我国小麦产业发展趋势

1. 提高单产、增加总产是我国小麦生产发展的长期战略需求

据预测，小麦产量每年递增1.7%才能满足到2050年全球需求的增长，而目前的增长率仅为1.1%。随着我国工业化、城镇化的发展，耕地逐年减少，而人口仍在增加，粮食需求将呈刚性增长，我国粮食的供需将长期处于紧平衡状态。未来20年要保障我国粮食安全，小麦产量需在现有基础上每年递增1.4%，而主产麦区产量潜力年均增长率仅为0.8%。截至2020年，我国小麦年需求量约为1330亿公斤左右，而2013年我国小麦总产为1221亿公斤，缺口达109亿公斤。据统计，2014/2015年度我国小麦国内总消费量为13160万吨，2013/2014年度为12920万吨，增加240万吨，增幅1.86%。因此，提高单产、增加总产、保障供给是我国小麦生产及产业发展的长期任务。

2. 优质专用和绿色安全是我国小麦产业发展的必然趋势

美国、加拿大、澳大利亚等世界主要小麦出口国一直比较重视小麦的品质。随着我国

小麦生产和育种目标由以产量为主向增产与品质并重转变，优质专用小麦育种取得较大进展，主产区小麦品质结构也发生了较大的改变。但是，我国优质专用小麦的生产远远不能满足市场的需求，发达国家优质专用小麦占小麦总产量的 80%，而我国只占 15%。据中国饲料行业信息网 2016 年对国内强筋小麦市场需求形势分析表明，我国对优质强筋小麦总需求量为 500 万～700 万吨，而当前我国优质强筋小麦总产量为 300 万～450 万吨，缺口达 200 万～250 万吨。需求的增加拉动了强筋小麦的价格，例如 2014 年国际小麦价格连续走高，美国墨西哥湾硬红冬麦平均离岸价从 1 月的 288 美元/吨涨至 5 月的 346 美元/吨；上半年国内优质麦均价为 2803 元/吨，同比上涨 9.2%，优质麦与普通麦价差从 1 月的 278 元/吨增至 5 月的 365 元/吨。优质专用小麦的市场前景非常广阔。另外，农产品质量安全与粮食安全一样已经上升到国家安全层面。麦田有害生物的治理不仅要保障小麦高产稳产，还要减少化学农药的使用，提高小麦质量，保护生态环境，促进小麦生产的可持续发展。

3. 提高水肥利用率和种植收益是我国小麦生产的迫切要求

我国是世界淡水资源严重缺乏的国家，山东省人均水资源更为缺乏，全省多年平均水资源总量为 305.8×10^8 立方米，占全国水资源总量的 1.09%，人均水资源占有量仅为 344 立方米，亩均水资源占有量为 307 立方米，二者都不足全国平均数的 1/6，低于世界人均占有量的 1/20。但我国农业生产的水肥资源利用率较低，既浪费了水肥资源，又增加了生产成本，降低了种粮收益。据报道，我国水分生产率为 1.0，发达国家为 2.3。我国正面临氮、磷、钾肥料施用成本增加、资源匮乏的严峻挑战。能源价格上涨导致氮肥生产成本不断提高，2040 年后我国磷矿资源将会短缺，我国钾肥的进口依赖度高达 70%。近年来我国大田作物化肥投入大量增加，却难以达到增产目标，增肥不增产现象凸显，肥料利用效率低是主要原因。我国小麦氮肥利用率为 30%，发达国家为 50%；中国耕地面积约占世界耕地面积的 10%，而氮肥消费量却占世界氮肥总消费量的近 30%。提高水肥利用率和小麦生产收益是我国小麦生产发展的迫切要求。近年来，小麦突发性自然灾害频发，生育期内干旱、生育后期干热风危害时有发生，严重制约了小麦生产的发展。因此，需要通过多种技术途径大幅度提高水肥等资源的生产效率，减少化肥农药用量，降低小麦生产成本，实现高产优质与高效环保的协调统一，全面提高我国小麦产业竞争力。

4. 小麦生产和经营方式向规模化、集约化转变是发展方向

国外小麦生产经营方式多是家庭农场、农业合作社等形式，生产规模大，机械化水平高。20 世纪末，美国家庭农场拥有全国 81% 的耕地面积，83% 的谷物收获量，77% 的农场销售额。印度农业合作社覆盖全国 100% 的村庄，67% 的农户。我国当前的农业生产经营组织形式主要是以家庭承包经营为基础、统分结合的双层经营体制，农户经营面积小，2010 年我国农户户均耕地为 7.5 亩，约为欧盟的 1/4，美国的 1/400。小农户经营已经不适应我国现代农业发展的需要。党的十八大报告明确提出"培育新型农业经营主体"，"构建集约化、专业化、组织化、社会化相结合的新型农业经营体系"。2016 年"中央一号"文件对推进农业供给侧结构性改革做出一系列重大部署，明确提出实施藏粮于地、藏粮于技战略，强化现代农业科技创新推广体系建设，大力推进农业现代化，让农业成为充满希望的朝阳产业。据有关部门统计，我国共有种粮大户 68.2 万户、粮食生产合作社 5.59 万个，家庭农场和合作社经营的粮食面积 2 亿多亩。我国土地经营的规模化、集约

化发展，为小麦种植模式、种植技术和农机农艺结合等提出了一系列新的课题，成为小麦产业的发展方向。

5. 我国小麦产业支持保护政策将更加系统化是健康发展的保障

加入世界贸易组织以后，我国遵循 WTO 规则初步建立了以最低收购价与四补贴为主的小麦产业支持政策，但这些政策的弊端日益显现，如补贴不挂钩且支持空间有限、最低收购价不断提高导致国内外价差扩大等。面对越来越复杂、挑战越来越多的发展环境，未来需要采取多种政策措施确保我国小麦产业健康发展：一是加大绿箱政策支持。主要包括增加小麦科技研发投入；创立小麦节水补贴、主产区生态修复补贴、保险补贴等。二是用好宝贵的微量许可这个黄箱政策空间。主要包括稳定适用最低收购价政策；新增补贴切实向新型主体倾斜；加大贴息贷款等多种形式的金融支持。三是在所有多双边贸易谈判中都要守住小麦 65% 的进口关税不降低，这是保证我国小麦产业健康发展的最重要的战略防线。

二、山东省小麦产业现状、存在的主要问题与技术需求

（一）山东省小麦产业发展现状

山东省是我国小麦生产第二大省，2003～2014 年全省小麦总产量实现了"十二连增"。山东省小麦产业的发展具有产量潜力高、生产技术水平高、品质优良、加工能力强等突出特点和优势。未来小麦生产在品种和技术方面尚有较大增产潜力可挖，但不同区域间小麦产量水平和增产潜力存在显著差异。

1. 播种面积、总产量及单产水平均呈逐年上升趋势

据统计，山东省近 5 年小麦年均种植面积 5450 万亩、平均总产 215.3 亿公斤、亩产 396.5 公斤，种植面积、单产及总产量均呈逐年上升趋势（见表 1）。

表 1　2010～2014 年山东省小麦播种面积及总产量状况

年份	播种面积（千公顷）	单产（公斤/公顷）	总产量（万吨）
2010	3561.87	5779.50	2058.60
2011	3593.53	5854.50	2103.90
2012	3625.87	6010.50	2179.30
2013	3673.27	6040.50	2218.80
2014	3740.20	6052.50	2263.80
2015	3799.83	6175.50	2346.60
2016	3830.27	6121.20	2344.59
2017	3845.21	6109.65	2349.30

山东省小麦种植面积约占全国小麦种植面积的 15%，总产占全国总产的 18%，单产水平处于全国首位，较全国平均单产高出近 20%。山东省内小麦种植主要集中于鲁西、鲁南及胶东平原地区，种植面积较大的地市有德州、潍坊、临沂、济宁、聊城、菏泽 6 个地市，种植面积均超过 30 万公顷，单产最高的地市为德州，平均产量为 7090.69 公斤/公

顷（见表2）。

表2　2017年山东省各地市小麦播种面积及产量状况

地区	面积（公顷）	单产（公斤/公顷）	总产量（万吨）
济南市	209820.00	6050.45	126.95
青岛市	227580.00	5554.41	126.41
淄博市	102900.00	6525.77	67.15
枣庄市	143026.67	6096.77	87.20
东营市	90041.40	6121.65	55.12
烟台市	117028.27	5101.30	59.70
潍坊市	323769.53	6185.27	200.26
济宁市	332300.00	6653.93	221.11
泰安市	169316.60	6969.45	118.00
威海市	49619.99	3637.75	18.05
日照市	59362.46	5651.63	33.55
莱芜市	6720.00	5226.60	3.51
临沂市	300605.33	5994.13	180.19
德州市	487893.33	7090.69	345.95
聊城市	409986.67	6602.65	270.70
滨州市	249113.33	6600.19	164.42
菏泽市	594686.67	6318.45	375.75

2. 不同区域间小麦产量水平和增产潜力差异显著

山东省气候资源丰富，依据不同地理位置及灌溉条件，可将小麦产区分为鲁西黄灌区、鲁北井灌区、鲁中南湖河井灌结合区、鲁中旱作区、胶东旱作区5个区域，不同区域小麦种植情况及发展潜力归纳如下：

鲁西黄灌区：包括沿黄河各县市，面积约173.3万公顷。该区以黄河水灌溉为主，井灌为辅，水资源较为丰富，但区内土壤肥力不均，存在一定面积的盐碱地和荒地，平均单产为5250.0～7500.0公斤/公顷。该区在扩大种植面积和提高单产方面均有较大的潜力，应继续加强土壤改良和地力培肥，配套完善田间灌溉工程，截至2020年平均单产提高13%，可增产14亿公斤。

鲁北井灌区：包括淄博、潍坊所属的部分县市，面积约33.3万公顷。该区以井灌为主，能够保障小麦关键生育期灌溉用水。但区内多为山间平原，易受冻害、干旱等的影响，产量年际间波动较大，平均单产为6000.0～6750.0公斤/公顷，部分县市可实现小面积单产9750.0～11250.0公斤/公顷的高产，具有一定的增产潜力。该区应大力提倡秸秆还田，提高土壤有机质含量，推广节水高产栽培技术，截至2020年平均单产提高10%左右，可增产2亿公斤。

鲁中南湖河井灌结合区：包括济宁、泰安、枣庄、临沂所属的部分县市，面积约为

66.7万公顷。该区井灌面积约占80%，部分麦田用湖水和河水灌溉，平均单产为6750.0公斤/公顷左右，部分麦田土壤肥力较好，滕州、兖州等县已创出小面积单产10500.0~11835.0公斤/公顷的高产水平。该区应继续做好地力培肥，推广深松镇压规范化播种和水肥高效利用技术，至2020年平均单产提高7%~12%，可增产4亿公斤。

鲁中旱作区：包括淄博、莱芜、泰安、潍坊、临沂、枣庄位于山地丘陵区的麦田，面积约36.0万公顷。该区山丘面积大，水资源缺乏，土壤肥力偏低，以旱作小麦为主，平均单产3450.0~5700.0公斤/公顷。未来发展，一是应用抗旱小麦品种和旱地小麦丰产栽培技术，充分利用自然降水，提高水分利用效率；二是加强山间水库、塘坝等工程建设，增加蓄水，挖掘水源，保证浇上关键水，提高抗旱能力。至2020年平均单产提高5%左右，可增产0.8亿公斤。

胶东旱作区：包括烟台、青岛、威海，面积约50.7万公顷。该区山丘、平原、洼地交错分布，灌溉面积小，平均单产为4500.0~6000.0公斤/公顷。该区存在的主要问题是土层薄、质地差，水资源不足，应加强秸秆还田、推广深松镇压等保护性耕作技术，培肥地力、选用抗旱品种、推广抗旱栽培技术；地下水资源较好的地区，应合理开采地下水，推广节水灌溉技术，提高水分利用效率。至2020年平均单产提高5%~8%，可增产1.7亿公斤。

3. 优势突出，育种成果显著

山东省属于北方强筋、中筋冬麦区，气候资源和土壤资源适于优质强筋和中筋小麦生产。据对我国10个小麦主产省（自治区）商品小麦的综合分析，山东省商品小麦的综合品质高于全国平均值。随着粮食产业化经营的深入推进，龙头企业不断发展壮大，涌现出一批经济实力较强的大型面粉加工企业或集团，成为引领行业发展的主导力量。目前，山东省小麦加工能力达到3560多万吨，小麦粉有中国名牌9个，山东名牌50多个，驰名商标2个，著名商标60多个，小麦粉产品在国内市场的竞争力和影响力进一步提高。

山东省小麦育种工作突出，2009年山东省农业科学院作物研究所育成的小麦品种济麦22，在22个点产量超过700公斤/亩，滕州点3.46亩高产攻关田经农业部专家组实打亩产789.9公斤，创我国冬小麦高产纪录。2014年，山东省烟台市农业科学院育成的小麦品种烟农999，经农业部专家组在招远实打亩产817.0公斤，刷新了全国冬小麦单产最高纪录。

山东省小麦之所以产量高，除品种产量潜力大、适应性广外，还有先进栽培技术的支持，小麦精播半精播高产栽培技术、小麦氮肥后移高产栽培技术、小麦宽幅精播高产栽培技术等均已成为农业部主推技术。

（二）山东省小麦产业发展存在的主要问题与技术需求

虽然山东小麦产业在全国优势明显，但要进一步提高竞争力水平，仍存在诸多问题。

1. 进一步提高小麦单产、实现大面积均衡增产难度增大

近年小麦高产创建工作扎实深入开展，带动了全省小麦生产水平的普遍提高。2012年省冬小麦平均单产率先突破400公斤/亩，2015年省小麦平均单产达到411.7公斤/亩。但是，山东省不同区域间小麦生产技术水平发展不平衡，大面积均衡增产难度仍很大。主

要限制因素包括品种、栽培、土壤肥力、水利等多个方面，病、虫等生物因素、气象气候因素也在很大程度上影响小麦的产量、质量及稳产性。因此，需要加速培育超高产、广适型小麦新品种，加速研究各地适用的简化高产高效栽培技术，以实现小麦生产高产、优质、节本增效，并提高防御自然灾害的能力，促进山东省小麦生产效率提高再上新台阶。

2. 小麦生产肥水利用率低，投入成本高，收益低

黄淮冬麦区旱地小麦面积较大，仅山东省就有1000万亩左右，山东省旱地农田的水氮耦合效应也具有明显的区域差异性。近年来，山东省及我国黄淮冬麦区连续遭受干旱的危害，如2010年山东省遭遇冬春持续干旱低温，造成部分地区减产降质，重者绝产；2016年恰遇厄尔尼诺年，北方偏干旱，南方雨水大，造成北旱南涝，势必严重影响我国小麦生产。另外，在生产上普遍存在为追求高产肥水投入过大的现象，既增加了小麦生产成本、浪费了肥水资源，又造成肥水利用效率低，土壤养分失衡、土壤结构劣化、环境污染，导致土壤生产力下降，对小麦生产的高效、安全和可持续发展构成严重的威胁。因此，急需培育肥水高效的小麦品种，研究科学的肥水运筹及耦合技术。

3. 山东省小麦有害生物发生种类不断增加，次要有害生物上升为主要有害生物，偶发性病害上升为常发性病害

随着种植制度、气候条件的变化，秸秆还田的推广，主要在长江以南发生的小麦赤霉病迅速向北推进，在山东省日益成为主要病害。土传病害日益严重，纹枯病、根腐病等根茎部病害与白粉病、条锈病和叶锈病等叶部病害一起成为常发性病害，次要害虫小麦金针虫危害日益严重，成为小麦生育前期主要害虫。因此，根据山东省小麦有害生物发生的新趋势，研究其发生特点和规律，建立监测防控技术平台尤为重要。

4. 优质专用小麦生产规模小、产量低、供不应求

2006年山东省优质小麦种植面积曾超过了全省小麦面积的45%，近年种植面积持续下滑，截至2013年强筋小麦面积仅占全省小麦面积的5.4%，当前的情况仍无改善。面积下滑的主要原因包括优质强筋小麦品种少、产量低，强筋小麦种植缺乏科学的区域化布局，商品质量不稳。需要进一步提高优质专用小麦品种的产量水平、适应性和品质稳定性，推进优质专用小麦的规模化、标准化订单生产。

三、促进山东省小麦产业健康发展的建议及对策

（一）总体目标

"十三五"期间，以《国家粮食安全中长期规划纲要（2008～2020年）》、《全国新增1000亿斤粮食生产能力规划（2009～2020年）》和《山东省千亿斤粮食生产能力建设规划（2009～2020年）》为指导，按照中央"创新、协调、绿色、开放、共享"的发展理念和山东省委"一个定位、三个提升"的部署要求，结合国家和山东省"十三五"发展规划和供给侧改革，以产业发展的技术需求为导向，紧紧围绕影响山东小麦产业发展的瓶颈问题，加强小麦产业技术体系创新团队与国家小麦产业技术体系团队的对接，岗位专家与试验站的对接，团队成员与核心指导县（市、区）的对接，创新多学科、多专业的联合攻关机制，构建科技创新和技术服务平台，研发突破性小麦新品种、新技术和新产品，服务小麦生产。

（二）促进山东省小麦产业健康发展的建议和对策

1. 小麦新品种培育与育种技术平台建设

（1）新品种培育。

1）超高产新品种选育。选育和推广适宜高产田种植的小麦品种，不但对提升山东省小麦单产和总产具有重要作用，而且可以引领小麦育种的方向。超高产育种的主攻方向是：在更高水平上协调产量三因素的关系，进一步提高光能利用率；增强小麦的抗倒性和对多种病害的抗性，在适当提高株高的前提下，着力提高茎秆的质量；合理的株型和叶相是超高产品种的重要形态特征，有利于增加叶片叶绿素含量，提高光合生产率，增加光合产物，进而提高小麦生物产量和籽粒产量，这是选育超高产小麦新品种重要的突破口。同时，积极参与山东省自主创新重大关键技术项目"小麦增产科技支撑计划"，为完成项目提出的亩产820公斤目标积极提供候选品种。

2）水肥高效利用新品种选育。山东省中低产田约占总面积的70%，产量提升相对容易而且提升空间较大，选育和推广适宜中低产田种植的小麦品种是提升山东省小麦单产和总产的关键。小麦中低产田的基本状况是水肥条件较差，迫切需要水肥高效利用品种。水肥高效利用育种主攻方向是：在兼顾节水性的基础上，重点改良产量潜力和抗倒性，适于中产田种植；提高氮、磷、钾肥利用效率，在土壤肥力较差的条件下获得较高的产量，建立并逐渐完善水肥丰缺耐受性的基础研究和评价体系，优化水肥高效利用评价指标。

3）优质专用型新品种选育。优质专用小麦育种的主攻方向是：兼顾高产、优质、早熟等农艺性状间的关系，在不显著降低产量水平的同时，兼顾品质的提升，特别要注意小麦品种品质性状间的协调性，如蛋白质含量、湿面筋含量、沉降值和稳定时间的协调性；重视小麦品种加工馒头、面条、水饺等我国传统食品的适用性，选育食品专用型优质小麦品种；选育高出粉率、高白度（不使用增白剂等食品添加剂）的小麦品种；关注消费者的特殊要求，如紫粒和蓝粒小麦品种的选育。

（2）种质材料创制及分子标记辅助育种技术体系创建。

1）种质材料创制。经系谱分析和DNA鉴定，当前山东省生产上大面积推广小麦品种的同质化程度较高，遗传基础狭窄。这不仅给小麦生产带来潜在风险，从长远看，也妨碍育种的突破性进展，育种后劲不足。我国小麦种质资源非常丰富，并创造了大量新种质，但总体上讲，在育种中真正好用并发挥重要作用的种质很少。其重要原因之一是创新种质的综合农艺性状较差，难以作为亲本直接利用，而育种家喜欢利用综合性状好的育成品种和高代品系做亲本。因此，未来项目规划期间，创造目标性状突出并且综合性状好的育种亲本材料是迫切需要解决的重要问题，也是育种家在育种环节中需要加强与重视的一项工作。因此，要开展育种亲本材料的创制和持续改良，重点创造目标性状优异、综合性状好，在育种上能用、好用的材料，增加异质性，拉近种质资源研究和育种利用之间的距离。特别是综合利用细胞工程、分子染色体工程技术等，将小麦近缘物种的优异基因导入小麦，创制渐渗较短外源染色质片段并携带目标基因的渐渗系或者易位系，为小麦育种提供新的优异基因，丰富小麦品种的遗传基础。

2）分子标记分析和标记辅助育种。获得重要基因的分子标记和克隆出重要基因是小麦分子育种的基础。近期，随着小麦及其近缘植物基因组测序的陆续完成，科学家已经开发了高通量、低成本分子标记技术，如单核苷酸多态性（SNP）技术、多样性微阵列技术

（DArT）、基因芯片技术（DNA Chip）等，实现了分子标记的大规模、自动化检测，为小麦育种提供了良好的分子基础。但是，尽管获得了大量基因/QTL 的分子标记，却难以在育种中有效利用。这些基因/QTL 或标记必须和具体材料（携带这些基因/QTL 或标记的种质材料）结合起来才能在育种中利用，并且目前用于基因/QTL 分析的种质也往往因为农艺性状差而不被育种家选作亲本。这一研究的主攻方向：一是在对大量种质资源进行初步观察鉴定的基础上，筛选目标性状优异的核心种质进行多年多点的精准鉴定评价。将材料和目标性状相结合，对重要亲本材料的重要目标性状如高产、优质、抗病、水肥利用效率等，进行高通量的 DArT、SNP、DNA 芯片等分子标记分析和关联分析，解析这些性状的遗传基础，开发功能性遗传标记，做到理论研究和育种实践相结合。二是完善高效的常规技术和现代生物技术相结合的育种技术体系，核心是由传统的表型评价选择转向"表型＋基因/QTL"评价选择。在深入鉴定种质资源的基因/QTL 基础上，结合性状表现，选择含有目标性状基因/QTL 的种质作为重点亲本，设计杂交组合，采用聚合杂交、有限回交等方式组配亲本，借助分子标记辅助选择将多育种目标性状融合在一起，选育出突破性小麦新品种。

（3）小麦新品系鉴定技术平台建设。充分发挥体系内相关专业岗位专家、综合试验站的人才和地理条件优势，根据小麦育种需要，建立小麦冬春性、抗寒性、抗旱耐盐性及抗病性鉴定系统，积极探索并实施小麦育种材料生物技术加代、水旱轮选、异地鉴定系统，提高育种效率，为山东省实现小麦育种新突破提供强有力的技术和平台支撑。

2. 农机农艺结合绿色高效栽培技术研究

针对山东省小麦生产中秸秆还田与整地播种质量差、播种量大、水肥利用效率低、农机农艺一体化程度不高等关键生产问题，从土壤、栽培、播种、农机等多方面进行联合攻关，采用对比试验、代表性田间试验、关键技术与综合技术结合、技术攻关和示范推广相结合、试验研究与生产经验总结相结合的技术路线，研究创建秸秆还田质量保障技术、宽幅播种与单粒匀播高产节本技术、小麦抗逆稳产高产与肥水高效利用技术、农机农艺配套一体化技术等技术体系，综合集成小麦高产高效综合配套技术体系，促进省小麦生产大面积持续均衡增产增效。主攻方向是：从秸秆还田质量保障技术、肥水运筹及耦合技术、农机农艺配套一体化技术三个方面突破当前省小麦生产的技术瓶颈。

（1）宽幅精播栽培增产机理及配套技术研究。小麦种植变条播为宽幅单粒匀播，改变了传统小麦条播出现的疙瘩苗断垄、对水肥吸收不均、幼苗参差不齐、光照不匀、造成粒瘪穗小减产的现象，落地种子粒距纵横相等连成片，均播的种子对水肥空间均衡吸收利用，个株健壮与群体协调同步发展提高亩产量，节种节水节肥绿色环保增产。研究宽幅单粒精播条件下小麦群体、个体的生长规律、增产幅度、增产的生理生化机理、不同地区不同地力条件下农机农艺结合配套技术研究。在研究的基础上进行试验、示范推广。

（2）小麦肥水耦合高效利用技术及其理论研究。研究山东省不同生态区小麦高产麦田水分需求规律，根据不同生态区水资源时空分布特征，研究土壤蓄水、生物节水、农艺节水和化控节水等技术，构建小麦水资源高效利用的灌溉制度和节水灌溉技术；研究不同生态区域小麦养分的吸收、分配与利用特性，构建小麦肥料高效利用的施肥制度和节本增效施肥技术；研究小麦水肥互作机理，提出水肥耦合节本增效的肥水管理模式；研究小麦测墒补灌水肥一体化栽培技术并进一步示范推广。

（3）小麦绿色增产模式创建与示范。按照新形势下国家粮食安全战略要求，围绕制约山东省小麦生产的资源、环境等因素，以转变发展方式为主线、以科技创新为驱动，以增加小麦有效供给为目标，突出良种良法配套优先、农机农艺融合优先、安全投入品优先、物理技术优先和信息技术优先"五个优先"，集成示范推广一批高产高效、资源节约、环境友好的小麦绿色增产技术模式，促进小麦生产与生态环境协调发展，走小麦绿色可持续发展之路。努力实现"一控两减三提高"的目标："一控"主要是控制灌溉用水总量；"两减"主要是减少化肥和农药使用量，实现"零增长"；"三提高"主要是提高土地产出率，小麦单产提高5个百分点；提高劳动生产率，小麦耕种管收等综合机械化率提高到95%以上；提高投入品利用率，化肥利用率和农药防治效果提高5个百分点，实现节水10%以上。

（4）农机农艺一体化机械装备与应用研究。按照秸秆收集、离地粉碎工艺路线，改进秸秆还田机的结构，提高秸秆粉碎质量，改善小麦播种质量；研究开发适合小麦精密播种要求的播种机，促进小麦精播高产栽培技术的推广应用；研制高效实用的麦田管理机械（包括小型中耕除草机械、小型麦田追肥机械、小型施药机械、麦田镇压划锄机械和中小型收获机械），解决当前田间管理机械装备落后的问题；进行小麦田间试验机械装备（播种、田间管理、收获、测试等）技术的研发，提高我国田间试验装备机械化水平。

3. 病虫害绿色防控体系建设

种植抗性品种是小麦病虫害治理中最经济、有效的措施。但当前生产上缺乏应对赤霉病、纹枯病等在山东省已上升为主要病害的品种，加之病菌充足，一旦气候条件适宜，病害大流行就不可避免。因此，对生产品种、高代品系和种质资源进行抗病性鉴定，筛选出抗病品种，可以从源头上控制小麦病害的发生。

（1）小麦品种（系）抗病性筛选鉴定。针对小麦条锈病、叶锈病、白粉病、赤霉病、纹枯病5大重要病害，对育种专家培育的小麦新品系及核心亲本材料进行抗病性鉴定。针对小麦黄花叶病开展生产品种抗感性示范。

（2）重要病害病原鉴定与快速检测技术体系的建立。主要包括：山东小麦叶枯病的病原鉴定及其分子系统学分析；山东小麦赤霉病菌的种群类型及毒素化学型分析；小麦纹枯病、根腐病等根茎部病害的快速检测技术的建立；利用GFP-原生质体转化技术及转基因技术研究小麦根腐病主要病原根腐平脐蠕孢（Bipolaris Sorokiniana）、层出镰孢菌（Fusarium Proliferatum）以及小麦赤霉病主要病原菌禾谷镰刀菌（Fusarium Graminearum）对小麦的侵染过程及侵染机制。通过以上研究，建立山东省小麦重要病害病原鉴定与快速检测技术体系。

（3）重要病虫草害绿色防控技术创建。

1）小麦重要病害的生物防治。针对小麦纹枯病、根腐病、赤霉病等重要病害，筛选高效拮抗菌株及抑菌植物，研究其拮抗机制及生防效果，分离鉴定其抑菌活性成分，对抑菌成分进行结构改造和仿生合成，为小麦重要病害生物防治提供理论和技术支撑。

2）小麦根腐类等病害的生态治理。针对镰刀菌、腐霉菌和丝核菌引起的小麦根腐类病害，禾谷镰刀菌引起的赤霉病等开展种植制度和耕作方式等农业及生态治理技术研究。

3）小麦蚜虫天敌的研究及应用。研究蚜虫天敌——中华通草蛉的发生消长及越冬小环境对成虫存活的影响，以及以麦二叉蚜和麦长管蚜为寄主的烟蚜茧蜂生理生化特性的比较研究，为充分发挥天敌对蚜虫的自然控制提供技术支撑。

4）小麦禾本科杂草的化学防治研究。针对野燕麦、雀麦、节节麦等禾本科杂草危害加重，化学药剂防治效果偏差等现状，筛选防效好的除草剂，研究其作用机理及配套防治技术。

4．产业经济研究

通过调研、资料收集完成山东省小麦的生产、加工与销售数据库建设，对山东省小麦生产和加工的产业经济进行数量化的描述；研究小麦的生产及加工效益，分析市场竞争力；研究小麦产业创新团队对产业发展的科技贡献；分析小麦产业发展的现状、存在的问题及制约因素，并提交年度产业经济分析报告及展望。

（1）主要产区小麦生产与加工现状调查研究。调查收集全省、不同地区、不同年份的小麦单产、总产量，加工量及其占总产量的比重，建成山东省小麦生产、加工与销售、进出口和库存等情况数据库。

（2）小麦生产与加工效益研究。通过调研，收集小麦的物质成本和人工成本投入，分析研究小麦的生产效益；调研收集小麦的加工成本、加工产品的市场价格，分析研究小麦的加工效益。

（3）小麦产业发展现状、趋势分析。研究小麦产业生产、加工、销售各个环节发展的现状、存在的问题及制约因素，并提出有针对性的解决方案。在此基础上系统分析小麦产业发展链条的情况，结合不同地区的生产条件和社会经济发展状况提出小麦产业中长期产业发展规划性建议。

5．科技扶贫和"创新团队＋"新型科技服务模式创建

（1）建立"创新团队＋基层农技推广＋新型经营主体"的新型科技服务模式。山东省小麦生产区经济发展还不平衡，各地的生产投入、科学技术运用和推广工作存在较大差异，自然环境中土壤、气候、生物诸多方面也存在较大差异。因此技术指导和科技服务应因地制宜，有的放矢。重点遴选具有典型代表意义的岱岳区、曹县、汶上县、高唐县、商河县、临淄区等县（市、区），以种养殖大户、农民合作社、龙头企业等新型经营主体为服务对象，联合上述各县区种子公司，积极开展科技服务、农民培训等工作。充分发挥基层农技推广体系主渠道作用，加快创新团队研发成果的转化。

（2）建立区域性科技扶贫试验点，带动农民共同致富。以综合试验站为实训基地，强化对周边扶贫重点地区的科技服务工作。根据产业特色，小麦产业体系任务建设把沂南县、鄄城县作为对接服务扶贫示范县，在小麦优良品种选用、优良种子供应、栽培、农机、病虫害防治等新技术集成等方面，强化专家技术性指导和技术培训，促使科研成果尽快转化，以期在项目目标期内达到预期示范效果。

6．示范推广与应急事件响应服务体系建设

通过新技术、新品种的示范推广与技术培训，加速成果转化；通过对突发灾害事件的快速有效的响应，最大限度地降低灾害损失。

（1）示范推广与技术服务体系建设。对小麦产业体系最新研究成果，安排示范基地，开展技术培训，加速科研成果转化。充分发挥小麦创新团队的技术优势和地区分布优势，在小麦生产关键时期，配合地方主管部门开展技术培训和技术指导，为小麦高产稳产提供技术支撑。

（2）应急事件响应及防控技术。针对突发性自然灾害，分析总结以往经验和有效的技术措施，形成突发性自然灾害（如倒春寒、条锈病、干热风等）防控与应急补偿技术，制定病虫害突发流行防控技术方案。建立小麦苗情、土壤墒情、病虫情等信息的定期调研、分析与预测预警机制，密切跟踪气象变化，灾前及时提出灾害预警及应对措施。建立灾害信息快速反馈网络与高效应答机制。对突发应急事件及时交流信息，相关专家第一时间到达现场，开展应急性技术指导和培训。

"十三五"期间，集聚小麦育种、栽培、植保、农机等各相关科研力量，紧紧围绕影响山东小麦产业发展的瓶颈问题，创新多学科、多专业、多区域分布的联合攻关机制，不断增强创新能力，培育新品种、研发新技术、创制新产品，构建信息共享和技术服务平台，服务山东小麦生产，为提高山东省农业生产能力，促进农业节本增效、农民节支增收，保障国家粮食安全做出新的更大贡献。

参考文献

［1］ http：//cyjstx. sdny. gov. cn/articles/ch00013/201607/cf4a5cba – bcb3 – 4416 – 91a2 –90853e07a9f2. shtml.

［2］ https：//www. baidu. com/s？ wd = % E4% B8% AD% E5% 9B% BD% E5% B0% 8F% E9% BA% A6% E7% BD% 91&ie = UTF – 8.

［3］ 张晓艳，孙家波，牛鲁燕等 . 2015/2016 年度山东小麦市场分析与未来展望 ［J］. 农业展望，2016（7）：4 – 7.

［4］ 杨阳，张晓艳 . 山东省小麦生产成本收益分析 ［J］. 农业展望，2017（3）：29 – 32，37.

2015 年山东省小麦市场分析报告

2015 年，在经济下行和供需宽松的压力下，国内小麦行情呈现低迷态势，购销不温不火，旺季不旺，淡季更淡；政策小麦因缺乏价格优势，销售困难，库存高企；一年来制粉企业开工率基本维持在较低水平，生存举步维艰；国际小麦也在供需宽松、美元走强等利空因素主导下，市场行情大幅下跌。

一、小麦生产情况

（一）小麦播种面积与产量

2015 年国家统计局公告显示，全国小麦总产量为 13018.7 万吨，较上年增加 401.6 万吨；其中主产区冬小麦产量 12360 万吨，较上年增产 355 万吨。2015 年全国夏粮播种面积为 41538.4 万亩，比上年增加了 166.1 万亩，增幅 0.4%；山东小麦播种面积为 5699.75 万亩，比上年增加了 89.45 万亩，增幅 1.6%。全国单产为 339.6 公斤/亩，比上年增加了 9.4 公斤/亩，增幅 2.9%；山东单产达到 411.7 公斤/亩，单产增加了 8.2 公斤/亩，增幅 2.0%。全国夏粮总产为 2821.3 亿斤，比上年增产了 89.4 亿斤，增幅 3.3%；山东小麦总产量达到 469.32 亿斤，比上年增加 16.52 亿斤，增幅达 3.6%。小麦占山东省夏粮播种面积的 99.96% ~ 99.97%，总产占夏粮总产的 99.97% ~ 99.98%，2015 年山东省夏粮总产占到全国的 16.6%（见图 1）。

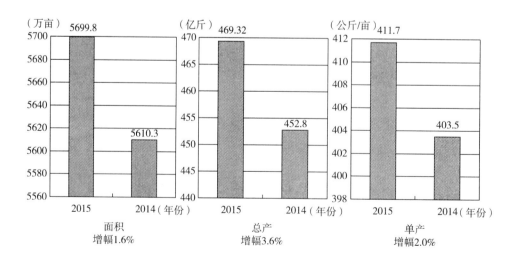

图 1　2014 ~ 2015 年山东小麦面积、产量和单产比较

2015 年夏粮收购新麦质量好于上年。其中，容重 790 克/升以上的一等小麦占 32.9%

（比上年 46.1% 低 13.2%），容重 770 克/升的二等小麦占 35.6%（比上年的 31.6% 高4%），容重 750 克/升的三等小麦占 22.9%（比上年 14% 高 8.9%），以硬白麦为主，不完善粒含量绝大多数符合一等、二等小麦标准，个别市不完善粒检出破损粒、生芽粒，应与机械收获和收获季节雨水多有关，但总体影响不大。

农业部农情调度显示，2015 年秋冬种进展顺利，小麦种植面积稳中略增。2015/2016年度全国冬小麦面积将稳定在 3.38 亿亩，较上年增加 60 万亩；尽管小麦、玉米价格波动幅度较大，但并未对种粮积极性有太大影响，部分农户有"粮改饲"和"粮改经"现象，据山东省农业厅农情调度显示，2015 年冬小麦播种面积为 5615.4 万亩，较上年增加 67.4万亩，增幅 1.2%。

山东部分地区在冬小麦播种季节，干旱少雨，降水较常年偏少 5 成以上，麦田土壤表墒持续偏差，导致播种偏晚，对冬小麦出苗略有影响，但由于 11 月降水充沛，麦田底墒良好，麦区大部墒情适宜，对冬小麦分蘖扎根和安全越冬有利。2015 年北方冬麦区大部12 月平均气温接近常年同期或偏高 1～2℃，小麦苗期接近上年和常年，长势总体良好。

（二）小麦生产成本分析

据调查，2015/2016 年度冬小麦种植成本为 850 元/亩，总体上与上年基本相当，全年种植成本在 1500 元/亩左右，物化成本未明显增加，人工费用由 50 元/天增加到 60～70元/天，流转地费用 800～1000 元/亩，甚至高达 1200 元/亩。规模较大的种植户（200 亩以上）比小农户（20 亩以下）节约农资成本 150 元/亩左右。特别是以培育小麦良种为主的订单农业，出售价格比市场高 0.1 元/斤，经济效益明显好于普通农户。

二、不同区域、不同收购主体小麦价格比较

（一）山东小麦价格与国内国际比较

国内小麦价格高于山东地区，远远高于国际到岸价。2～6 月和 7～8 月价格比较稳定，6 月以后，山东小麦价格与国内销区价格变化趋势基本一致（见表 3、图 2）。

表 3　山东小麦价格与国内国际价格比较　　　　　　　　　　　　　　单位：元

时间		山东省价格	国内销区价格	国际价格	国际比国内高
2014 年	10 月	1.28	1.48	1.22	-17.4
	11 月	1.27	1.48	1.19	-19.4
	12 月	1.27	1.50	1.23	-18.3
2015 年	1 月	1.26	1.53	1.11	-27.5
	2 月	1.25	1.55	1.04	-32.9
	3 月	1.25	1.55	1.02	-34.0
	4 月	1.25	1.55	0.99	-35.8
	5 月	1.25	1.55	0.96	-38.1
	6 月	1.23	1.55	0.99	-36.0
	7 月	1.19	1.47	1.01	-31.2

续表

时间		山东省价格	国内销区价格	国际价格	国际比国内高
2015 年	8 月	1.19	1.46	0.98	−32.9
	9 月	1.19	1.46	0.99	−32.2
	10 月	1.15	1.38	0.96	−30.3
	11 月	1.17	1.38	0.94	−31.8
	12 月	1.18	1.40	0.94	−33.2

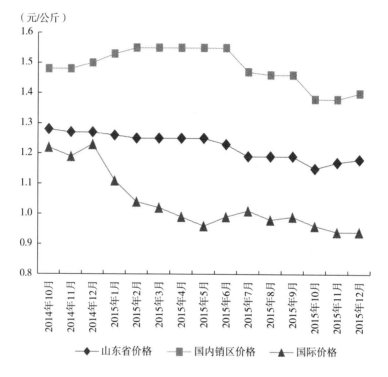

图 2　山东小麦价格与国内国际比较

注：山东省价格为重点调查县市小麦市场平均价格；国内价格为广东省黄埔港优质麦到港价；国际价格为美国墨西哥湾硬红冬麦（蛋白质含量 12%）到岸税后价。

（二）山东小麦价格监测的周变化

从图 3 中可以看出，国有粮企收购价始终高于个体粮商收购价，2014 年小麦收购价格基本上呈直线上升的趋势，在 6 月以后均高于 2015 年，2015 年 5 月底小麦收购价格高于 2014 年同期，此后小麦价格开始下降，在小麦收获后的一周内（6 月 15～19 日），小麦价格达到最低，6 月 20 日以后，小麦价格呈缓慢增长后趋稳，至 8 月 20 日之后又缓慢下降。

（三）国有粮食企业收购小麦价格监测结果分析

从山东省 11 个地市监测的国有粮食企业收购价格来看，2014 年各地市小麦价格波动幅度大于 2015 年，其中，滨州和济宁两地小麦收购价格变化幅度较大，其次是聊城和泰安，变化较小的是潍坊、烟台、威海、枣庄等。2015 年潍坊、烟台、枣庄、威海、莱芜小麦价格波动幅度不大，滨州、济宁和泰安波动幅度较大（见图 3）。

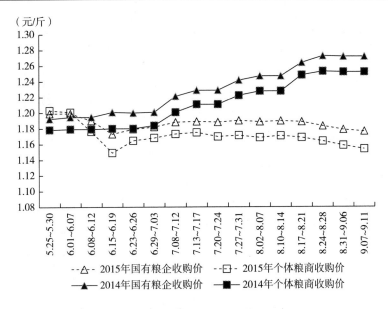

图3　2014～2015 年 6～9 月山东小麦收购价格

（四）个体粮商收购小麦价格监测结果分析

从山东省 11 个地市监测的个体粮商收购价格来看，2014 年各地市小麦价格波动幅度大于 2015 年，其中，滨州、聊城、菏泽、济宁和泰安小麦收购价格变化幅度较大，枣庄波动最小。2015 年滨州、济宁、莱芜小麦价格波动幅度较大，潍坊和烟台变化幅度不大（见图4、图5）。

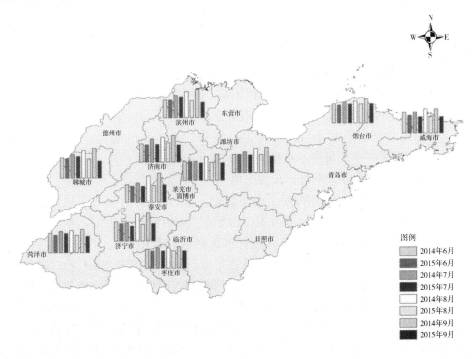

图4　2014～2015 年国有粮食企业小麦收购价格比较

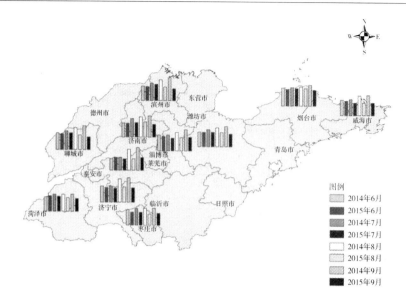

图5　2014~2015 年个体粮商小麦收购价格比较

三、山东小麦市场分析

2015 年的麦市可以说是惨淡的一年，可以归结为六个阶段。

（一）平稳阶段（1~5 月）

新麦上市前，小麦市场整体平稳，在区间内震荡。上半年小麦市场表现稳定，市场供应充足，下游终端需求萎缩，整体变化不大，进口小麦量比上年同期有所减少，但对国内偏冷的行情并无大改善，据统计，2015 年 1~5 月中国进口小麦 965527 吨，比上年同期减少 60.47%。

2015 年 1~5 月累计中国小麦粉产量 55353903.95 吨，同比增长 3.02%，与往年同期相差不大。据了解，上半年面粉开工率整体不高，维持在 30%~50%，企业采购谨慎。而上半年玉米与小麦价差仍偏高，二者每吨相差 200 元上下，小麦作为饲料的使用占比偏低。另外，国储拍卖每周照常举行，市场供应宽松，整体麦市偏弱。山东小麦价格在 1.18~1.23 元/斤，全省平均价格基本稳定在 1.20 元/斤。

（二）小麦收获季（6 月上中旬）价格下跌

近年来，农民出售小麦的习惯发生了很大变化，加上小麦基本实现了机械化收割，很多农民基本在地头就把新麦全卖了，6 月主产区新麦上市时间特别集中，各地小麦价格大多低开。分析认为有以下因素：2015 年小麦托市价格首次不升维稳，市场存在看空心理，市场逐渐由"政策市"转向"市场市"，供需决定市场价格；下游需求不佳，因受到经济大环境影响，本年度下游终端需求一直不景气，开工率普遍偏低，因小麦质量不佳，采购谨慎，大中型企业开工率可以维持在 50% 左右，比往年同期有所下降。国内主产区小麦托市收购区域的扩大增强了市场主体的信心，市场主体的购销心态逐步发生转变，阶段性供需偏紧或将成为支撑麦价上涨的动力，麦价或逐步接轨政策价；但因面粉及麸皮市场表现不佳，需求启动较为缓慢。国家在部分主产区启动托市收购后，新小麦收购价格在经历了短暂的低迷后价格才不断回升。

（三）7~9 月小麦价格平稳

7~8 月，主产区新小麦市场购销活跃程度降温，新麦收购进度整体较为缓慢，小麦价格持续走弱，加之国家在收购后期一再扩大托市收购范围，主产区市场价格底部支撑增强，小麦价格逐步止弱回稳，但往年市场阶段性上涨的行情并未出现。

8 月中旬以来，小麦市场价格持续回落。社会用粮企业降低收购力度，市场粮源充裕。8 月下旬以后，收购价格持续走低，国有粮食企业收购价格由 8 月 14 日的 1.19 元/斤跌到 1.17 元/斤，个体商贩收购价格由 1.17 元/斤跌到 1.15 元/斤；9 月 11 日，国有粮食企业收购价格为 1.18 元/斤，环比跌 0.2%，同比跌 0.10 元/斤，跌幅达 7.5%。9 月 11 日山东泰安、德州、聊城、滨州 4 市启动《2015 年小麦最低收购价执行预案》，加之此前启动的临沂、枣庄、菏泽、济宁，山东已有 8 个地市启动 2015 年小麦托市收购预案，最低收购价收购于 9 月 30 日结束。这也是近两三年来，山东省启动托市收购面最大的一次。主产区新麦价格持续回落，国家在收购尾声扩大政策性收购范围，主要目的在于稳定市场，托住底部价格以保护农民利益。由于粮源质量较好，启动范围较广，2015 年山东托市收购量大幅提升，截至 9 月 5 日，山东省收购托市小麦约 77 万吨，同比增加 74 万吨。

截至 9 月中旬，全省累计收购小麦 834 万吨。其中，国有粮食经营企业收购 278 万吨，占收购总量的 33%，同比增加 44 万吨；非国有粮食经营企业收购 556 万吨，占收购总量的 67%，同比增加 28 万吨。

9 月山东省大型面粉加工企业开工率相对较好，维持在 70% 左右；中小型面粉加工企业开工率为 40% ~50%。麸皮价格持续回落，加工利润空间缩小。从 2014 年下半年以来，受国内养殖业低迷的冲击，麸皮价格持续回落，由上年的 0.80 元/斤下降到 0.50 元/斤，小麦加工利润空间缩小，造成个别加工企业亏损加大，致使开工率持续下降，小麦需求明显趋弱，也打压了小麦价格。由于受面粉整体行业亏损影响，在"供增需弱"格局下，麦价重心有所下移。

（四）国庆期间小麦价格"断崖式"下跌

在托市收购结束后，山东省小麦价格在"十一"期间出现断崖式下跌。在新麦大规模播种之际，2016 年小麦最低收购价政策出台，给市场吃了一颗"定心丸"，对稳定粮食生产，同时也对市场价格起到了积极提振的作用，市场主体购销心态趋于平稳。

9 月托市收购期间，基层贸易商和仓储企业抓住机会开始清仓出库，由于新玉米即将上市，资金和仓容都需要时间来盘活周转，故而出库意愿较为强烈，小麦交易量明显增加，截至托市收购结束，仍有大量卖粮车在排队等待，由于粮库储备有限，加之用粮企业降低收购力度、压低价格，市场粮源充裕等原因，造成了国庆期间出乎意料的小麦价格大跌，给市场带来一丝阴霾。10 月 1~6 日，小麦价格跌迫 1.05 元/斤，个别地区甚至达到 1.0 元/斤，造成市场参与者极度恐慌。10 月 10 日国家出台了 2016 年小麦最低收购价，给市场注入了活力，从政策方面也给了市场参与者信心。小麦市场价格止跌反弹，市场恐慌的心理减弱，农民种粮的积极性也得到提高。

正当冬小麦播种之际，盼望着的 2016 年小麦最低收购价终于公布，小麦价格略有回暖但走势偏弱。山东小麦主产区 10 月 13~14 日，价格为 1.1~1.14 元/斤，10 月 21~27

日，均价为 1.15 元/斤。卖给种子公司当麦种的价格为 1.26～1.3 元/斤，同比低 7.81% 左右；卖给面粉厂或粮贩的价格为 1.13～1.16 元/斤。绝大多数农户都没有等到国家托市收购时，所以没有真正享受到实惠。

调查的贸易商群体，2015 年小麦收购总量略比上年低，收储规模小的贸易商，对小麦市场不看好，9～10 月持观望态度，而有固定销售点的贸易商，市场粮价的高低对其经济效益影响不大。

中小型加工企业勉强维持生存。从 2014 年下半年以来，受国内养殖业低迷的冲击，低价非主粮进口力度持续不减，玉米价格大幅走低，小麦替代玉米用于饲料的优势下降，预计年度内小麦饲用消费将下降，麸皮价格走低，面粉价格略降，厂家盈利空间被压缩，面粉加工企业遭受面粉及麸皮"量价"双重挤压。自从新小麦上市以来，面粉厂家普遍有一定库存，在国庆节小麦价格下跌期间，厂家库存并不能完全消化完，出于追涨杀跌的心理，厂家收购并不积极，因此，部分厂家并未累积低价小麦。受制于食品销售增速趋缓，面粉产量增速放慢，加剧面粉加工行业竞争程度，再加上随着节日效应的减退，面粉市场逐步又进入平淡时期。竞争处于劣势的中小型面粉厂，开工率持续下降，生存难以维持。当前山东省大型面粉加工企业开工率维持在 70% 以上，中小型面粉加工企业开工率在 50% 左右。所调查的饲料企业开工率在 40% 左右，饲料销售量比上年降低 30% 左右，2015 年企业效益下滑 10% 以上。

（五）11 月小麦市场价格趋稳略涨

小麦市场价格修复性反弹后整体趋稳略涨。市场整体供给充足，价格一直延续以偏弱的行情为主。面粉销售价格略有上涨，加工企业开工率相应提高，对小麦采购需求依然较谨慎，大多以边采购边加工的方式进行，市场购销清淡情况有所好转。

随着冬季的来临以及小麦播种结束，山东省大部分小麦主产区的农民开始进行玉米脱粒和销售工作，而小麦加工企业进入相对开工旺季，开工率环比提高 10% 左右，市场对小麦需求不断增加，提振小麦价格持续出现小幅爬升。

11 月以来，山东省内小麦价格小幅走高趋势，农户平均出售价在 1.13～1.15 元/斤，贸易商卖给加工厂的平均价格一般在 1.16～1.2 元/斤。根据信息员分布区域来看，菏泽地区小麦价格相对较高，德州地区相对较低。11 月 12 日，山东德州小麦市场个体粮商坐庄收购价在 1.11～1.13 元/斤，面粉企业收购价在 1.11～1.16 元/斤，整体平稳，局部上涨了 0.01～0.02 元/斤。

企业的粮源主要有粮贩和国库两方面，少部分企业也采用进口小麦，在市场需求增强和看涨心理开始出现的情况下，贸易商预期小麦价格还会有所上涨，收购量增大。大部分制粉厂提高了开工率，工厂小麦需求量不断加大，但一般采取边采购边加工的形式，更多的是利用前期库存进行生产，所以并未出现大量收购的场面。

小麦上涨助推面粉价格反弹。自 11 月 12 日开始，小麦基本开启了缓慢上涨之路。市场流通量少，影响企业上货量。一是玉米价格出现反弹，特别是山东地区涨势明显，而2015 年小麦价格较上年平均低 0.1 元/斤左右，农户及部分持货贸易商皆存一定惜售心理，因此在上货量难保障的情况下，只能提升收购价。在价格上涨的情况下，企业加工压力也随之加大，厂家加工心态略受影响。二是阴雨天气原因，对粮食收购主体操作量有影响，市场整体购销量减少。

麸皮市场出现微幅反弹，不过整体变动不大。潍坊地区麸皮出厂价格从 0.49～0.52 元/斤上涨至 0.56～0.57 元/斤。多数企业表示对近期麸皮市场持谨慎的心态，认为无大幅上涨的可能。综合来看，副产品虽有微幅反弹，但是涨势有限，难以帮助面企走出困局，因此企业基本选择提升面粉价格来保障加工。据了解，多数地区厂家面粉价格皆出现了不同幅度的上调，部分大厂上调幅度在 1.5～2 元/袋（50 斤），多数企业上调 0.5～1 元/袋（50 斤）。

下游经销商多数有采购备货的操作，面粉近期出货较为顺畅，加之厂商对于元旦、春节的需求预期，企业挺涨心理渐渐增强。预计短期若面粉走货顺畅，部分低价企业也将渐渐向上靠拢，不过若小麦价格不再上调，面价上涨空间亦有限。在节日需求的影响下，企业开工渐渐提高，市场整体购销氛围将渐渐趋好。

（六）12 月小麦市场经历了一次"过山车式"波动

在天气的影响下，在 11 月底和 12 月初，山东省内小麦价格经历了一次"过山车式"的走高趋势，小麦价格连续上涨，有人竟认为 12 月小麦市场的"春天来了"。12 月初，贸易商卖给加工厂的平均价格一般在 1.21～1.26 元/斤，但从 12 月的第二周开始，小麦价格就出现了回落走势。12 月中旬，德州二级小麦面粉厂收购价由 1.21 元/斤降到 1.17 元/斤，特一粉出售价由 1.64 元/斤涨到 1.645 元/斤；临沂二级小麦面粉厂收购价由 1.26 元/斤降到 1.205 元/斤，三级小麦由 1.195 元/斤降到 1.185 元/斤，济宁 2015 年产济南 17 平均出库价格由 1.33 元/斤降到 1.31 元/斤。12 月 21 日，菏泽贸易商坐庄收购价为 1.16 元/斤，面粉厂收购价为 1.21 元/斤；聊城贸易商收购价为 1.11～1.13 元/斤，面粉厂收购价为 1.16 元/斤；麸皮最高时达到 0.625 元/斤，面粉企业开工率与 11 月相比有所上浮。截至 12 月 25 日，山东省均价已降到 1.13～1.16 元/斤，大部分地区面粉厂采购一等小麦价格已经降至 1.19～1.21 元/斤，小麦市场价格反弹后整体趋稳。临近节日，加工企业开工率有所提高，对小麦采购需求依然较谨慎，面粉销售价格略有上涨，大多以边采购边加工的方式进行，市场购销清淡情况有所好转。

面粉价格上涨后略降趋稳。一般来说，面粉加工企业都将在年底扩大开机率以适应市场对面粉的需求，中型以上面粉厂开机率有所提升，但小型面粉厂的开机率主要是为了完成订单依旧维持较低水平。

麸皮市场出现微幅反弹后回落，不过整体变动不大。出厂价格最高时达到 50 元 80 斤一袋，截止到 12 月 25 日，麸皮价格平均为 0.51～0.53 元/斤，多数企业表示对近期麸皮市场持谨慎的心态，认为无大幅上涨的可能。综合来看，副产品虽有微幅反弹，但是涨势有限，难以帮助面企走出困局，因此企业基本选择提升面粉价格来保障加工，而支撑麸皮价格上行的主要动力还来自麸皮市场供需基本面的变化及其替代产品价格的波动。面粉价格涨幅在 0.003～0.005 元/斤。元旦临近、春节即将到来，企业挺涨心理渐渐增强。预计短期若面粉走货顺畅，部分低价企业也将价格渐渐向上靠拢，不过若小麦价格不再上调，面价上涨空间亦有限。在节日需求的影响下，企业开工渐渐提高，市场整体购销氛围将渐渐趋好。

四、小麦市场展望

从山东省统计和农业等部门获悉，2015 年农业生产进一步向好，粮食生产总体将呈现"夏增、秋稳、全年增"的局面。夏粮已持续实现"十三连增"。

据了解，预计 2015/2016 年度国内小麦消费量将平稳略降。其中，受宏观经济形势影响以及随着人民生活水平的提高、膳食结构优化调整，预计小麦口粮消费需求整体平稳略减；在养殖业仍不景气、玉米库存水平较高等因素影响下，小麦替代玉米用于饲料的优势下降，年度内小麦饲用消费将下降。整体来看，预计 2015/2016 年度国内小麦消费量约 2227 亿斤，比上年度下降 48 亿斤。

当前小麦市场处在"上下两难"状态中，相对需求平稳、供求充裕影响致使小麦价格上涨乏力，但因国家最低收购价小麦政策、种粮成本等因素的支撑和制约，小麦市场下行空间有限。预计受多种因素影响，后期在不出现大的消息刺激的情况下，出现大幅涨跌的可能性不大。

目前，小麦与玉米无价格优势，在饲料行业难替代玉米。新 2016/2017 年度托市临储价格维持上一年度不变，虽然在当前成本不断增加的情况下，减少了农民收益，但玉米托市收购临储价格下调，大豆、棉花、菜籽取消临储，政策支持比较明显，小麦播种面积大体与上一年度持平。

2016 年小麦最低收购价政策的公布给低落的市场打入了一剂"强心针"，麦价短期内止跌企稳。但政策利好很快被市场消化。从后期走势看，受宏观经济形势、国内外小麦供需等影响，小麦市场总体仍将弱势运行。第一，国内小麦需求低迷，库存高企。受经济大环境影响，我国粮食加工行业需求低迷，加之巨大的国内外价差，导致国内粮食市场"产量增、库存增、进口增"。据国家粮食局统计数据，全社会收购量减少，说明后期小麦供应除托市粮拍卖、贸易商供应外，市场仍有较充足的流通粮源。第二，全球小麦供需格局宽松，价格跌至 2010 年以来低位。2013 年、2014 年全球小麦产量连续两年创历史新高，供需形势宽松，同时，美元走势较为强劲，国际市场小麦价格也整体下行。2015 年全球小麦产量、库存增至 3 年来最高。第三，国内外价差巨大，进口压力大。随着国际市场小麦价格整体下行，而国内价格在最低收购价政策支撑下逐年上涨，2011 年第四季度以来国内外价格出现倒挂且成为常态。根据目前国际价格走势和国内外比价，今后进口量仍然不小。

但是，也应该看到，我国秋冬种小麦面积基本稳定，优质麦需求相对旺盛。尽管 2015 年新麦上市以来市场行情明显不如上年，但 2016 年国家最低收购价政策公布及时，一定程度上稳定了农民种粮的积极性。另外，我国主产区小麦生产已基本实现全程机械化，省工省力，管理相对简单，这也是农民选择种植作物时考虑的因素。

从需求来看，2015 年国内小麦的整体消费数量较上一年仍有小幅的缩减，分开来看，面粉加工企业的整体需求量与上年相比表现持平，整体消费量下降主要由饲用小麦的需求大幅减少所致。

那么展望 2016 年小麦市场，作为小麦的主要需求方，面粉加工消费在经历了 3 年的整合之后基本已经完成了筑底，其总体消费量将会呈现缓慢增长的态势，而饲用小麦则因为玉米价格的低位运行以及进口谷物的冲击难有改善，因此 2016 年小麦的整体需求量将会是持平或者小幅增长（面企消费增长带动）的状态。

从供应来看，小麦的整体供应量已经处于宽松的状态，有相当大的一部分粮源掌握在临储以及地方储备中，导致了当下市场中部分地区可流通的优质粮源相对紧缺的状态，而临储对于市场的难以补充还是因为拍卖底价过高难有成交。一旦在新年中临储拍卖底价做出适当的调整，未来临储拍卖方面仍然是市场有益的补充。

因此从供需的情况来看，2016 年小麦市场整体仍然是供应相对较为宽松的状态，如果 2016 年新季小麦继续丰产的话，宽松的格局将会延续下去，那么小麦市场的价格将会在政策保护下保持平稳，最低收购价将会成为多数地区小麦价格的"天花板"。

需要指出的是，在国内小麦市场整体低迷的形势下，优质麦需求仍然相对较旺。在这样的大背景下，建议种粮大户根据对市场的预判，积极调整丰富种植品种，从这个角度讲，行情的变化对调整产业结构也是个促进。同时也建议有关部门积极探索区域农业结构调整的新途径，同时推进粮食绿色增产模式攻关，以更好地适应国内需求结构升级的新常态。

综合上述因素判断，后期小麦市场仍将维持弱势运行格局，受春节消费拉动，价格将呈短期温和上涨，但"旺季不旺"、"淡季更淡"现象仍然会比较明显。2016 年新麦上市后的价格将更多取决于产量及品质，最低收购价政策仍会对市场起到一定的支撑作用。

五、需要关注问题及建议

（1）托市收购政策出台滞后。托市收购手续办理烦琐，导致政策出台严重滞后。大部分农户因储存条件不足，在收获的 3～5 天基本都出售了，农民并未真正得到实惠。

（2）拓宽小麦最低收购价指定收购企业的对象范围，使以经营粮食为主、有收储能力的加工企业及产业化龙头企业和其他企业，同国有收储企业公平入市经营，营造多主体的粮食流通市场格局。

（3）选优质专用小麦且规模化种植，特别是提高强筋和弱筋小麦的种植面积，以缓解我国专用小麦的不足。优质小麦在市场方面呈现流通性强和抗跌性强的特点，统一生产、收购和加工，减少损失量，与其他小麦分储分销，体现优质优价，从而利于粮食结构调整。

（4）政府从生产环节整体布局，采用订单农业形式，或与补贴直接挂钩，可控制价格大起大落，保证供求平衡。

（5）对加工企业优化整合，山东省有生产许可证的面粉加工企业 625 家，产能利用率仅 60%，产能严重过剩，为提高开工率和面粉质量，将竞争能力弱的企业整合到大企业是未来的发展趋势。

（6）推动土地经营权有序流转。加快培育家庭农场、专业大户、农民合作社、农业产业化龙头企业等新型农业经营主体，发展多种形式的农业适度规模经营是农业现代化的必由之路。

（7）针对地力严重透支，水土流失、地下水严重超采、土壤退化、面源污染加重等问题，加大农业方面的节水、节肥、节药研究，实现农业可持续发展。

（8）小麦玉米价格下跌有可能加速了土地流转，预期土地流转费用将下降，对引导农户规模化种植有利。

2016 年山东省小麦市场分析报告

2016 年国内小麦市场行情同上年相比可谓大相径庭。尤其是下半年以来的小麦价格走势强劲，以致市场底部重心较上年同期出现大幅上移，山东省小麦市场具体有以下几个特点：

第一，国家政策性收购执行力度强劲。2016 年夏粮小麦收购，国家最低收购价收购预案不仅启动较早，而且执行力度之大为近年少有。国家粮食局统计数据显示，截至 9 月 30 日，主产区各类粮食企业累计收购小麦 7582 万吨，同比增加 951 万吨，增幅 14.34%。其中托市小麦收购 2853 万吨，同比增加 774 万吨，增幅 37.23%。由于国家政策性收购力度较大，大量符合质量的小麦进入托市收购，导致后期流通市场质优小麦粮源供应偏紧。

第二，山东省、河北省小麦价格明显高于其他南方地区。受异常天气的影响，2016 年南方麦区小麦质量受损严重，质量普遍偏差。北方小麦价格上涨速度快，上涨幅度大，而南方麦区市场价格重心却始终上行困难，南北小麦价格走向分化特征极为明显。由于华北地区小麦质量较好，2016 年夏收主产区企业跨区域采购力度较大，河北省和山东省小麦外流数量增加。往年河北、山东用粮企业多从河南、安徽、江苏等地采购小麦，而 2016 年市场却出现了粮源"倒流"的反常现象。

第三，优质强筋小麦行情逊于普麦。2016 年夏收以来，相对于普通小麦价格的上行，优质强筋小麦市场显得相对平淡，价格运行虽稳中维持坚挺，但涨势明显逊色于普麦。截至 12 月，山东菏泽地区济南 17 进厂价为 2760 元/吨左右。主产区优普麦价差平均在 120 元/吨，比上年同期减少 130 元/吨左右。由于优普小麦价差偏小，加之专用粉需求增加，11 月以来优质强筋小麦价格补涨态势明显。

第四，国内外差价大刺激小麦进口。2016 年全球小麦市场供给充足，需求疲软，国际市场小麦价格可以说是"熊"关漫道、整体下行。价格已跌至 2010 年以来低位，美国 CBOT 小麦期货价格在继 2015 年下跌 20% 以后再度下跌 13%。监测数据显示，上年 6 ~ 11 月，美国硬红冬麦到港完税价与山东产济南 17 到南方港口的平均价差达到 1091 元/吨，高于上年同期的 943 元/吨。由于价差扩大，贸易商进口利润增加，本年度以来我国进口小麦数量同比增加。2016 年 11 月，我国进口小麦 2.76 万吨，1 ~ 11 月累计进口 315 万吨，同比增加 14.22%。国家粮油信息中心预计，2016/2017 年度小麦进口总量为 300 万吨，保持相对高位。

总体上，2016 年山东省小麦价格上半年比较平稳，6 月新麦的大量上市使得小麦经历了一个低谷时期；10 月小麦托市收购结束后，小麦价格开启了上涨模式。11 月以后，为满足市场需求，政府相继在山东、河北、安徽、江苏等地挂拍 2015 年产最低价收购的小麦。由于这批小麦质量较好，可以满足市场需要，一开始挂拍就出现了较高的成交率，临储小麦拍卖也就成为面粉厂最稳定的货源。在政府量大价稳的抛储作用下，小麦价格高位滞涨。2016 年 12 月，小麦现货价格维持平稳，大部分地区进厂价与月初持平，仅部分地区上涨了 0.01 元/斤左右，前期强劲上行的势头不复存在。

一、小麦生产情况

（一）小麦播种面积与产量

据国家统计局山东调查总队统计，2015/2016 年度山东省夏粮播种面积为 3832.1 千公顷，同比增加 30.8 千公顷，增幅 0.81%；全省小麦播种面积为 3830.3 千公顷，同比增加 30.4 千公顷，增幅 0.8%。山东夏粮单位面积产量为 6120.4 公斤/公顷，同比减产 54.7 公斤，减幅 0.89%。山东省夏粮总产量为 2345.4 万吨，同比减产 1.9 万吨，减幅 0.81%。小麦播种面积占山东夏粮播种面积的 99.95%～99.96%，小麦总产量占夏粮总产量的 99.97%～99.98%，今年山东省夏粮总产量占到全国的 16.8%。从夏粮产量构成因素分析，山东省小麦总体呈现"两减一增"趋势，即单产和总产量略减，种植面积增加。

2015/2016 年山东小麦减产的主要原因是麦播时期部分地区出现较重的秋旱，影响了播种的进度和质量，播种期相应拉长，致使部分田块群体偏小，造成小麦冬前生长不足，返青后苗情基础偏差；1 月的超低温造成小麦冻害较大面积发生；在小麦收获期间，部分地区遭受强降雨，不仅影响小麦产量形成，而且造成小麦品质下降。

（二）小麦生产成本分析

据山东省农业科学院科技信息研究所农业监测预警团队从全省小麦产业信息员调查情况分析，2016 年亩均总成本为 741.73 元，其中，人工费用分摊到小麦生产的每一个环节，不再单独计算。平均每亩净收益为 346.93 元。山东省小麦每亩平均产值为 1010 元，签订种子培育合同的大型种粮农户平均亩产值可达到 1400 元以上，而部分遭受灾害的潍坊小麦种植大户亩产值在 200 元以上，损失严重。小麦收获后的去向主要有个体粮商、面粉企业、种子公司三个。作为种子回收的小麦一般实行订单生产，能够提前锁定利润售价较高，出售价格区间为 1.25～1.35 元/斤；面粉企业次之，出售价格在 1.15 元/斤以上；卖给个体粮商的小麦出售价格在 1.1 元/斤左右。

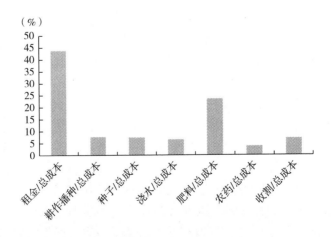

图 6　小麦生产过程中各项费用占总成本的比重

从山东省小麦生产过程中各项费用所占的比重可以看出（见图6），土地租金已经成为小麦生产成本中占比最高部分，平均约为44%，有的农户土地成本占总成本的比重最高可达65%。小麦生产过程中每亩平均肥料费用约占总成本的24%，其他费用如机播费、种子费、水肥费、农药费和收割费用所占比例大体相当，每年变化相对较小，多在7%以下。

据调查，2016年每亩土地的流转费用区间为400~1200元/年，因山东地区大多是小麦玉米连耕模式，小麦季土地租金为200~600元/亩，不同地区的土地流转费用没有明显的规律，土地流转费用的高低主要取决于土地的肥沃程度和地理条件。规模较大的种植户（500亩以上），其规模优势被相对较高的土地承包费用所抵消；同时据观测当土地种植面积超过500亩以上时，分摊到小麦各个生产环节的生产成本也会随之增加。

二、山东小麦市场价格变化情况

2016年上半年，小麦市场供应充足，下游终端需求萎缩，市场小麦价格稳中下滑。下半年受国家政策性收购及市场粮源日趋减少的支撑，小麦价格基本踏上上行之履。市场小麦价格上涨幅度之大、周期之长为近年少有。

1~5月，小麦市场整体上行乏力。年初受制于面粉加工企业阶段性补库结束以及各地区储备粮轮换出库，小麦市场阶段性供给压力加大。3月受面粉加工企业粮源补库需求的推动，流通市场粮源略显紧张，麦价出现不同程度走高。5月下旬南方产区新麦收获上市，市场压力增加，小麦价格出现下滑。

6~9月，小麦价格基本踏上上行之履。6月主产区新小麦陆续上市，各地小麦价格大多低开。上旬尽管湖北、江苏、安徽、河南四省及时启动最低收购价预案，但由于大量低质小麦难以达到入库要求，市场购销并不活跃。7月以后，河北、山东加入最低收购价收购行列，再加之南方各地陆续出台等外小麦收购政策，收购进度明显加快。9月，市场粮源减少迹象显现，再加之受双节效应的影响，制粉企业小麦采购增加，小麦上涨幅度逐步加大。

截至9月底，山东济南地区普通小麦进厂价在2420元/吨左右，较6月上市初期大多上涨了80~120元/吨。

10月，小麦价格涨势较为明显。夏粮集中收购结束，小麦价格并没有因托市收购退出而出现下滑，相反由于需求回暖、市场粮源趋紧，小麦价格一再走高。截至10月末，山东济南地区制粉企业收购普通小麦进厂价为2500~2560元/吨，一月之间主产区小麦价格普遍上涨了120~160元/吨。

11~12月，进入11月以来，面对扶摇直上的小麦价格，国家出手加大政策调控力度，山东、河北、江苏、安徽四省相继投放2015年小麦，市场总体供需矛盾得到有效缓解。但由于市场区域投放分布不均，局部地区的供需仍显偏紧，小麦价格整体继续偏强运行。

截至12月底，山东济南地区制粉企业收购普通中等小麦进厂价为2560~2620元/吨，河北石家庄地区收购进厂价为2600~2680元/吨，河南郑州地区收购进厂价为2480~2560元/吨，江苏徐州地区收购进厂价为2480~2570元/吨，安徽宿州地区收购进厂价为2480~2570元/吨，较11月初的价格再度上涨了40~60元/吨。

（一）个体粮商收购小麦价格

从图 7 山东省个体粮商小麦收购价格的监测分析，2016 年小麦价格区间为 1.05 ~ 1.35 元/斤，1 ~ 2 月小麦价格比较平稳，基本稳定在 1.18 元/斤，上下浮动 0.01 元；3 ~ 5 月小麦价格小幅波动上升，基本维持在 1.2 元/斤以上，最高价格为 1.28 元/斤；6 ~ 7 月新小麦上市之后，个体粮商收购小麦价格出现下降，价格在 1.05 元/斤上下波动。7 月中旬到 12 月，个体粮商收购价格处于稳定上升状态。特别是 10 月下旬，小麦托市收购结束之后，因市场粮源供应偏紧，小麦收购价格出现较大幅度的上涨。

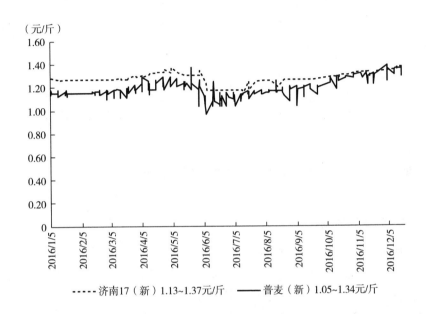

图 7 个体粮商小麦收购价格变化

2016 年强筋麦济南 17 个体粮商收购价格与普麦的变化趋势基本一致，变化区间为 1.13 ~ 1.37 元/斤。1 月到 5 月中旬，济南 17 的个体粮商收购价格呈上升趋势，价格区间为 1.13 ~ 1.33 元/斤；5 月中旬之后，进入小麦收获季，价格有所下降，一直持续到 7 月中旬的 1.17 元/斤；7 月末个体粮商小麦收购价格恢复波动上升态势，到 12 月，最高监测价格为 1.37 元/斤。

（二）面粉加工企业收购小麦价格

面粉加工企业收购小麦价格的总体变化比较平稳。2016 年 1 ~ 5 月加工企业收购价格基本维持在小麦托市收购价格 1.18 元/斤以上的小幅波动。6 月是小麦收获季，小麦价格出现大幅下跌，最低收购价为 1.1 元/斤。7 月中旬以后，收购价格上升到 1.15 元/斤以上；7 月中旬至 9 月中旬，小麦收购价格在 1.15 ~ 1.2 元/斤区间内波动；9 月中旬以后，收购价格开始了平稳的上升之路，截至 12 月 20 日，加工企业的报价为 1.34 元/斤。

山东强筋麦——济南 17 面粉加工企业的收购价格周监测变化幅度较小，月监测变化幅度较大。2016 年 1 ~ 2 月，济南 17 粮食加工企业挂牌收购价基本维持在 1.26 ~ 1.27 元/斤，3 月第 1 周出现过较大幅度的价格下调，价格为 1.17 元/斤，3 月第 2 周开始上涨，直到 5 月底挂牌收购价上涨到 1.34 元/斤；同样，6 月挂牌收购价格也开始下调，6 月中下旬降到 1.15 元/斤。自 7 月以后，价格逐渐上调，7 月上旬至 11 月中旬，价格从 1.2 元/斤稳步上调至 1.3 元/斤；11 月中旬以后，开始出现较大幅度的价格上涨，收购价格一度冲破 1.34 元/斤，有的企业甚至曾给出 1.36 元/斤的高价（见图 8）。

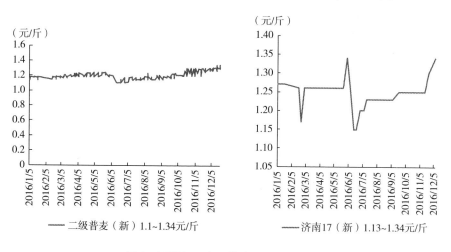

图 8 面粉加工企业收购小麦价格变化

三、面粉、麸皮价格变化

（一）特精粉、特一粉、特二粉价格

特精粉、特一粉和特二粉价格变化趋势基本一致。2016 年 1～3 月特精粉的价格为 1.74 元/斤，特一粉为 1.58～1.6 元/斤，特二粉为 1.54～1.56 元/斤；4～5 月新陈麦交替期，企业小麦存货变少，市场小麦购销处于低谷，原麦的短缺及价格上涨使得面粉价格出现阶段性上涨。4～5 月特精粉价格为 1.76 元/斤，特一粉为 1.6 元/斤，特二粉为 1.56 元/斤。6～9 月初新小麦上市，小麦价格的下调使得面粉价格又恢复到 1～3 月的价格水平。9 月中旬以后，由于原麦价格的上涨，面粉价格开启了上升之旅，截至 12 月 20 日特精粉价格为 1.8 元/斤，特一粉为 1.64 元/斤，特二粉为 1.58 元/斤（见图 9）。

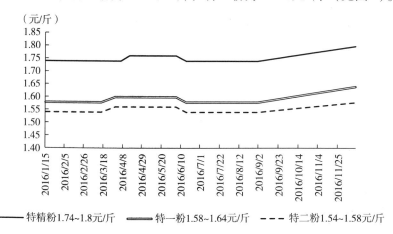

图 9 特精粉、特一粉和特二粉价格变化情况

（二）标准粉、普通粉价格变化情况

3 月标准粉价格有所下降，监测最低点为 0.55 元/斤，4 月及以后基本维持在 1.3 元/斤，上下波动 0.05 元/斤。普通粉价格的月波动较大，主要原因为普通粉是所有面粉种类中交易频次最多的面粉类型，对于需求和原麦价格的变动反应比较灵敏。2016 年 1～10月普通粉的价格波动区间为 1.5～1.7 元/斤，11 月以后普通粉的企业挂牌价开始突破 1.7元/斤，截至 12 月 20 日，普通粉的最高监测价格为 1.75 元/斤（见图10）。

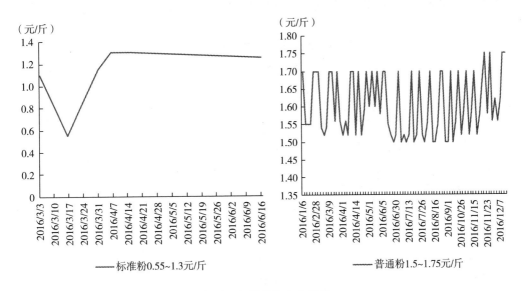

图 10　标粉价格变化情况

（三）麸皮价格变化情况

2016 年 1～5 月麸皮价格基本维持在 0.5 元/斤以下。由于 1～5 月企业开工率高，麸皮供应相对充足，4 月的麸皮监测均价为 0.41 元/斤。麸皮价格下跌的主要原因是下游生猪存栏量刚刚开始复苏，下游饲料消费整体低迷，麸皮市场处于弱势平衡状态。麸皮价格的显著下跌直接影响加工企业的经营效益，受此影响，加工企业普遍上调面粉出厂价格，但经营状况依旧不容乐观（见图 11）。

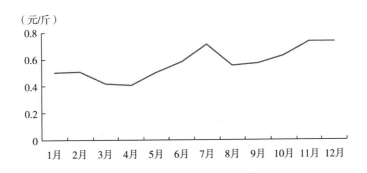

图 11　麸皮价格变化情况

6月随着气温的升高，企业开工率下降，麸皮供应量下降，麸皮开启了上升之旅，据监测，麸皮的最高出厂价曾到达0.83元/斤。8～12月麸皮价格的总体上呈波动上升趋势。截至12月20日麸皮的监测均价为0.73元/斤。

四、不同区域、不同收购主体小麦价格比较

（一）山东小麦价格与国内国际比较

山东小麦价格与国内国际价格比较，如表4、图12所示。

表4　山东小麦价格与国内国际价格比较

时间		山东省价格（元/斤）	国内销区价格（元/斤）	国际价格（元/斤）	国际比国内高（%）
2014年	10月	1.28	1.48	1.22	-17.4
	11月	1.27	1.48	1.19	-19.4
	12月	1.27	1.50	1.23	-18.3
2015年	1月	1.26	1.53	1.11	-27.5
	2月	1.25	1.55	1.04	-32.9
	3月	1.25	1.55	1.02	-34.0
	4月	1.25	1.55	0.99	-35.8
	5月	1.25	1.55	0.96	-38.1
	6月	1.23	1.55	0.99	-36.0
	7月	1.19	1.47	1.01	-31.2
	8月	1.19	1.46	0.98	-32.9
	9月	1.19	1.46	0.99	-32.2
	10月	1.15	1.38	0.96	-30.3
	11月	1.17	1.38	0.94	-31.8
	12月	1.18	1.40	0.94	-33.2
2016年	1月	1.17	1.42	0.96	-32.6
	2月	1.17	1.44	0.92	-36.1
	3月	1.20	1.44	0.91	-37.2
	4月	1.23	1.45	0.89	-38.7
	5月	1.24	1.45	0.88	-39.2
	6月	1.12	1.45	0.92	-36.6
	7月	1.15	1.41	0.89	-36.7
	8月	1.16	1.37	0.91	-33.7
	9月	1.19	1.37	0.91	-33.7
	10月	1.22	1.39	0.93	-33.1
	11月	1.27	1.41	0.94	-33.3
	12月	1.29	1.46	0.96	-34.5

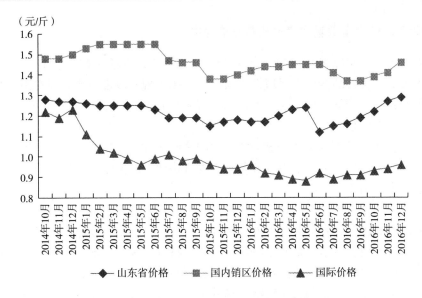

图 12　山东小麦价格与国内、国际价格趋势

注：山东省价格为重点调查县市贸易商平均价格；国内价格为广州黄埔港优质麦到港价；国际价格为美国墨西哥湾硬红冬麦（蛋白质含量 12%）到岸税后价。

国内小麦价格高于山东地区，远远高于国际到岸价。2~6 月和 7~8 月价格比较稳定，6 月以后，山东小麦价格与国内销售区价格变化趋势基本一致。

（二）山东小麦集中上市期价格监测结果

国有粮企收购价始终高于个体粮商收购价，差值一般在 0.02 元/斤左右，2016 年国有粮食企业收购价格同比下降了 1.81%，个体粮商收购价格同比下降了 2.3%。2016 年小麦价格在 6 月中旬以后呈平稳上升趋势，而 2015 年 9 月以后小麦价格呈下降趋势，两年度在 9 月底同类收购主体基本同价（见图 13）。

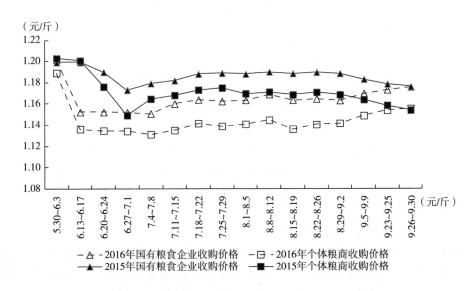

图 13　2015/2016 年度 6~9 月山东小麦收购价格

五、预计2017年夏收前小麦价格将以稳为主

从小麦市场运行状况来看，对于春节前的小麦价格，市场变数已经不大。2017年夏收前的小麦市场，气候的变化、区域性供需会使市场出现阶段性波动，但在国家收购政策及销售政策的共同引领下，以稳为主的市场运行主基调不会改变。

（一）春节前小麦价格已基本触顶

尽管节前流通市场小麦粮源仍显偏紧，但国家政策性小麦供给充足，市场整体供需矛盾缓和，近来华北市场就出现了降温迹象，小麦价格运行趋向稳定，这或许预示着高点的小麦价格已基本触顶。

1. 节日市场国家调控力度加大

国家发改委和国家粮食局共同下发了2017年"两节"和"两会"期间粮油市场供应的通知，要求各地要针对节日期间市场需求旺盛等特点，及时采取有效措施，加强粮源组织调度，确保市场原粮充足和成品粮油不断档、不脱销。随着国家竞价交易平台小麦投放量和成交量的不断放大，将会大大缓解市场的供需矛盾，抑制小麦价格上涨预期。

2. 贸易商多在选择麦价高点适时出库

虽然当前流通市场小麦粮源已经有限，但部分贸易商及粮库仍存有一定数量的小麦。面对国家市场调控力度的加大，一些存粮贸易商会担心后期小麦价格涨幅将会放缓，大多会选择在小麦价格处于高位时去库存，这也将会进一步增加市场的粮源供给。

3. 终端市场需求难以出现大幅度的增加

由于消费者对面粉的采购相对理性，节前时段的市场总体行情大体稳定，节日效应对市场的影响已不明显，"旺季不旺"的行情已屡见不鲜。从往年的经验看，寄希望于节日需求的增加来拉动小麦价格大幅上涨已不现实。

（二）春季市场一般面临压力相对偏重

每年春季是我国小麦市场压力相对较重的时期。由于市场节日消费已过，一旦市场各供应主体增加小麦上市量，市场极易出现阶段性供过于求的局面。

1. 市场供给将会保持充裕

一是国家临储小卖库存依然高企，政策性供给并不缺粮；二是市场面临国储小麦轮换出库，春节过后，多数储备企业将会启动国储小麦轮出计划，一些地方储备为推陈储新也将会抓紧时机进行轮换出库，届时市场的供给相会增加；三是尽管当前农户及贸易商小麦余粮已经不多，但估计在新粮上市前仍会出净手中小麦。

2. 节后市场消费拉动相对减弱

通常春节后是面粉消费的淡季，但从近几年的情况来看，面粉销售旺季与淡季的区分并不明显。就笔者之见，节后随着农民工陆续外出，大中专学生返校，面粉销售速度虽不及节前，但也不会明显降低，小麦价格有望保持基本稳定。不过进入5月以后，市场将再次面临新粮上市的压力。

（三）天气变化仍将受到市场关注

据农业部农情调度显示，2016年秋冬种进展基本顺利，冬小麦播种面积较上年稳中略减，但优质专用小麦面积增加，占比达到79%。据气象遥感监测，当前冬小麦长势正常，一类苗比例为41.35%，二类苗比例为57.89%。天气变化历来是影响小麦生产的关

键因素之一。受春季旱情的影响国内小麦市场往往会出现一定程度的阶段性波动，期货市场则更加明显，天气的变化极易引起市场的炒作。由于气象条件变数不定，一旦小麦生长受到不利天气影响，市场将会随市场主体心理的起伏而出现波动，估计新麦长势及天气的变化将会更加受到市场的关注。

（四）政策持稳将稳定市场走向预期

2017 年是国家供给侧改革继续深化的一年，按照"分品种施策、渐进式推进"的改革原则，国家继续对主产区小麦实施最低收购价政策，并且维持收购价格不变。收储政策的稳定，无疑让种粮农民吃下"定心丸"，同时也为小麦市场吃下"定心丸"。有分析认为，在国家收购政策及销售政策的共同引领下，2017 年接新前的小麦价格整体上仍会寓于"上有封顶下有保底"的区间轨道运行，稳为主流的小麦市场格局难以改变。

六、需要关注问题及建议

第一，针对国内粮食供给的品种结构和市场需求存在着不适应的现状，出现了生产量、进口量、库存量"三量齐增"的复杂局面，国家只有通过供给侧的改革才能引导农民优化农业的种植结构。

第二，加强生产全过程的标准化、规范化建设。具体措施如下：一是加强基层农技推广服务体系建设，通过政策和财政支持，让科研人员下基层，解决农民真正需要的问题；二是建立育繁推广一体化的科技推广体系，整合科研力量，在育种等方面避免低水平重复研究，提高科技资源利用效率；三是建立耕地质量监测体系，加快土地污染防治立法进程，加强对土壤的保护，科学合理地利用土地；四是国家应该及时完善土地流转制度，培养职业农民，尽最大可能从小麦生产种植的每一个环节降低小麦的生产成本。

第三，为切实保证小麦种植主体的利益做好相关工作。首先，要根据小麦收获季节的实际情况，制定小麦收购标准，分仓分级储存。为切实保护农民利益，中储粮公司应及时启动托市收购。其次，建议政府提高种粮大户的小麦补贴，并鼓励农民积极参与农业商业保险，加大农业商业保险的改革，保险由保成本向保收成转变。最后，发展订单农业，大多数农户在价格有保证的前提下还是希望加入订单农业的，加工企业在质量和价格方面不打压，能保证订单完成。

第四，后期，政府相关部门应密切关注小麦市场供求变化，确保小麦价格在安全区间内波动。

2016 年 7 月山东省小麦会商报告

2016 年是"十三五"开局之年，农业形势继续保持了稳定向好的态势。2016 年上半年农业生产有两个突出亮点：一是夏粮获得丰收；二是农业结构调整取得积极进展。

2016 年我国夏粮再获丰收，而今年的丰收与以往相比具有更特殊的意义和内涵。这既是在超强厄尔尼诺影响、小麦赤霉病等重大病虫害偏重发生背景下取得的生产丰收，更是在推进农业供给侧结构性改革的要求下，在粮食"调结构、转方式"不断深化发展中取得的改革丰收。

我国农业生产的另一突出亮点是农业结构调整取得积极进展。其中，调整优化种植结构成为推进农业供给侧改革的重点。从相对重视产量到追求"产量、品质、生态"的全面发展；从单一的技术更新到种、水、肥、药、机等协同创新；从埋头只管种地到"眼观六路、耳听八方"，跟着市场需求生产。2016 年"三夏"所体现出的新特点、新趋势、新成效，不仅为"十三五"时期我国农业结构调整打开了局面，探索了路径，也提振了我们"提质增效转方式，稳粮增收可持续"的信心，更为新时期走中国特色稳粮增收之路奠定了坚实的基础。

一、2016 年山东小麦收获情况

国家统计局于 2016 年 7 月 12 日公布的全国夏粮生产数据显示，2016 年全国夏粮总产量为 13926.0 万吨，比 2015 年减产 162.1 万吨，减少了 1.2%。2016 年夏粮产量虽略有减少，但仍处于历史第二高位，属于丰收年。根据对全国 25 个夏粮生产省份的调查，2016 年全国夏粮播种面积为 27632.4 千公顷（41448.7 万亩），比 2015 年增加 7.1 千公顷，微增 0.03%。其中谷物播种面积为 24008.2 千公顷，比 2015 年减少 26.3 千公顷，减少了 0.1%。

据国家统计局公告，2014/2015 年度全国小麦总产量为 13018.7 万吨，较 2013/2014 年度增加 401.6 万吨。其中，主产区冬小麦产量为 12360 万吨，较 2013/2014 年度增产 355 万吨；全国小麦单产为 5094 公斤/公顷，较 2013/2014 年度增加 141 公斤/公顷，增幅为 2.9%。2014/2015 年度，山东省小麦总产量达 2346.6 万吨，较 2013/2014 年度增加 82.6 万吨，增幅为 3.6%，单产达 6175.5 公斤/公顷，较 2013/2014 年度增加 123 公斤/公顷，增幅为 2.0%。2015 年，山东省夏粮产量占全国夏粮总产量的 16.6%，其中，山东省的小麦产量占其夏粮总产量的 99.97% ~ 99.98%。2015 年山东粮食产量占全国的 7.58%，位列全国第三。2015/2016 年度，山东省小麦播种面积为 5745.4 万亩，比上年增加了 45.65 万亩，增幅达 0.8%。从夏粮产量构成因素分析，山东省小麦总体呈现"两减一增"趋势，即单产和总产略减，种植面积增加（见图 14）。

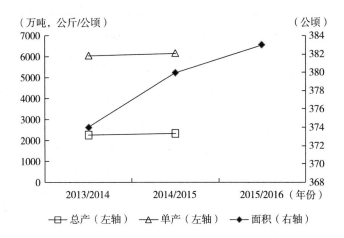

图 14　2014～2016 年小麦种植面积、单产和总产比较

据 2016 年国家统计局公布数据显示：山东小麦减产的主要原因是麦播时期，部分地区出现较重的秋旱，影响了播种的进度和质量，播期相应拉长，致使部分田块群体偏小，造成小麦冬前生长不足，返青后苗情基础偏差；1 月 22～24 日，山东地区遭受了极低温度袭击，小麦总冻害发生面积达 2134.79 万亩；在小麦收获期，部分地区遭受强降雨，不仅影响小麦产量形成，而且造成小麦品质下降（见表 5）。

表 5　2016 年与 2015 年小麦收获情况对照表

项目	面积（万亩）				单产（公斤/亩）				总产（亿斤）			
	2016 年	2015 年	增减	百分比	2016 年	2015 年	增减	百分比	2016 年	2015 年	增减	百分比
夏粮	5748.205	5701.90	46.31	0.8	408.02	411.7	-3.65	-0.9	469.08	469.46	-0.38	-0.1
小麦	5745.405	5699.75	45.65	0.8	408.08	411.7	-3.62	-0.9	468.92	469.32	-0.40	-0.1

二、小麦生产成本收益与劳动生产率情况

因 2015/2016 年度小麦生产成本并未公布，据山东小麦全产业链产业信息员反映，其生产成本与 2014/2015 年度基本相当，故采用上年数据说明。生产总成本为 1021.5 元/亩，其中，物化成本为 482 元/亩，人工成本为 539.5 元/亩（见表 6～表 8）。

表 6　小麦每亩生产成本收益与劳动生产率汇总

项目名称	序号	单位	2015 年	2014 年	2015 年比 2014 年相比（＋、－）	2015 年比 2014 年相比（％）
调查县数	1	个	13.00	13.00	0.00	0.00
调查户数	2	个	205.00	300.00	(95.00)	(31.67)
调查面积	3	亩	706.00	1168.20	(462.20)	(39.57)

项目名称		序号	单位	2015 年	2014 年	2015 年比 2014 年相比（＋、－）	2015 年比 2014 年相比（％）
项目	主产品产量	4	公斤	470.56	472.00	(1.44)	(0.30)
	副产品产量	5	公斤	410.00	400.00	10.00	2.50
	产值合计	6	元	1160.53	1192.80	(32.27)	(2.71)
	主产品产值	7	元	1110.53	1132.80	(22.27)	(1.97)
	副产品产值	8	元	50.00	60.00	(10.00)	(16.67)
	总成本	9	元	1021.50	990.80	30.70	3.10
	生产成本	10	元	1021.50	990.80	30.70	3.10
	物质费用	11	元	482.00	489.80	(7.80)	(1.59)
	人工成本	12	元	539.50	501.00	38.50	7.68
	1. 家庭用工折价	13	元				
	家庭用工数量	14	个	8.30	8.35	(0.05)	(0.60)
	家庭用工日工价	15	元	65.00	60.00	5.00	8.33
	2. 雇工费用	16	元				
	雇工数量	17	个				
	雇工工价	18	元				
	土地成本	19	元				
	自营地折租	20	元				
	流转地租金	21	元				
	净产值	22	元	678.53	703.00	(24.47)	(3.48)
	纯收益	23	元	139.03	202.00	(62.97)	(31.17)
	成本纯收益率	24	%	13.61	20.39	(6.78)	(33.24)

表7 小麦单位产量生产成本与收益情况

项目名称		序号	单位	2015 年	2014 年	2015 年比 2014 年相比（＋、－）	2015 年比 2014 年相比（％）
每 50 公斤主产品	平均出售价格	25	元	118.00	120.00	(2.00)	(1.67)
	总成本	26	元	108.54	104.96	3.58	3.41
	生产成本	27	元	108.11	104.96	3.15	3.00
	物质费用	28	元	51.22	51.89	(0.67)	(1.29)
	净产值	29	元	72.10	74.47	(2.37)	(3.19)
	纯收益	30	元	14.77	21.40	(6.63)	(30.96)
每一劳动日	主产品产量	31	元	56.69	56.53	0.17	0.30
	净产值	32	元	81.75	84.19	(2.44)	(2.90)
每亩	主产品出售量	33	公斤	370.00	380.00	(10.00)	(2.63)
	主产品出售价值	34	元	873.20	912.00	(38.80)	(4.25)

表8　小麦生产成本中物化成本统计

项目名称	序号	2015 年（元）	2014 年（元）	2015 年比 2014 年相比（＋、－）（元）	2015 年比 2014 年相比（％）
每亩物质费用合计	1	482.00	489.80	(7.80)	－1.59
一、直接生产费用小计	2	423.00	432.80	(9.80)	－2.26
1. 种子、种苗费	3	36.00	35.80	0.20	0.56
2. 农家肥费	4	11.00	10.00	1.00	10.00
3. 化肥费	5	170.00	190.00	(20.00)	－10.53
4. 农膜费	6	0		0	
5. 农药费	7	17.00	17.00	0	0
6. 畜力费	8	0		0	
7. 机械作业费	9	130	123.00	7.00	5.69
8. 灌溉费	10	42.00	46.00	(4.00)	－8.70
其中：水费	11	10.50		10.50	
9. 燃料动力费	12	7.00	5.00	2.00	40.00
10. 工具材料费	13	0		0	
11. 技术服务费	14	0		0	
12. 其他直接生产费用	15	10.00	6.00	4.00	66.67
二、间接生产费用小计	16	59.00	57.00	2.00	3.51
1. 固定资产折旧费	17	20.00	22.00	(2.00)	－9.09
2. 保险费	18	7.00	5.00	2.00	40.00
3. 管理费	19	15.00	15.00	0	0
4. 财务费	20	10.00	9.00	1.00	11.11
5. 销售费	21	7.00	6.00	1.00	16.67

　　每亩物质费用 2015 年比 2014 年减少 7 元，直接生产费用减少 9 元，间接生产费用增加 2 元（见表9）。

表9　小麦生产成本中人工成本统计

项目名称	序号	2015 年（个）	2014 年（个）	2015 年比 2014 年相比（＋、－）（个）	2015 年比 2014 年相比（％）
每亩劳动用工合计	1	8.30	8.35	－0.05	－0.60
一、直接生产用工小计	2	7.36	7.30	0.06	0.82
1. 播种前翻耕整地用工	3	0.92	0.94	－0.02	－2.13
2. 种子准备与播种用工	4	0.80	0.79	0.01	1.27
3. 施肥用工	5	0.80	0.80	0	0.00
4. 排灌用工	6	0.90	0.83	0.07	8.43
5. 田间管理用工	7	2.60	2.42	0.18	7.44

续表

项目名称	序号	2015 年（个）	2014 年（个）	2015 年比 2014 年相比（ + 、 - ）（个）	2015 年比 2014 年相比（%）
6. 收获用工	8	1.04	1.06	- 0.02	- 1.89
7. 初制加工用工	9				
8. 其他直接生产用工	10	0.30	0.47	- 0.17	- 36.17
二、间接生产用工小计	11	0.94	1.04	- 0.10	- 9.62
1. 初期生产用工分摊	12	0.24	0.19	0.05	26.32
2. 积肥用工	13	0.09	0.07	0.02	28.57
3. 经营管理用工	14	0.20	0.12	0.08	66.67
4. 一事一议酬劳	15	0.02	0.02	0	0
5. 其他间接生产用工	16	0.12	0.28	- 0.16	- 57.14
6. 销售用工	17	0.27	0.36	- 0.09	- 25.00

每亩物质费用 2015 年比 2014 年减少 0.05 元，直接生产用工增加 0.06 元，间接生产用工减少 0.1 元。

据相关调研，2014/2015 年度山东省小麦种植的单位成本为 15322.50 元/公顷，较 2013/2014 年度增长 3.1%。其中，物质费用为 7230 元/公顷，下降 1.59%；人工成本为 8092.5 元/公顷，增长 7.68%。按小麦单产 6175.05 公斤/公顷、平均价格 2.36 元/公斤计算，小麦种植的单位产值为 17407.95 元/公顷，较 2013/2014 年度下降 2.71%，扣除物质费用 7230 元/公顷，得到小麦种植的净产值为 10177.98 元/公顷，下降 3.48%，扣除人工成本 8092.50 元/公顷，得到小麦种植的纯收益为 2085.476 元/公顷，较 2013/2014 年度减少 944.55 元/公顷，下降 31.17%，再加上粮食种植补贴 1860 元/公顷，最终得到 2014/2015 年度小麦种植的纯收益为 3945.476 元/公顷。

三、山东夏粮收购特点

山东省夏粮收购情况：

第一，麦收初期，市场呈现不温不火的购销形势，小粮贩地头收购价为 1.09~1.14 元/斤，贸易商坐庄收购价为 1.1~1.16 元/斤，粮库收购价为 1.17~1.25 元/斤，面粉加工企业收购价为 1.12~1.24 元/斤。

第二，6 月 30 日启动小麦最低收购价收购，山东确定首批收储库点 257 个，有效空仓容 290 余万吨，农发行山东省分行筹措 260 亿元专项资金用于支持夏粮收购。粮库收购价为 1.18~1.20 元/斤，农民踊跃售粮，新小麦收购价保持了稳中温和回升的态势。7 月 2 日，东营市成为山东首个开秤托市收购的地市，其他收储库点随后陆续启动。

第三，各类收购主体积极收购，由于山东省小麦品质较好、价格较低，小麦上市以来，省内外大中型粮企积极入市收购。虽然收购主体较多，小麦收购价格平稳，收购秩序井然。收购价接近托市收购价格。

第四，粮农踊跃售粮，小麦上市初期，价格偏低，农民存有惜售心理。启动托市后，粮农售粮积极性高涨。

2016 年小麦开秤价格较低，但各类粮食收购主体收购较积极，对后期走势仍普遍看好，未出现"卖粮难"现象。一是山东省大部分农户基本不存粮，新收的小麦大多采用代存代储代售方式，对于雨后收获的小麦，部分地区农户更担心自身储存条件不好或质量再发生问题，大多都已出售，农户售粮积极性高；二是今年麦收期间南方雨水较多，麦质不同程度受影响，而山东省小麦品质明显好于鄂、苏、豫，因此跨省抢购山东省小麦热情较高；三是新麦收割前陈麦市场价格一直处于高价位，陈麦价格最高达 1.28 元/斤，在一定上程度上支撑了看涨心态。

四、小麦收购价格及进度

在粮库收购工作的提振下，粮商送粮入库积极性高，下游面企收购量减少，加上持粮主体惜售，共同助推小麦价格缓和上涨。截至 22 日，滨州、济南、济宁地区经销商收购价在 1.14～1.15 元/斤，较月初上涨 0.02 元/斤左右（见图 15）。

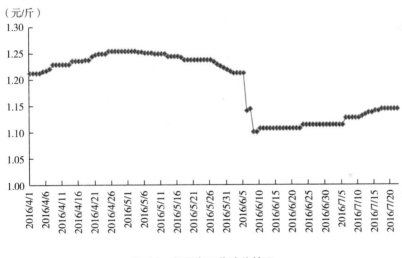

图 15　贸易商日收购价情况

当前山东省新上市的中等普通小麦，粮庄收购价格基本在 1.12～1.14 元/斤；库点收购价格在 1.15～1.18 元/斤；面粉加工企业收购价格在 1.16～1.19 元/斤。品质差异有出现两极分化的可能。

启动托市收购后，小麦价格不断回升。7 月 14 日，山东济南地区新麦进厂价为 2360元/吨左右，上涨了 0.01～0.02 元/斤；菏泽地区贸易商新麦收购价为 1.165 元/斤左右；滨州地区制粉企业挂牌收购价格在 1.17～1.18 元/斤；临淄地区水分 13、容重 800 的新小麦收购价格在 1.18～1.19 元/斤，也较之前价格上调了 0.01～0.015 元/斤。

等外小麦价格整体仍处于低位运行，价廉的质差小麦能否大量进入饲用替代当前市场的关注度较高。国家粮油信息中心于 2016 年 7 月最新预计，2016/2017 年度国内小麦饲料消费为 1000 万吨，比上月增加 440 万吨，较上年度增加 350 万吨。

托市执行力度加大，收购进度稳步加快。据国家粮食局统计数据显示，截至 7 月 10

日，中储粮已在6省累计收购最低收购价小麦902万吨。7月6～10日的5天，收购小麦207万吨，比上期5日收购量增加了61万吨。7月10日，中储粮山东省分公司也在全省累计收购托市小麦14.5万吨。

陈麦价格维持稳定，拍卖成交低位徘徊。近期主产区新小麦上市增加，由于新麦质量低于预期，受此影响陈小麦市场购销显得清淡，但价格基本维持稳定。

7月12日，国家临储小麦拍卖投放251.16万吨，成交10217吨，虽较上周成交的200吨大幅增加10017吨，但整体成交量仍处于较低的位置。据统计，4～6月，临储小麦拍卖周平均成交量分别为4.33万吨、9.56万吨和1.91万吨（见图16）。

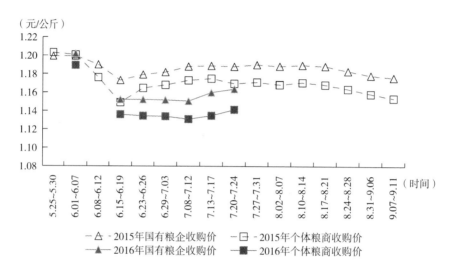

图16　2015/2016年度小麦价格监测情况

通过监测山东省13个地市小麦周数据变化，显示国有粮企收购价明显高于个体粮商收购价，且2016年小麦收购价均低于2015年，2016年7月13日之后，小麦价格有上扬趋势。7月13日，临储进口小麦拍卖共投放美2号软红冬麦37538吨，成交4500吨，周比下滑2100吨。1～6月临储进口小麦周平均成交0.66万吨、0.27万吨、0.38万吨、0.43万吨、0.25万吨和0.76万吨。

质优小麦粮源减少，市场短板效应显现。2016年夏收期间，由于长江中下游地区持续降雨，湖北、江苏、安徽及河南部分地区小麦产量、质量均受到不利因素影响，新麦水分偏高、芽麦、不完善粒、赤霉病粒、病斑粒等超标小麦占比较大，而符合质量要求的粮源却同比减少。

当前市场普遍预计，随着后期国家托市收购的持续进行，符合质量的小麦将会大部分进入国库，质优粮源不断缩减。一旦流通市场区域性高质量麦源供给出现偏紧，市场的短板效应将会或多或少地体现。

另外，2016年夏收以来，随着新粮的上市，小麦市场压力不断加大，但陈麦价格并未因新麦大量上市的冲击而大幅回落，基本维持着相对的稳定，而新麦市场则由于质量偏差小麦数量庞大，整体价格上行困难。当前华北黄淮地区新麦与陈麦价差集中在200元/吨左右，新陈麦价差同比处于较高位置。随着新麦进入后熟期，后期新麦价格向陈麦价格接轨是必然的。由于陈小麦价格难以下跌，受新陈小麦价格接轨的驱使，新小麦价格将会维持稳中上行的市场格局。

受技术性卖盘拖累，美麦期货价格收跌。美国农业部于 2016 年 7 月发布供需报告，将全球小麦库存下调 410 万吨，降至 2.537 亿吨，低于平均预期的 2.593 亿吨，但仍为历史新高；将美国年终库存上调 5500 万蒲式耳，与预期基本一致，为 1988/1989 年度以来最高。从报告数据来看，全球和美国小麦供应宽松格局仍将延续。

7 月 15 日，美国美湾 9 月交货的美国 2 号软红冬小麦 FOB 价格为 174.9 美元/吨，合人民币 1168 元/吨；到中国口岸完税后总成本约为 1632 元/吨，比上年同期下跌 421 元/吨（见表 10）。

表 10　山东小麦供需平衡表

时间	期初库存（万吨）	进口量（万吨）	出口量（万吨）	总供应（万吨）	深加工需求（万吨）	其他需求（万吨）	损耗（万吨）	总需求（万吨）	期末库存（万吨）	库存用比（％）
2016 年 1 月	1814	3.5	0	1817	218	6	0.1	224	1593	74
2016 年 2 月	1593	0.2	0	1593	135	6	0.1	141	1452	68
2016 年 3 月	1452	0.2	0	1452	213	6	0.1	219	1232	58
2016 年 4 月	1232	5	0	1238	165	6	0	171	1067	50
2016 年 5 月	1067	3	0	1070	156	6	0	162	908	42
2016 年 5 月	1040	3	0	1040	152	6	0	158	885	41
2016 年 6 月	3148	6	0	3154	163	22	0	185	2969	139
2016 年 7 月	2965	2	0	2967	117	22	0	139	2827	132

7 月山东小麦启动托市收购，市场购销气氛温和。下游面粉企业仍处于淡季，面粉开工率不足，小麦制粉需求比上月略降，饲料小麦价格较低，饲料小麦用量仍处于相对高位。截至 6 月底，小麦期末库存在 2827 万吨。

五、小麦市场展望

（一）小麦价格走势

2016 年小麦品质不及上年，且局部地区小麦出现减产，这是 2016 年小麦市场运行的大背景，有利于质优小麦价格实现一定涨幅。7 月以来，随着国家托市收购力度的不断加大，主产区新小麦市场购销渐趋活跃，小麦贸易商和面粉厂均不愿建立额外的小麦库存。如果河北、山东两省小麦托市收购量较大，那么华北黄淮地区优质小麦可能出现阶段性偏紧局面，冀、鲁小麦价格将继续呈现稳中上行态势。随着国家最低收购价小麦收购的稳步推进，预计市场上符合质量要求的小麦将进一步减少，质优小麦价格或仍有上升空间。陈麦价格维持稳定，国家临储小麦拍卖成交仍处低位。同时，贸易商看好后期价格，制粉企业后期对质优小麦需求有较大上涨空间将会拉动质优小麦价格。

2016 年，托市收购政策的执行和监管较为严格，执行托市收购预案的中储粮库点也相应严格执行了托市收购预案，并未出现抬价收购的现象。收购商品粮的贸易企业在经历过去一年的亏损后，今年的收购心态较为平和，尽管认为普通小麦后市存在较大机会，但较低的收购成本才是后市实现涨幅的基础，收储企业的贸易粮收购策略紧跟中储粮的托市小麦收购价格。制粉企业也希望在6～8月尽量多收购小麦，以应对后市可能出现的小麦价格上涨，不过由于面粉加工行业开工率普遍较低，利润微薄，因此也不愿抬高市场麦价，而是跟随市场价格。

后期需求或致收购主体分化。2016年各类小麦收购主体的心态较为一致，均不愿提高收购价，所以新麦价格相对稳定。预计在8月和9月，小麦市场粮源充裕程度将会有所下降，制粉企业、收储企业和饲料企业的收购行为可能出现变化。制粉企业会加大收购力度，对质优小麦的刚性需求可能迫使其提高小麦收购价格，9月开始面粉终端消费回暖，制粉企业开工率会有所上升，将有更多制粉企业增加新麦采购。收储企业为保证其收购数量和质量，收购价格也将跟随制粉企业，且二者收购价有可能超过托市收购价。

优质小麦后期上涨概率较大。2016年的新麦从低价开秤开始，一路向北价格呈阶梯递增局面，但是相较往年，今年新麦价格上行缓慢。虽然当下的新麦市场不温不火，但是小麦后期上涨的概率还是非常大的。虽说质差小麦的行情会拉低麦市整体价格，但是对优质小麦来说，2016年质量和产量双双下降的现状却是造就优质小麦大涨的优势条件。

种植户们已基本没有了屯粮的习惯，大部分都是收割后即卖。同时在收购商谨慎的心态下，也不会盲目大量囤粮，最后的结果便是，绝大部分合格小麦的最终去处仍然是储备库。如果这样，市场流通优质小麦将物以稀为贵，并且临储拍卖不会低价出库。将给予小麦价格强势的支撑。

美国农业部在7月的供需报告中把2016/2017年度美国小麦产量数据上调至22.61亿蒲式耳。小麦供应总量大幅上调至1.8亿蒲式耳。供应增加及价格竞争增强提振美麦饲用和出口上调，出口创三年最高。年终库存上调5500万蒲式耳，与预期基本一致，仍为1988/1989年度以来最高。预测全球2016/2017年度产量为创纪录的7.385亿吨。除美国之外，俄罗斯和乌克兰等国产量也大幅增加，全球供应量上调920万吨。全球消费量上调1330万吨，这主要是饲用需求增加，中国饲用需求分别上调550万吨。中国食用和工业用量增幅达100万吨。供应增加提振美国及乌克兰、阿根廷等国出口增加。在需求增幅大于供应增幅的影响下，全球库存下调410万吨，降至2.537亿吨，低于平均预期的2.593亿吨，但仍为历史最高，年比增长近4%。美国和全球小麦供应宽松格局延续。全球小麦供应充足，2016年美国冬小麦丰产在望，俄罗斯小麦产量有望创下历史最高水平，将进一步加剧全球供应过剩局面，制约麦价的涨幅。

（二）面粉和麸皮价格走势

面粉市场弱势延续，麸皮价格涨势放缓。由于市场逐步进入季节性消费淡季，面粉消费需求低迷，经销商采购积极性不高，制粉企业销售状况一般。继6月大跌之后，7月以来主产区面粉出厂价基本延续稳中略降态势。

7月14日，山东济南地区特一粉出厂价为3020～3040元/吨，6月面粉价格累计下降100元/吨左右，7月上半月价格总体维持弱势。7月14日，山东济南地区麸皮出厂价为1500～1520元/吨，周比上涨40～60元/吨；在7月上旬累计上涨150元/吨的基础上，中旬以来麸皮价格涨势有所放缓。

面粉下跌后厂家被迫减产。6月以来国内新麦陆续上市，而面粉市场价格却迎来季节性的回落，而且与往年同期相比 2016 年价格跌幅最大。据了解，截至 6 月底国内特精粉均价跌至 1.55 元/斤，跌幅达 3.6%，特一粉均价跌至 1.49 元/斤，跌幅达 3.37%。6 月是面粉传统的淡季，面粉消费量减少，此外经销商对新麦产的面粉有抵触心理，导致面粉价格战硝烟四起。由于 2016 年新麦品质不佳，托市收购进度缓慢，新麦价格维持低位徘徊，主产区小麦收购价格在 1.10 ~ 1.14 元/斤，比陈小麦低 0.15 元/斤，比上年同期低 0.05 元/斤。因 2016 年新麦价格上市低廉，成为厂家竞争下调的机会，导致面粉也出现罕见的急跌现象，虽然面粉价格越来越便宜，但客户接盘却无动于衷，无奈面粉厂家只能压低开工率，维持较低的库存。国内就整个 6 月而言，中小面粉厂家开工率以 3 ~ 5 成为主，部分间歇性停车现象比较普遍（见图 17）。

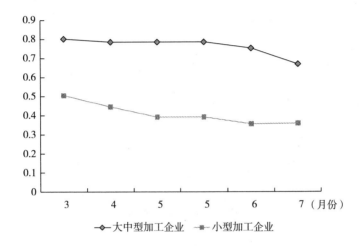

图 17　2016 年 3 ~ 7 月加工企业开工率情况

7 月山东面粉企业运行情况不佳，开工情况与上月基本类似。面粉处于淡季，厂家走货困难。大型企业开工尚可，基本维持在七八成，中小企业开工低且不稳定，开工在 3 ~ 5 成，有不定时停车现象（见图 18）。

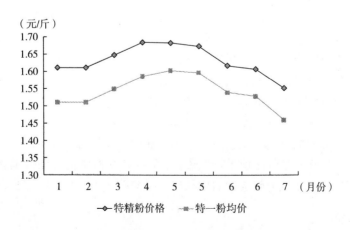

图 18　2016 年 1 ~ 7 月面粉价格走势

7月山东面粉价格延续阴跌态势，特精粉、特一粉均价在1.55元/斤、1.46元/斤，特精粉下跌3.44%、特一粉下跌4.48%；二者同比下跌3.93%、4.17%。面粉下跌的主要原因是新麦上市，价格上涨较慢，面粉需求淡季走货困难，厂家竞争出货。

虽然面粉市场滞销大跌，但是麸皮市场却比较"抗跌"，其中河北、山东6月国内麸皮价格仅仅下跌了0.05元/斤，跌幅在8%左右，相比3～4月价格大涨50%不足为虑，这其中的主要原因在于厂家开工率较低，麸皮产量减少，厂家基本不存在库存压力的问题。7月12日，国内麸皮市场如魔术般变化频繁，4～5月麸皮曾大涨40%，令市场意犹未尽，6月新麦上市期间麸皮小幅的回落调整，不过刚进入7月，麸皮两天内大幅上涨到0.70元/斤以上，涨幅达10%（见图19）。

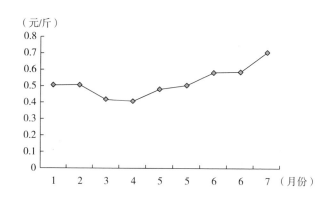

图19　2016年1～7月麸皮价格走势

7月山东麸皮先涨后跌，均价在0.71元/斤，环比大涨20%以上。面粉淡季厂家开工率较低，6月生猪存栏量环比增长0.70%，麸皮市场供需紧张，上旬麸皮大幅走高。不过从下半月开始，麸皮市场冲涨遇到阻力，南方暴雨给养殖业带来冲击，麸皮受累需求下滑。高温酷暑下，厂家纷纷下调出货。

养殖回升致饲料需求转旺。麸皮主要用于生猪饲料，麸皮市场与生猪景气度关联性很强，2013～2015年正是由于生猪长期处于淘汰产能阶段，导致麸皮市场供大于求，2015年3月麸皮进入了残酷的下跌之旅。随着生猪盈利空间的回升，生猪淘汰产能结束，生猪养殖规模触底反弹。据悉2016年5月国内生猪存栏量小幅上涨，较4月增加0.4%，较2015年5月同期减少2.9%，生猪存栏量已经连续3个月保持增长，意味着市场养殖规模在稳步增加，这给麸皮等饲料原料直接带来需求拉动的作用，3～4月麸皮从底部超跌反弹50%也是国内生猪养殖市场需求回升最真实的反映。

麸皮市场正在从底部V型反弹，从当前走势看，反弹的势头较强。在当前市场供应紧张和需求持续上涨的双重利好刺激下，市场上涨趋势还将持续，从时间点上来说，面粉厂家预计在8月7日立秋节气之前维持低负荷，7月麸皮整体仍将保持紧张格局，目前下游养殖业对麸皮价格消化能力较强，后期麸皮价格冲破0.8元/斤甚至更高价位都有可能。

六、相关建议

2016年的小麦市场行情出现开秤就疲软的现象，并且一直持续到6月下旬，直到7

月小麦市场购销的活跃度才开始提高。很多从业人员表示，小麦作为粮食作物，受国家调控影响非常明显，所以国储库的收购力度强弱直接影响市场的购销情况。山东以及河北北部地区的小麦质量非常好，这也是小麦价格上涨明显的主要原因。有分析认为，短期的小麦购销策略还是以入库为主，适度存储好粮，而次粮一律不留。

首先，国储近期发力收购小麦，积极送粮入库是最好的选择。7 月以来，国家托市收购的执行力度明显加大。据了解，6 个小麦主产省已启动的最低收购价库点已达到 3100 个，可用空仓容 3627 万吨。如果一味囤粮待涨，其贷款压力、存储压力以及一些不可抗力因素都会让囤粮者的利润减少，所以在国储近期发力收购小麦的时候，积极送粮入库是最好的选择。

其次，未来市场缺乏收购主体，小麦价格大涨可能要在 2017 年。从近两年的制粉企业生存大环境来看，2016 年的制粉业还处在行业的调整期，市场还在萎缩中，如果未来国储收购力度减弱，或是结束收购，则国内小麦市场将缺乏有力的需求主体，价格很难大涨。另外，我国小麦市场供需状况整体宽松，尽管 2016 年局部区域小麦质量受到一定影响，但市场出现大幅波动的概率仍然很小。一方面，国家临储小麦库存充裕；另一方面，需求不旺，市场的消费难有明显的增加。以"稳"为主流的小麦市场走向不会改变。有分析认为，近期的行情是个出货的好时机，如果想囤好粮，则不要期待短期获得利润，要考虑好盈利点位，做好各类减少损耗准备。

最后，好粮价格未来一定上涨，次粮无大宗需求也是事实。从 2016 年各地反馈的信息可以看出，优质好小麦市场供应量明显不足，好粮的价格在未来一定有上涨空间。有分析认为，国储 2015 年的小麦一直没有参与拍卖和轮换，后期势必会大量供应市场，其质量都是非常好的，所以新季小麦中的好粮价格虽将上涨，但幅度不大，预计在 1.25～1.27 元/斤将受到国储拍卖价阻拦，难以继续大涨。但即便看涨好粮价格也需要理性对待。次粮方面虽然近期价格不高，但还是不建议继续留存，可以采用多种方法选出部分入库麦，而剩余的低价出售。因为次粮本身的杂质就多，很难长期保存，再加上后期饲料原料的价格整体趋弱的可能性较大，这样饲料小麦的用量也会减少，未来次麦价格难涨甚至有可能下调，建议贸易商不续囤储质量较差的小麦。

总体来看，2016 年的国内小麦行情两极分化是必然现象，"优质优价，劣质低价"将是小麦行情未来的主流走势。随着新麦进入后熟期，后期新麦价格向陈麦价格接轨是必然的。由于陈小麦价格难以下跌，受新陈小麦价格接轨的驱使，新小麦价格将会维持稳中上行的市场格局，但也仅限于质优小麦而非劣质小麦。手中小麦质量较差的贸易商还是尽快处理掉。

2017 年山东省小麦市场收购情况调研报告

山东全省小麦收获已进入尾声，截至 2017 年 6 月 15 日，全省累计收获小麦 5699 万亩，占应收面积的 98.9%。近日我们组织小麦省级分析师对德州和聊城小麦市场收购情况进行了实地调研，总体来看，2017 年全省小麦面积增、总产增、品质好、价格稳、收购主体交易活跃。

一、小麦生产、品质情况

（一）面积增加

据国家统计局山东调查总队预计，全省小麦播种面积为 5764.35 万亩，比上年增加 19 万亩，增幅 0.33%。

（二）产量增加

从产量构成三因素看，全省平均亩穗数为 41.12 万穗，比上年增加 1.52 万穗；全省小麦穗粒数为 33.13 粒，比上年减少 0.4 粒；全省小麦平均千粒重在 41.16 克，比上年降低 1.1 克。预计全省小麦平均亩产 407.78 公斤，比上年减少 0.3 公斤，减幅 0.08%；预计全省总产为 470.12 亿斤，比上年增加 1.2 亿斤，增幅 0.26%。

（三）品质好

2017 年山东省多数地区新麦品质好于上年。虽然前期条锈病较往年严重，但防控及时，并未对小麦品质造成太大影响；赤霉病等不完善粒含量较上年明显降低，多数小麦容重在 760~800 克/升。其中，菏泽市二等以上小麦占 90%、三等及以下小麦占 10%，而上年小麦二等以上占 70%，小麦质量明显好于上年。

二、麦收期间降水未对我省造成大的影响

受小麦生产期间气候干旱、温度偏高等因素影响，2017 年山东省小麦上市时间较往年提前 1 周左右。6 月 5~16 日的麦收期间，山东省降水量较常年偏少，旬平均气温较常年略偏低，保证了小麦的收获品质。麦收初期的降水使局部地区麦收提前，造成部分小麦水分含量偏高，如聊城莘县种植户王纪广因提前收获，水分高达 34%，品质大大下降，出售价格仅为 0.98 元/斤。但降雨并未对全省麦收及品质造成太大影响，全省小麦水分含量多在 14%~18%。

三、当前山东省小麦市场收购情况

2017 年山东省新麦开秤价格较高，农户出售小麦积极性也高，市场各收购主体活跃，小麦流通较顺畅，没有出现买难卖难问题。截至 6 月 15 日，山东收购夏粮 124 万吨，同比增加 50 万吨。其中，截至 6 月 20 日，菏泽市收购小麦 27.9 万吨，同比增加 17.5 万

吨，国有粮食企业收购 12 万吨，同比增加 9.6 万吨，民营企业收购 15.9 万吨，同比增加 7.9 万吨；威海市收购小麦 10870 吨，地方国有粮食部门收购 9498 吨，中等小麦收购入库价 1.18 ~ 1.21 元/斤；济南市开秤均价在 1.18 元/斤左右，略高于上年，收购小麦 8.58 万吨；青岛市收购 133142 吨，国有粮企收购 59146 吨，比上年同期多 27153 吨；东营市收购新麦 7.99 万吨，同比增 24.2%，二等小麦均价每斤 1.20 元左右；日照市小麦收购价为 1.19 ~ 1.22 元/斤，每天收购量保持在 500 ~ 700 吨，但送货车辆在减少。

2017 年山东省小麦收购特点：一是开秤价格同比上涨。新麦开秤价为 1.15 元/斤，同比上年 1.05 元/斤上涨 9.5%。

二是农户出售小麦积极性高。培育种子、种植规模大的农户，90% 以上已销售完毕。仅菏泽信息员反映，因收获时水分含量相对较高，部分农户自己晾晒后留存，等待时机出售。

三是订单收购价格高。据调查，山东省主要以济麦 22、鲁原 502 种植为主，但个别种植大户积极发展订单生产，与当地种子公司签订收购合同，培育种子，订单收购种子均价比市场价高出 0.1 元/斤，如临沂市郯城县和庆云县培育种子比市场价高出 0.2 元/斤。

四是贸易商、粮食加工企业入市收购活跃。贸易商收购小麦基本是混收混卖，没有细分等级，主要是眼观质量，对水分要求稍严格，超过 14% 的拒收或者按超 1 个百分点扣出 1 斤折算价，收购价格一般在 1.15 ~ 1.2 元/斤，具体收购量按仓容和麦源来定，收购高峰后大多数贸易商收购量已达仓容的 80% ~ 90%，后期会逐步补足仓容。据调查，潍坊市诸城贸易商封金刚，每天收购 80 吨，容重 750 克/升以上，近两天收购价在 1.2 元/斤，已累积收购 700 吨，计划收购 900 吨。德州市贸易商王洪君，德城区小麦容重 780 克/升以上，收购价格在 1.16 ~ 1.18 元/斤，7 天收 350 万斤，已接近尾声。综合贸易商情况，2017 年比上年收购速度快。

随着新小麦大量上市，面粉厂家积极收购，厂家原粮短缺问题基本解决，因受需求影响，开机率在 50% 左右。如潍坊市高密面粉加工企业主李然坤，于 6 月 5 日开始收购新麦，容重 750 以上，去杂后收购价格在 1.2 ~ 1.21 元/斤，15 日后收购价为 1.23 元/斤，优质麦收购价在 1.32 ~ 1.33 元/斤，每年收购优质麦 1 万 ~ 2 万吨，日加工量 300 吨。德州市面粉企业主张德霞，从经纪人处收购，价格在 1.14 ~ 1.16 元/斤，收购量为 700 吨/天，从粮库收购，价格为 1.15 元/斤，收购量为 300 吨/天。郯城市白雪面粉企业主常海莲于 6 月 5 日开始收购当地小麦，价格在 1.16 ~ 1.17 元/斤，水分 14% 以内不扣杂，每天收购 60 万 ~ 90 万斤。饲料企业因需求量低且受养殖业影响，2017 年未收购小麦。

2017 年全国小麦主产区大丰收，粮源充足，玉米、蔬菜等农产品市场价格又大幅下跌，预计后期麦价坚挺但不会大幅度上涨。

四、小麦收购面临的问题及措施建议

建议进一步简化托市收购审批程序，缩短审批时限，并实行差异化保护价收购。枣庄市政府已于 6 月 8 日向省政府反映托市收购申请审批程序较烦琐、耗时长，收储价格、启动收购时间等问题。

建议分区域适时启动托市收购。新粮上市后，因托市收购预案未启动，一是造成农户把粮食卖给粮点，农民利益得不到真正保护；二是造成粮源低价外流、农民种粮收益受损；三是贸易商和加工企业因资金、仓容限制等原因，收购量有限，鲁南地区50%以上粮食存在农户手中，因储存条件有限，为保证小麦品质，建议国有粮食收储企业开仓收购，维护粮食市场的稳定。

山东省枣庄地区农户出售小麦价格为1.14～1.16元/斤，面粉厂收购价为1.16～1.17元/斤，滕州优质麦价格在1.2元/斤，峄城、台儿庄麦价为1.12元/斤左右，全市已收购14万吨；菏泽地区贸易商收购价为1.15～1.16元/斤，面企收购价为1.17～1.18元/斤，大部分仓容已满。

2018 年山东省小麦会商报告

一、山东省夏粮生产情况

2018 年山东省小麦生产形势复杂。受晚茬麦面积增加、干旱和极端低温天气持续时间长等叠加因素影响，全省冬前和春季苗情不够理想。小麦返青后，山东省降水频繁，且时空分布均匀，对全省特别是 1000 万亩旱地小麦生产十分有利；再加上各项关键技术措施落实到位，病虫害发生总体偏轻等，小麦苗情转化升级总体较好，夏粮仍获得较好收成。

国家统计局根据第三次农业普查结果对粮食数据进行了大幅调整，将山东省 2017 年夏粮面积由 5770.95 万亩调整为 6129 万亩，增加 358.05 万亩；总产量由 470.02 亿斤调整为 499.2 亿斤，增加 29.18 亿斤；平均亩产 407.23 公斤，未作调整。7 月 18 日，国家统计局发布 2018 年夏粮产量数据公告，山东省夏粮面积为 6090 万亩，比调整后的上年夏粮面积减少 39.16 万亩，减幅 0.6%；总产量 494.44 亿斤，比调整后的上年夏粮总产量减少 4.75 亿斤，减幅 1%；亩产 405.95 公斤，比上年减少 1.28 公斤，减幅 0.3%。

二、山东省夏粮收购情况

由于受江苏、安徽、河南等周边省份小麦减产、小麦质量较差的影响，2018 年山东省的夏粮收购呈现出新小麦价格低开高走、收购数量同比减少、收购的小麦质量好于预期的特点。

（一）收购价格呈低开高走态势

2018 年山东省新麦开秤均价为 1.12 元/斤，同比上年 1.15 元/斤下降 2.6%。各收购主体积极入市收购，6 月上旬一度出现抢粮现象，刺激了新麦价格不断上涨。进入 7 月，小麦价格上涨幅度缩小，截至 8 月 31 日，经纪人收购价格在 1.7 ~ 1.23 元/斤，面粉企业收购价格在 1.22 ~ 1.25 元/斤。据省农业厅统计的 6 ~ 8 月小麦周价格数据显示，个体粮商收购均价从 6 月第一周的 1.154 元/斤上涨到 8 月 30 日的 1.196 元/斤，比上年同期上涨 0.63% ~ 1.62%。国有粮食企业收购价格从 1.163 元/斤上涨到 8 月底的 1.208 元/斤，上涨幅度从 −0.18% ~ 2.07%。均比上年同期高（见图 20）。

（二）收购数量较上年同期有所减少

截至 8 月 25 日，山东省共收购小麦 608.3 万吨，同比减少 166.3 万吨，下降 21.5%。其中国有企业收购 183.5 万吨，同比减少 99.2 万吨，下降 35.1%。

（三）收购的小麦质量好于预期

从各地入库的小麦质量看，2018 年的小麦质量好于往年。如枣庄市，已入库的小麦质量好，容重高、水分低、杂质少，质量好于预期且好于往年。二等及以上、三等麦占比分别为 96.8%、3.2%，水分在 13% 之内，不完善粒在 6% ~ 8.0%，杂质小于 1%。临沂

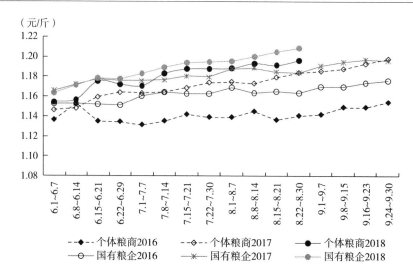

图20　2016～2018年国企和个体粮商收购小麦价格情况

市对新收获小麦进行了质量采样检验，平均水分为9.9%，容重779克/升，三等及以上占比85.7%；不完善粒平均值为5.9%；硬度指数平均值为63，与上年总体一致。

三、小麦种植成本收益、农户出售小麦情况和种植意向调查

山东省物价局对全省42个调查县379名农调户2018年小麦生产成本及收益情况进行了调查，调查结果显示：与上年相比，今年山东省农调户小麦亩均产量下降，总成本基本持平，收益下滑明显。

（一）亩产及产值双减

调查户2018年户均亩产421.05公斤，是近十年来除2010年之外的产量较低年份，较上年减产36.01公斤，减幅达7.88%。主要原因：一是小麦越冬期间低温持续时间较长，有效降水和日照时数均偏少，导致小麦苗情整体不如常年；二是清明节前后，山东省出现强降温天气，部分地区降温幅度达15℃，此时小麦生长处于拔节后期至孕穗期，大幅降温造成幼穗花粉粒减少，形成秃尖甚至光秆的情况，最终导致穗粒数减少而减产；三是小麦生长后期部分地区出现大风雨水天气，导致部分农户小麦出现倒伏，品质下降。

另据调查，2018年山东省各地小麦产量与上年相比变化差异明显。东部沿海地区小麦生长期气候适宜，产量出现了大幅上升，其他部分地区的产量反而大幅下降。调查县市中产量下降幅度较大的是临沂市沂水县，亩产442.78公斤，较上年减少149.22公斤，减幅达33.7%；上升幅度较大的是威海市文登区，亩产411.44公斤，较上年增加148.44公斤，增幅高达56.44%。

从调查数据看，当前农户小麦每50公斤平均售价为118.67元，较上年的售价略有下降，降幅为2.71%。以此计算，调查户亩均总产值为1014.54元，较上年减少10.21%。其中，主产品产值为999.28元，较上年减少10.38%；副产品（秸秆）产值为15.26元，较上年增加2.21%（见图21）。

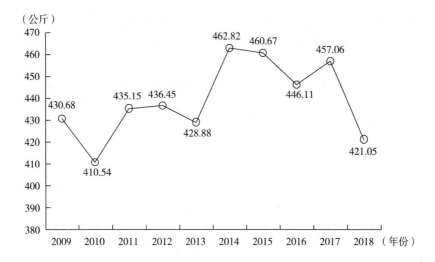

图 21　2009～2018 年调查户平均亩产量

（二）总成本变化不大

2018 年小麦亩均总成本为 1000.88 元，较上年增加了 8.87 元，增幅仅为 0.89%，其中物质与服务费用、土地成本略增，人工成本下降。

1. 物质与服务费用略增

物质与服务费用为 470.70 元，增加 1.59%。从具体数据看，除种子费、机械作业费、排灌费支出减少外，其他项目支出均有不同程度增加。其中，化肥费为 164.36 元，增加 6.95%；农药费为 18.22 元，增加 3.69%；燃料动力费为 1.22 元，增加 35.56%；保险费为 6.15 元，增加 51.85%。种子费为 50.02 元，减少 1.67%；机械作业费为 155.41 元，减少 0.73%；排灌费为 43.32 元，减少 4.85%。物质与服务费用变化的主要原因：一是受 2018 年化肥原材料价格上涨的影响，化肥价格普遍上涨，平均价格为 5.68元/公斤，较上年同期 5.30 元/公斤上涨了 7.17%；二是部分地区发生病情，喷洒农药次数增加，另受环保督查影响，部分农药生产相关企业开工受限，导致农药价格上涨；三是柴油价格比上年提高，燃料动力费有所增加；四是农户保险意识增强，投保费用增幅明显；五是由于春季部分地区干旱少雨，山地农户因靠天吃饭，无水可浇，致使排灌费减少；六是部分地区倒伏严重，机械无法收割，只能人工收割，在一定程度上减少了机械费的支出；七是种子价格近几年一直较稳定，由于投用量减少了 1.32%，使得种子费用随之降低。

2. 人工成本减少

调查户户均人工成本为 360.12 元，较上年减少 5.85 元，减幅 1.60%，也是近十年来首次减少。尽管劳动日工价由上年的 81 元提高至今年的 84 元，上涨了 3.70%，但用工天数减少 0.23 个，导致人工成本减少。

3. 土地成本增加

土地成本为 170.06 元，较上年增加 7.37 元，增幅 4.53%。

（三）收益下滑明显

从农调户调查数据看，2018 年的总成本变化不大，但因小麦亩产值减少，导致现金收益和净利润下降幅度较大。预计2018年小麦亩均现金收益为540.23元，较上年减少124.56元，减幅18.74%；净利润仅为13.66元，较上年减少124.56元，减幅达90.09%。

（四）从种植意向上看，种植大户增加了流转土地面积

例如，潍坊市高密县王翠芳，之前流转耕地4000亩，种植小麦2000亩左右，2018年又流转土地3900亩，计划种植小麦5000亩。又如，德州市临邑县种植大户范忠星，之前种植1700亩，2018年增加800亩，达到2500亩。小规模种植的基本没有变化。

四、小麦后市展望

8月，主产区新小麦收购价基本进入稳中上行通道，下旬以来行情表现更加明显。一是由于主产区小麦受灾较重，质优粮源同比偏低，市场普遍反映高质量小麦批量难采；二是市场需求回暖，部分制粉企业陆续开始阶段性补库，为吸引粮源，一些大型企业率先提高小麦收购价。面对麦价新一轮上行，部分持粮主体囤粮待涨心理较强。当前，制粉企业新产普通小麦收购价山东为1.20～1.26元/斤，山东菏泽济南17为1.34元/斤。有分析认为，随着天气转凉和学校开学，加之中秋、国庆"双节"临近，面粉需求将继续好转，制粉企业对普通小麦的补库需求也将增强，预计9月普通小麦价格仍有上涨空间。

夏收小麦收购进度缓慢，且市场预计收购总量将低于上年。市场化收购发挥主导作用，比重占九成以上。流通粮源放大便于调节市场供需，这将抑制小麦价格大幅波动。由于行业竞争激烈，面粉很难与小麦价格同步升高，预计后市面粉价格上涨的空间相对有限。麸皮市场则因供应量增加，价格持续回落。

进入9月，新玉米即将上市，部分贸易商或加快小麦阶段性出库速度，提前为玉米收购腾出资金和仓容。虽然后市将进入阶段性需求旺季，但近年旺季不旺的市场现象也屡见不鲜。况且"双节"过后，面粉需求将恢复平稳，国家最低收购价小麦亦将恢复拍卖。

五、存在的问题及建议

（一）对最低价小麦实施区域价格差别政策

国家对河北、山东、江苏、安徽、河南、湖北6个小麦主产省实行最低收购价政策，价格、标准统一，体现了政策的统一性。但对于山东来说不公平，山东小麦品质好、市场认可度高，加工企业喜欢。最低价小麦确定6省统一价格，体现不了优质优价的公平原则。

（二）对小麦购销调运等给予优惠

山东省是粮食加工大省，每年需从东北及周边省份调进大量粮食加工，建议有关部门对山东省小麦玉米购销调运、车皮安排等方面给予优惠，开设小麦玉米运输绿色通道，鼓励销区到产区开展代收代储业务的优惠政策等。

（三）将山东省列入国家轮作休耕试点

山东省以占全国约1%的水资源、6%的耕地生产了全国8%的粮食、13%的蔬菜和10%的肉蛋奶，为全国粮食等重要农产品的有效供给做出了重要贡献，但也付出了农业资源环境方面的巨大代价，亟须开展休养生息。山东省已于2015年启动实施耕地质量提升计划，加快建设高标准农田，缓解资源环境紧张局面。建议在山东省开展轮作休耕试点，对试点地区给予补贴，促进农业生态循环可持续发展。

河南省

河南省小麦产业发展及政策支持研究

河南是我国小麦产量第一大省，小麦是河南省农业发展的优势产业。本文结合河南地理资源和气候条件、生产条件等资源禀赋特点，分析河南省小麦生产的地位和竞争优势，把握河南省小麦生产的增长潜力和发展趋势，解析河南省小麦产业链发展现状及存在的问题，并对促进河南省小麦产业发展提出建议，以供参考。

一、河南省小麦生产发展历程及优势

（一）河南小麦生产发展历程

小麦是世界三大粮食作物之一。据国家统计局数据，2016 年，我国 5 个小麦主产省河南省、山东省、河北省、安徽省和江苏省的小麦产量约占全国小麦总产量的 67%。其中，河南省小麦播种面积占全国的 22.60%，产量达到全国产量的 26.90%，无论是面积还是产量所占份额均是稳步提升的趋势，在全国小麦生产中占有举足轻重的地位（见表1、表2、图1）。

表1 主产省小麦播种面积在全国总面积占比情况

年份	河南省		山东省		河北省		安徽省		江苏省	
	面积 （万亩）	份额（%）	面积 （万亩）	份额（%）	面积 （万亩）	份额（%）	面积 （万亩）	份额（%）	面积 （万亩）	份额（%）
2010	7920	21.77	5343	14.68	3630	9.98	3549	9.75	3140	8.63
2011	7985	21.93	5391	14.81	3594	9.87	3575	9.82	3168	8.70
2012	8010	22.00	5439	14.94	3615	9.93	3624	9.95	3200	8.79
2013	8051	22.25	5510	15.23	3567	9.86	3650	10.09	3221	8.90
2014	8111	22.46	5610	15.54	3515	9.73	3653	10.11	3240	8.97
2015	8139	22.47	5700	15.74	3479	9.61	3686	10.18	3269	9.03
2016	8198	22.60	5745	15.84	3471	9.57	3670	10.12	3285	9.05

资料来源：历年《中国统计年鉴》。

表 2　主产省小麦产量在全国总产量占比情况

年份	河南省		山东省		河北省		安徽省		江苏省	
	产量（万吨）	份额（%）	产量（万吨）	份额（%）	产量（万吨）	份额（%）	产量（万吨）	份额（%）	产量（万吨）	份额（%）
2010	3082	26.76	2059	17.87	1231	10.68	1207	10.48	1008	8.75
2011	3123	26.60	2104	17.92	1276	10.87	1216	10.36	1023	8.72
2012	3177	26.25	2180	18.01	1338	11.05	1294	10.69	1049	8.67
2013	3226	26.46	2219	18.20	1387	11.38	1332	10.92	1101	9.03
2014	3329	26.38	2264	17.94	1430	11.33	1394	11.04	1160	9.19
2015	3501	26.89	2347	18.03	1435	11.02	1411	10.84	1174	9.02
2016	3466	26.90	2345	18.20	1433	11.12	1386	10.76	1120	8.69

资料来源：历年《中国统计年鉴》。

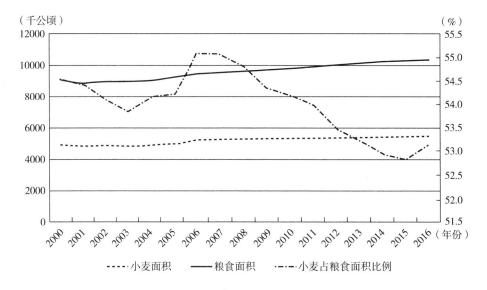

图 1　2000 年以来河南小麦和粮食播种面积及占比情况

资料来源：历年《中国统计年鉴》。

（二）河南省小麦生产的自然资源优势

河南省之所以具有发展小麦种植的良好条件，与其粮食资源的优势是密不可分的。

1. 地理位置优越

河南省位于中国中东部、黄河中下游地区，据国家统计局 2016 年数据，河南省粮食作物播种面积为 10286.15 千公顷，大部分土地上都有深厚的土层和营养元素含量丰富的土壤，地势基本上西高东低。北、西、南三面有太行山、伏牛山、桐柏山、大别山；中东部为黄淮海冲积平原；西北部为南阳盆地。全省以平原为主，平原的面积占到总面积的一半以上。整体看，河南省所处地理位置优越，综合自然环境较好，农业自然资源丰富且开发条件相对便利。

2. 光热资源充足

河南地处亚热带向暖温带过渡的地区，气候兼有南北之长，四季分明，特点是冬季寒冷雨雪少、春季干旱风沙多、夏季炎热雨丰沛、秋季晴和日照足。全省年平均气温一般在12℃～16℃，山地与平原间差异比较明显。河南省光照资源十分丰富，辐射高于华中、华南和华东大部分地区，其中夏季太阳辐射值最高，此时不仅气温高而且雨量集中，光、热和水三种资源同时出现在一个季节，对小麦生长发育极为有利。

3. 水资源相对丰富

河南省境内有黄河、淮河、汉水、海河四大水系，水资源总量约287.2亿立方米，其中农业用水总量约125.9亿立方米。水是农业的生存命脉，土壤是农业生产的基本载体。河南省年降雨量以及地表径流量在全国范围内较西北、华北和东北广大地区而言具有一定优势；且由于河南省有大面积的平原、众多的低山丘陵和盆地，因此地下水的形成和储存相对便利，均为发展小麦种植业奠定了坚实的物质基础。

（三）河南小麦生产种植规模优势

根据《中国农业年鉴》数据，2009～2016 年，河南省粮食作物在农作物总播种面积的比重呈逐年增加趋势，由 2009 年的 68.2% 增加到 2016 年的 71.1%。在粮食作物中，小麦从 2009 年的 37.1% 上升到 2016 年的 37.8%，稻谷从 2009 年的 4.3% 上升到 2016 年的 4.5%，玉米从 2009 年的 20.4% 上升到 2016 年的 22.9%，大豆从 2009 年的 3.3% 降至 2016 年的 2.5%。可见，在河南省主要粮食作物中，小麦和玉米相对于其他品种而言具有较大的规模优势，这其中小麦品种更为明显（见表3）。

表3 河南省主要粮食作物种植结构比重 单位:%

年份	2009	2010	2011	2012	2013	2014	2015	2016	平均
总播种面积	100	100	100	100	100	100	100	100	100
粮食作物	68.2	68.4	69.1	70	70.4	71.0	71.2	71.1	69.9
小麦	37.1	37.1	37.3	37.4	37.5	37.6	37.6	37.8	37.4
玉米	20.4	20.7	21.2	21.7	22.4	22.8	23.2	22.9	21.9
稻谷	4.3	4.4	4.5	4.5	4.5	4.5	4.5	4.5	4.5
大豆	3.3	3.2	3.1	3.2	3.1	2.8	2.5	2.5	3.0
油料	10.9	11	11.1	11.0	11.1	11.1	11.1	11.2	11.1
薯类	2.2	2.1	2.1	2.2	2.1	2.4	2.5	2.4	2.3

资料来源：历年《中国农业年鉴》。

二、河南省小麦生产、市场竞争优势分析

小麦是河南省粮食生产第一大作物，也是河南省农业发展的优势产业。河南省小麦产量约占全国总产量的 1/4，作为全国最大的小麦主产省，多年来，河南省的小麦种植面积、总产量和对国家的贡献均居全国首位。全省已基本形成强、中、弱筋搭配合理的优质小麦品种结构和以豫北为优质强筋小麦、豫中为中筋小麦、豫南为弱筋小麦生产基地的区域布局，同时也逐渐形成了优质与高产并重、质量与效益并举、生产与加工结合的良好

局面。

（一）河南省小麦生产成本

随着投入水平的提高和相关费用的增加，我国农产品生产成本逐年提高，特别是大宗农产品，上升幅度更大。成本是体现小麦市场竞争力高低的一个重要因素，而决定小麦生产成本的主要因素是种子、化肥、农药、人工、租地、机械等生产要素价格及各投入要素在产品总成本中所占比重（见表4）。

表4　2012～2016年主产省小麦成本费用情况　　　　　　　单位：元

年份	项目	平均	河南	河北	山东	江苏	安徽
2012	每亩物质与服务费用	396.69	383.08	481.20	448.39	390.46	362.41
	每亩人工成本	291.40	274.15	302.34	281.39	226.68	181.71
2013	每亩物质与服务费用	417.08	422.43	484.10	462.17	407.66	382.96
	每亩人工成本	343.78	324.10	359.56	359.07	243.91	207.02
2014	每亩物质与服务费用	419.03	417.05	472.90	473.68	421.61	389.83
	每亩人工成本	364.77	342.38	379.51	362.03	267.63	234.28
2015	每亩物质与服务费用	420.23	409.62	484.97	464.60	431.19	394.26
	每亩人工成本	364.39	335.25	385.01	366.68	260.53	229.87
2016	每亩物质与服务费用	452.49	452.47	482.76	466.96	441.86	418.41
	每亩人工成本	318.68	338.41	389.74	377.68	252.21	235.35

资料来源：《全国农产品成本收益资料汇编》。

以2012～2016年主产省小麦成本费用数据为例，在小麦生产成本的比较中，河南省的大部分年份低于全国平均水平，具有一定的成本优势（见表5）。

表5　2012～2016年主产省小麦主要成本费用均值　　　　　单位：元

主要项目	平均	河南	河北	山东	江苏	安徽
种子费	62.64	61.09	69.23	47.80	73.67	61.39
化肥费	158.84	169.92	158.68	172.27	141.24	152.08
农药费	21.11	23.59	14.60	14.88	32.64	19.85
机械作业	132.14	127.10	131.17	150.80	124.53	127.09
排灌费	28.56	20.35	68.19	44.29	6.68	3.29
家庭用工折价	296.89	312.98	362.95	349.25	243.67	215.62
雇工工价	79.20	60.41	65.11	63.94	86.89	119.65

资料来源：根据《全国农产品成本收益资料汇编》数据计算。

（二）河南小麦品质、质量优势分析

随着小麦产业带建设进程的发展，河南省的小麦品质总体上有了很大提升和改进。受地域气候环境条件影响，河南省小麦质量分布延续了北高南低的基本态势。和国内其他主产省对比来看,河南省小麦总体品质处于平均水平之上,其中豫北传统优质麦产区品质处于领先位置。

据国家粮食局数据,2016 年,我国 9 省全部小麦样品品质检验结果为:容重平均值为 783 克/升,较上年下降 6 克/升,变幅为 627~850 克/升。一等至五等的比例分别为 46.3%、29.1%、14.9%、5.7%、2.6%,等外品占 1.4%,中等(三等)以上的占 90.3%,较上年下降 4.7%。千粒重平均值为 42.9 克,与上年持平,变幅为 28.0~58.0 克。硬度指数平均值为 62.8,较上年下降了 1.0,变幅为 35.6~78.8。不完善粒含量平均值为 7.1%,较上年增加 1.6%,其中,符合国标要求(≤10%)的比例为 81.0%,较上年下降 7.5%,在 10%~20% 的 13.1%,在 20% 以上的为 5.9%。降落数值平均值为 311 秒,较上年下降 37 秒,变幅为 65~538 秒。

对比来看,2016 年,河南小麦品质为:容重平均值为 782 克/升,变幅为 680~828 克/升;一等至五等的比例分别为 40.3%、37.4%、15.9%、4.4%、1.3%,等外 0.7%;中等以上的占 93.6%。千粒重平均值为 44.8 克,变幅为 31.1~56.9。硬度指数平均值为 62.2,变幅为 37.7~74.1。不完善粒含量平均值为 8.6%,变幅为 0.4%~74.7%,明显高于正常年景,其中,不完善粒率在 10% 以内的比例为 76.1%、在 10%~20% 的为 14.9%、在 20% 以上的为 9.0%。据调研,2016 年河南小麦品质下降的主要原因是小麦生长期天气不利及收获期大范围降雨导致。总体来看,河南收获小麦的平均质量是呈上升趋势的(见表 6)。

表 6　2013~2016 年河南省小麦品质

年份	三等及以上比例(%)	容重均值(克/升)	水分(%)	不完善粒总量(%)	硬度指数
2013	91.00	773.0	12.2	8.4	59.0
2014	97.20	783.3	11.8	5.3	60.5
2015	95.60	789.2	11.4	5.8	60.4
2016	91.20	775.0	12.7	9.9	60.3

资料来源:《河南省收获小麦质量品质报告》。

另外,与国内其他主产省对比看,河南省小麦营养品质和加工品质的主要指标居全国中上等水平,籽粒蛋白质含量和主要营养品质指标不低于其他省份。有资料显示,河南省现有小麦品种(系)中适宜加工中筋粉的小麦品种占 75%,适宜加工优质面包的强筋粉小麦品种约占 20%,但弱筋粉小麦品种不足 5%,主要集中在豫南部分地区(见表 7)。

表 7　2013~2016 年河南省小麦加工品质

年份	降落数值(秒)	粗蛋白质(%)	湿面筋(%)	稳定时间(分钟)
2013	246.8	15.30	32.70	5.2
2014	371	13.20	28.80	5.6
2015	338	14.50	30.30	6.7
2016	342	12.20	31.00	5.9

资料来源:《河南省收获小麦质量品质报告》。

（三）河南小麦市场竞争优势分析

综合河南农业资源优势的分析结果表明，河南省在我国主要的小麦产区中具有适合小麦生产发展的区域优势。在市场竞争优势中，小麦的成本和价格是决定其市场竞争力的两个直接因素。如果不考虑库存、加工、运输、销售等中间环节费用，其价格竞争优势主要由其生产成本决定。因此，不同地区的小麦成本的高低在很大程度上决定了其是否具有价格竞争优势。在整体品质高出全国平均水平的情况下，河南省小麦产量大、成本相对较低，价格具有很强的竞争力，再加上地处中原，到全国各地产销区的运输条件均相对顺利，使得河南省产小麦受到其他省份的青睐，如陕西、四川、河北、山东等。

（四）河南省小麦需求前景分析

随着我国社会经济的发展，人民生活水平的不断提高，饮食习惯逐步从传统向现代化、科学化方向发展，各种优质高档、食用方便即食的精制食品如面包、蛋糕、饼干等需求量增长很快，这就使得以面粉为原料的各种精制面食和各式各样的方便食品、保健食品及营养食品的生产和消费迅速增长，国内粮食和食品加工企业对优质专用小麦原料的需求随之不断增长。基于此，从小麦品质状况和未来需求看，高品质的小麦特别是优质专用小麦，在食品工业中的需求将呈稳步增长态势。

从当前国内小麦供需状况看，近年来国内小麦产量保持在较高水平，而随着饲料小麦用量的大幅下降，我国小麦市场供需整体宽松，库存继续保持在历史较高水平。但不可否认的是，市场的宽松更多表现为普通小麦市场，而优质专用小麦供应偏紧的格局并没有实质性的改观。据中华粮网数据，2015/2016年度，全国小麦供求结余量为1730万吨，2016/2017年度小麦供求结余量为1315万吨，结余量虽较上年度下降，但库存水平仍处于较高位置。在我国小麦库存中，普通小麦占绝大多数。据测算，当前国产优质强筋小麦总产量估计在350万～450万吨，市场需求量则在600万～800万吨。从国产优质强筋小麦供需状况看，除了2015年国产优质强筋小麦新增供应量较大外，2012～2014年均存在新增供应量不足的问题。由于国内优质专用小麦产不足需矛盾突出，随着需求的稳步增长，很容易导致其供应紧张与价格持续上涨的局面出现。这也从近年来优质强筋小麦进口量较大并成为常态得到了印证。从这一供需格局分析看，河南产小麦的品种优势、成本优势、品质优势等都较为明显，在国内市场上具有较强的综合竞争优势。

三、河南省小麦生产及产业化发展形势分析

（一）河南小麦生产及产业化发展现状

1. 优质小麦种植比重增加，产业化发展迅速

河南省小麦种植在保证总面积平稳增加的背景下，以"优质化、专用化、多样化"的市场需求为导向，对小麦生产结构实施大规模调整，通过更新品种、规模种植、产销衔接等措施，在不同生态区域种植不同类型的优质专用小麦，使优质专用小麦生产快速发展，取得了显著成绩。主要表现在：

（1）优质小麦主导品种逐步明确，种植面积迅速扩大。根据"专家推荐、示范鉴定、市场引导、企业确认"的原则，河南省已初步评价和确定出了适应不同生态条件、不同产量水平、不同加工用途需要的强、中、弱筋配套的优质小麦品种群，一些品质好、产量高、适应性广、市场竞争力强的优质小麦品种面积增幅较大。据河南省政府发布的《关

于印发河南省推进优质小麦发展工作方案（2017～2018年）》通知要求，到2018年，河南将力争全省优质专用小麦生产面积发展到1200万亩，其中优质强筋小麦950万亩，优质弱筋小麦250万亩。

（2）优质小麦区域化布局渐趋合理。根据各地自然资源、生态条件、土壤质地和品种品质性状表现，河南省已初步形成了豫北、豫西北地区土壤质地偏黏、肥力水平较高、小麦全生育期尤其是抽穗后降水量偏少、光照相对充足的强筋小麦种植区，豫南淮河沿岸中低产沙土地及稻茬土区的弱筋小麦种植区，豫中、豫东和豫东南、豫西南以中筋小麦为主、兼种强筋小麦的种植区，而根据《河南省推进种养业结构调整专项行动方案（2016～2018年）》要求，河南省将结合实际，紧紧围绕优质专用小麦发展，在稳定小麦种植面积的基础上，坚持市场导向、适应性种植、比较优势的原则和布局区域化、经营规模化、生产标准化、发展产业化的基本思路，积极推进小麦品质结构调整，重点发展优质强筋和优质弱筋小麦，并形成专种、专收、专储、专用和经营规模化、产销加一体化的产业格局，进一步提高小麦供给质量和供给效率。

（3）推行单品种集中连片种植8个县（市）试点，推进"经营规模化"。2016年以来，河南省农业部门按照布局区域化、经营规模化、生产标准化、发展产业化的总体思路和专种、专收、专储、专用的实现路径，采取试点先行、以点带面、稳步推进的方式，在稳定小麦面积的前提下，积极发展优质强筋、弱筋小麦，取得了初步成效。从3个麦区筛选滑县、永城市、内黄县、浚县、延津县、濮阳县、淮滨县、息县8个县（市），开展优质专用小麦发展试点示范，提高产业集中度。8个试点县以统一供种为抓手，依靠基层政府和组织，发动规模化经营主体，整村、整乡开展单品种规模化种植，形成千亩以上单品种片区140个，万亩以上的单品种片区62个，落实种植优质专用小麦230万亩。河南省将进一步推动优质专用小麦的规模化种植力度，继续提升河南小麦产业发展水平。

2. 河南小麦加工产业化发展较快

（1）面粉加工能力进一步提高。河南小麦粉产能及产量均位居国内第一。其中，据河南省粮食局数据显示，全省小麦粉产量占到全国的32%，小麦加工业年加工转化能力、年产量均居全国同行业首位。河南省小麦产业化经营取得了较快发展，培育和发展了一批加工型、流通型、专业市场型龙头企业。河南小麦加工能力进一步提升，制粉产业的快速增长成为国内小麦加工消费快速增长的重要推动力量。

（2）食品生产、深加工优势明显。作为农业大省，河南省的食品产业于2015年首次突破1万亿元大关，居全国第二位。随着河南食品产业规模的不断做大做强，食品产业已在河南省产业格局中占有举足轻重的地位。一是食品生产经营主体众多，全省食品生产和经营者近50万家，其中获证食品生产企业近9000家，有各类食品经营单位36.8万户，餐饮服务单位12.2万户；二是食品经营业态多样，既有农贸批发市场等传统业态，也有现代物流配送、网络销售等新兴模式；三是农产品生产关联度高，全省农副产品加工业已占食品工业总产值的六成。从食品加工来看，河南已逐渐发展形成了初具规模、较为完整的现代食品工业体系，从"中原粮仓"逐渐成为了"国人厨房"。据统计，河南省粮食及肉类加工能力位居全国第一，其中面粉加工能力居全国之首；火腿肠、味精、面粉、方便面、挂面、米面速冻制品等产量均居全国第一。

（二）河南省的小麦生产及其产业化发展存在的问题

受经济水平发展影响，河南省小麦产业发展基本上仍局限于原料与初级产品的生产加工，劳动生产效率、单位投入比较收益率等相对较低，并导致了产业各主体市场竞争中难以分享应有的市场交易利益，河南从"小麦大省"向"小麦强省"的转变仍面临一些因素制约。

1. 当前河南省小麦生产存在的主要问题

（1）种植品种多、乱、杂。在河南省的小麦种植中，优质小麦多、乱、杂现象明显。据调查了解，个别县种植的小麦品种就多达几十种，类型涵盖强筋、中筋、弱筋等类型，而且形不成规模化生产，企业也无法实现规模化、单一化收购、加工。

（2）农村家庭种植效率低，收益少。虽然河南省小麦产量、面积都居全国第一位，但仍主要是以家庭农户为单位，大多种植户处于自发自流、无计划的状态中，很难形成一村、一乡、一县一个优良品种连片规模化种植，不能做到统一品种、统一管理、统一收贮，优质小麦的数量和质量得不到有效保证，不利于形成产业化，在市场上也缺乏竞争力，造成了劳动效率不高、农户收益下降、农民对小麦生产的积极性下降等情况。

（3）小麦生产科技含量低、品质不稳定。河南是劳务输出大省，农村以种地为生的以老弱妇孺为主，这部分群体接收信息相对闭塞，缺乏商品和市场意识，再加上又是分散管理和经营，实用技术得不到及时推广应用，使得河南省的小麦生产科技水平总体仍偏低，农民的投入和产出比也比较低。长期以来，这种较低生产技术水平下实现的高产稳产，是以水资源的严重浪费和土地的掠夺式开发为代价的。在观念上农民生产过程中只求产量，不求质量，使得产品商品质量较差，优质率和商品率低下，优质小麦品质不稳定，长期以来小麦生产的目标主要在主攻产量上，忽视了对小麦品质的改良和优质高效配套栽培技术研究，致使商品小麦品质特别是加工品质普遍较差。造成河南省优质小麦品质不稳、波动大，商品价值低，阻碍了河南小麦产业化的发展。

2. 河南省小麦市场化存在的问题

（1）小麦市场体系尚不健全，产销存在一定脱节现象。尽管随着土地流转的增多，种粮大户或合作社发展较快，但华北主产区小麦总体上生产和销售仍未达到有效衔接状态，缺乏相应的生产组织和管理措施。由于农民种粮收益大部分用于维持一家人正常的生活，所以造成农民一般只根据上年小麦的收成来决定种什么、种多少，根据当年收成情况和贸易商（大多是经纪人）的开价决定是否销售。从这一方面来看，生产盲目性较大，再加上在很大程度上生产者的利益往往被经营者控制，也使得种植户大多缺乏必要的市场竞争意识，不注重商品质量，不信守订单合同，也影响着小麦产业的发展。

（2）小麦产业链各环节存在一定的不衔接现象。从广义上讲，小麦产业链包括小麦选育—繁种—推广—生产—收购—贮存—面粉加工—食品加工—销售等环节。但从当前河南省小麦产业发展情况看，也包括整个国内小麦产业，都存在着各环节之间和各环节内部不够协调的问题。其中，小麦从生产到被消费的有机整体被人为地分隔成农业生产、粮食收购、储备、面粉和食品加工等，特别是在有托市收购以来，政策在市场购销中发挥着主导作用，使得政策调控和市场化进程存在一定的不协调状况；面粉企业为适应广大消费者需求，生产专用食品的面粉需要大量优质小麦原料，而与之相关的农业生产和粮食收储企业还处于转型期，对市场的反应迟钝，如从种植环节看仍以生产高产但品质较低的小麦为主，粮食收储企业收购小麦大多仍然采用红麦、混合麦和白麦的分级标准，已经不适合面粉加工企业对小麦原料的要求。

3. 河南省小麦加工业存在的问题

（1）小麦资源有效利用较低。河南省小麦资源虽然丰富，但有效利用还存在一些问题：一是小麦转化增值能力低，资源优势没有变为应有的经济优势。如多数小麦制品只是经过简单的初加工就投入市场，而进一步深层次的加工数量所占比重较少，多层次开发更多的产品则更少。二是因部分加工原料品质欠优，影响了加工业发展和资源的有效利用。当前河南省小麦品种虽多，但并非所有品种都完全适合加工和市场需求，如缺乏加工成高档饼干、糕点等需要的优质弱筋专用小麦品种。三是加工产品科技含量低，副产品综合利用较差。

（2）小麦产业化水平较低，产品结构不合理。从内部原因看，河南小麦产业化存在的主要问题包括：一是企业经营规模大多较小，产品质量相对较低，在"麦强面弱"的市场格局下，大多数中小型加工企业经营压力较大。二是产业化水平较低，加工企业、生产基地、农户之间尚未形成高效率的产销利益体系。三是小麦产品结构仍不合理。加工企业低档、低附加值、低价格产品占比较大，高品质、高附加值、市场认可产品虽然呈现增长态势，但比重仍相对较少。

（3）产能过剩、竞争激烈，制粉企业平均利润较低。在当前国内小麦市场形势下，原粮价格多由政策性定价支撑，而成品粮的价格则多由市场形成。受托市收购和拍卖政策影响，小麦价格连年上涨，且涨幅高于面粉，对制粉企业的成本压力较大，"麦强面弱"现象长期存在。据监测，自2006年河南省启动小麦最低收购价政策以来，小麦最低收购价格从0.68元/斤涨到1.18元/斤，涨幅达73.5%；而同期面粉平均价格涨幅仅为40%，企业的利润空间受到严重挤压。

应当看到，小麦的生产、收购、加工以及面粉的销售是一个完整的产业链，如今"麦强面弱"的市场格局不仅在河南省存在，在全国范围内同样存在，说明产业链上的一些环节出现了问题，也说明面粉企业当前的经营困难并不仅仅是原料价格上涨造成的。从根本上说，面粉加工能力严重过剩是行业弱势发展的主要原因，企业间同质化竞争严重，产品结构单一、附加值低，缺少市场认可的拳头产品，从而造成市场竞争力也相对较弱。

四、促进河南小麦产业化发展的政策建议

推进河南小麦市场化、产业化发展，对提高河南省小麦产品质量档次、提高产品竞争力非常有利，具有良好的经济和社会效益。河南省小麦市场及其产业化发展正面临着机遇和挑战，河南省政府于2016年制定了"十三五"农业发展规划，其中很多涉及小麦生产及市场方面的措施与建议，对河南省小麦市场及产业化发展提出了新的要求。如小麦产业化经营应以优质化、专用化、多样化的市场需求为导向，以增加农民收入为目的，实施区域化种植、规模化生产、产业化经营，达到优质与高产并重、质量与效益并举、生产与加工结合，以加工带动种植业结构调整，逐步形成不同区域、各具特色的优质小麦生产和加工格局，使河南省的小麦资源优势真正转化为加工优势、市场优势、产业优势，最终促进河南小麦市场及产业化的全面发展。

（一）建立优质小麦生产基地，发展规模效益

为实现河南小麦生产快速发展、提高市场竞争力，提高小麦的内在品质、降低生产成本是必由之路。而要实现上述目标，最切实可行的途径就是逐步实现优质小麦生产的规模化、区域化和专业化，建立优质小麦生产基地，实现品种、栽培技术的规范统一化和商品粮生产的规模化。河南省"十三五"农业规划中提出，"以推进农业供给侧结构性改革为主线，以发展优质小麦"，"小麦生产及行业发展以提高质量效益和竞争力为中心，粮食综合生产能力达到 650 亿公斤左右，符合企业加工标准的优质专用强筋、弱筋小麦发展到1200 万亩以上"，"以粮食生产核心区 95 个县（市、区）为重点，巩固和提升粮食产能，重点抓好小麦、水稻口粮作物生产，稳定面积，优化结构，集中打造 6369 万亩平均亩产超吨粮的高标准粮田，重点建设豫北优质强筋、沿淮优质弱筋小麦基地"。

发展小麦规模经营，能够获得规模效益，也能够促进生产的分工协作，有利于先进的农业科学技术的推广应用。根据农业区划研究成果，河南省各地市根据优质小麦的分布状况，按照适当集中、规模发展的原则，把千家万户无序的小生产转变为有规划、有组织的规模生产，从而提高小麦的产量和品质，降低成本，发展规模效益。

（二）搞活小麦生产流通，建立健全市场体系

1. 应大力发展订单农业

利用市场手段和利益纽带，通过签订种植、收购合同，提高订单农业履约率，真正实现优质专用小麦的规模化、产业化经营。一方面，要鼓励和支持国有粮食购销企业、龙头企业和农民联合经营，形成生产、加工、销售一体化共同体。另一方面，应支持符合条件的粮食生产、加工、饲料和产业化的龙头企业参与期货市场，利用期货市场套期保值，避免市场风险，可以有效降低成本，提高效益，促进企业向规模经济发展。

2. 应加快粮食质量标准和检验监测体系建设

根据小麦质量升级、发展产业化和进出口贸易的需要，制定适应市场需要、利于市场竞争，既符合省情又与国内国际接轨的生产及加工制成品的质量标准体系、检测体系和绿色食品、卫生标准及定期预报体系，建立小麦品质评价和测报网络，为小麦育种者、种植者、加工者和消费者提供品质评价和动态监测服务，以增加小麦生产的预见性，降低市场风险。

3. 应建立健全小麦市场信息服务平台

河南省政府制定的"十三五"农业发展规划提出，建设农业综合信息服务平台，采集、分析、发布小麦重点农产品全产业链数据，初步形成农业大数据基础资源池。基于此，整合信息资源，开展对全省、全国乃至全球小麦育种、生产、加工、贸易等有关基础数据和信息的收集，建立小麦资料库、数据库，建立小麦鉴定、评价、测报网络，动态检测小麦品质，了解国内外小麦市场动态，沟通育种、生产、加工、贸易信息渠道，从而搭建全省小麦咨询决策系统，为小麦品种选育、示范推广、收购贮运及加工转化和领导决策提供参考，为全省小麦资源的开发和转化服务，切实变小麦产业发展中的盲目性、无序性为科学性、有序性。

（三）加大对小麦产业化发展的支持力度

尽管从当前看，我国粮食安全形势总体较好，但面临的问题也不容忽视，粮食安全工作尚存短板，也有一些地方出现放松粮食生产、忽视粮食流通、过度依赖中央等问题。在

粮食安全省长责任制考核全面实施的形势下，各级政府应积极转变职能，强化为农民服务的意识和对农村社会化服务体系的宏观管理和指导职能，有效降低农产品生产成本外支出，并在技术、资金以及产前、产中、产后等服务环节给予大力帮助和支持，使河南小麦产业兼备比较优势和竞争优势，逐步走上持续、健康的良性发展轨道。

在具体的政策支持措施上，应重点支持：一是加大优质小麦生产基地建设政策支持力度。优质小麦生产基地建设首先必须做好优质小麦品种选育工作，政府应对科研单位进行补贴，建立优质小麦品质测试中心，建立优质小麦育种、测试专项基金。二是加大优质小麦加工基地建设政策支持力度。新产品开发、科技进步等专项资金要向其倾斜，要继续发挥银行信贷资金渠道作用，支持河南小麦就地加工与转化。

（四）优化产品结构，大力发展精深加工

1. 优化产品结构，打造河南专用面粉品牌

河南省内小麦加工产品大多为普通民用面粉，尚不能有效满足食品行业发展的要求。结合河南省优质小麦产业化发展形势需要，应积极扶持有专用粉生产基础的大中型加工企业，根据省内外专用粉市场开发生产适销对路的专用面粉，争创名牌产品，提高产品附加值，从而也带动优质小麦发展。

2. 巩固发展面制食品加工业，扩大产品影响力

利用现有河南省面制食品加工业优势，大力发展方便面、面条、速冻食品等，提高小麦产品转化能力；扶持河南省内较大的食品加工企业，对面包、馒头、挂面、方便面、速冻食品及其他面食制品花色品种进行开发，改进生产加工工艺，形成规模化加工。

3. 拓宽小麦应用范围，形成小麦产业开发群体

要全方位开发小麦的多种应用价值。一方面，在继续发展小麦淀粉和谷朊粉生产技术、味精生产技术、汽油醇生产技术、小麦啤酒生产技术等的基础上，进一步开发小麦的其他用途；另一方面，积极探索小麦加工产品和副产品的利用途径。

4. 培育龙头企业，进一步强化品牌战略

根据河南省小麦加工高档产品少、名牌产品少、带动能力弱的客观现实，应全力实施龙头企业振兴工程，培育壮大一批龙头企业。其中，以粮食购销企业为龙头，建立商品粮生产基地模式；以粮食加工企业为龙头，建立加工原料生产基地模式，培育、扶持一批规模较大、经济效益较好、带动能力较强和产品具有市场竞争优势的龙头企业。

河南省政府制定的"十三五"农业发展规划提出："围绕河南农业这个品牌，立足区域特色和优势产业，积极推进标准化生产和农产品品牌认证，培育延津小麦等区域特色品牌。支持龙头企业申报和推介驰名商标、名牌产品，积极引导企业创建自有品牌，支持双汇、思念、众品、好想你、白象、雏鹰、牧原、大用、永达、华英、花花牛、科迪、伊赛等知名品牌建设，增强企业品牌影响力。"因此，加快实施品牌战略，靠名牌和精深加工产品开拓市场，靠市场拉动加工企业发展，靠加工带动优质小麦规模化、集约化生产，实现优质小麦的产业化经营水平，才能吸引市场、占有市场、稳固市场。

2016 年小麦市场分析及 2017 年展望

一、2016 年小麦市场回顾

（一）2016 年小麦市场走势综述及市场特点

2016 年小麦市场走势综述及市场特点如图 2、图 3 所示。

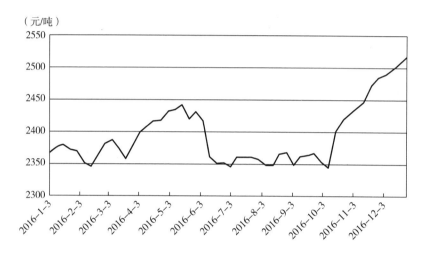

（元/吨）

图 2　全国小麦现货均价走势

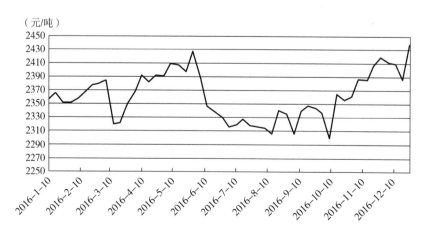

（元/吨）

图 3　河南小麦现货价格走势

国内小麦市场（包括河南小麦市场）从 2015 年麦收开始价格持续低迷，2016 年 3 月起麦价回暖，新麦上市初期，陈麦价格有所下滑，第三季度新麦价格基本以弱势震荡为主，10 月以来麦价迅速攀升，价格居高不下（见图4）。

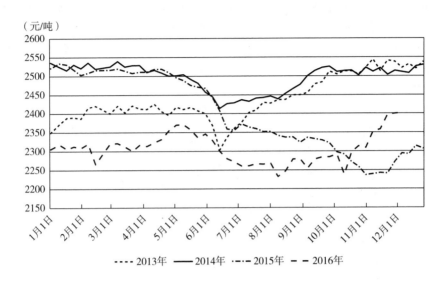

图4 2013 年以来历年国内小麦均价走势

从 2013 年以来的历年价格走势来看，年末价格虽反弹高于 2015 年，但仍远低于 2013 年及 2014 年同期价格，此外全年中的大部分时间国内小麦价格均低于前几年同期水平。

（二）2016 年国内小麦供需形势

我国小麦播种面积的变化主要是由小麦种植的比较收益决定的，影响小麦比较收益的因素如国家政策、小麦价格、本年种植的成本收益、主要竞争作物种植收益等都会通过影响农民的种植意愿而最终影响中国小麦的播种面积。受油菜、棉花等种植收益下降及小麦托市收购政策支撑等影响，2016 年冬小麦播种面积预计比 2015 年略有增加；但考虑到春小麦主产区面积下滑，综合判断 2016 年全国小麦播种面积预计 3.66 亿亩，与 2015 年基本持平。因小麦生长、收割期间不利天气影响，预计 2016 年全国小麦总产量约 11680 万吨（统计局数据为 12885 万吨），同比减 400 万吨，减幅 3.3%。

据国家统计局发布的数据，2016 年河南省小麦播种面积为 8198.5 万亩，比上年增加 60.0 万亩，增幅 0.7%；平均亩产量为 422.8 公斤，比上年下降 7.4 公斤，减产 1.7%；总产量为 693.2 亿斤，比上年减产 7 亿斤，减幅 1.0%。

2016 年小麦减产的主要原因有：小麦生长前期农业气象条件总体较上年差。2015 年麦播时间比常年偏晚 3~5 天，后期又遭遇强降温降雪，导致小麦个体生长发育较弱，分蘖偏少，亩穗数均有不同程度的减少。在小麦抽穗扬花和灌浆期，河南省有效光照不足，赤霉病较常年偏重发生，小麦灌浆受到影响。在小麦收获期，河南省遭受强降雨，影响小麦产量形成，小麦品相下降。5~6 月，河南省大部分地区连续降雨，不利于收割，部分地区小麦出现萌动，不完善粒偏高。

由于 2016 年产小麦局部品质下降，饲用量增加，带动 2016/2017 年度国内小麦消费量同比有所增长，但口粮、工业用粮基本保持稳定。预计 2016/2017 年度国内小麦消费量约 11400 万吨，同比增 440 万吨，增幅 4.0%。受比价因素影响，2016 年以来国内小麦进口量继续保持高位。据海关统计，2016 年 1～12 月中国累计进口小麦 337.43 万吨，比上年同期提高 13.5%。刺激小麦进口保持旺盛的主要原因：一是优质小麦需求持续增长。二是国内外小麦价差较大，上年底由于国内小麦市场优质粮源量少价高，且配额外进口出现利润。2017 年，国内小麦市场品种结构性矛盾仍将持续，国产优麦不优、有效供给不足以及托市价格高企使得进口优势凸显，并且小麦配额外进口出现利润，预计配额外小麦进口数量将继续增加。

虽然 2016/2017 年度国内小麦产量下降、饲料用粮有所增加，但因玉米价格低位运行，小麦饲料消费增长量有限，小麦供需整体仍有节余。综合预计，2016/2017 年度国内小麦总供给量约 12055 万吨，总需求量约 11415 万吨，年度新增节余 640 万吨，供需较宽松。后期需关注政策性小麦的投放情况、定价策略以及相关政策的调整情况（见表 8）。

表 8　小麦供需平衡表（7/6 月）　　　　　　　　单位：万吨

年份	本年供给			本年需求							本年余缺
					国内消费量					出口	
	产量	进口			口粮	饲料用粮	工业用粮	其他			
2016/2017	12055	11680	375	11415	11400	8400	1200	1200	600	15	640
2015/2016	12415	12080	335	10975	10960	8400	800	1200	560	15	1440
2014/2015	11935	11755	180	11780	11765	8500	1500	1215	550	15	155

资料来源：中华粮网 2016 年 12 月预估数据。

（三）2016 年第四季度起加工企业利润有所改善

我国面粉加工行业在市场竞争中不断转换升级并发展壮大，已形成一定规模的生产体系，发展势头平稳；但也面临着产能过剩、行业利润率低、产品结构单一、附加值低、竞争力不强等问题。行业的弱势发展促使竞争日益激烈，行业洗牌持续进行。

2016 年以来，国内面粉加工企业运营艰难。第一季度开始，因春节前面粉市场旺季不旺，行业整体盈利微薄，节后因市场可供粉厂使用的好粮供应偏紧，小麦价格持续高位运行，而麸皮价格却持续走低，3～4 月面粉企业开始陷入较大的亏损境地，很多厂家因此面临困境。进入 5 月以后，新季冬小麦陆续上市，终于熬到新麦上市了，大部分制粉企业都选择减少陈粮采购，压低开机率等到新麦上市后采购新麦制粉。随着新麦的陆续使用，制粉成本有所下调，在面粉需求淡季的背景下，制粉企业有下调面粉价格刺激成交的计划，且企业麸皮库存少刺激麸皮价格反弹，制粉企业加工利润预估较前期有所回升。

2016 年夏季以来，国内面粉市场在经历了 5 月下旬至 7 月中旬的大幅下跌以后，7 月下旬以来的价格基本止跌趋稳。7 月面粉正处于季节性消费淡季，制粉企业开工率不高，面粉需求下滑，采购积极性不高，面粉市场整体购销清淡。按往年惯例，夏季是面粉的淡季，一般到了 8 月下旬才会出现回暖的局面，今年的回暖似乎较往年提前了 1～2 周。进入 9 月，各大面粉厂为中秋节备货，均提高开工率，面粉产量增加，竞争激烈，各面粉企业为保市场均未上调面粉价格。中秋节过后，面粉企业开工率回调，但因节前大量备货，节后一段时间需要集中消化库存，面粉出厂价格暂时维持稳定。

国庆节后，面粉加工企业的开机率受面粉需求疲软的制约，进入传统低开机率的淡季状态。11 月以来，小麦价格稳中有涨，面粉、麸皮价格也随之上扬，尤其是麸皮市场利好叠加，"涨势汹汹"，加工企业盈利局面得到极大改善。随着小麦拍卖成为粮源市场的有效供给渠道，面粉加工企业粮源采购的选择性增强，但高质量粮源采购依然困难，尤其是专用粉市场需求在增长的压力。随着双节的临近，面粉加工企业备货季的到来使得其粮源采购升温，面粉加工企业小麦加工需求提升加快粮源消化进程，进一步提振加工企业的开工积极性；但面粉加工企业之间因产品结构以及规模不一，其经营情况也将延续分化态势。

（四）2016 年夏粮收购形势严峻

2016 年小麦收购于 9 月 30 日落幕，相比往年，今年的收购有以下突出特点：一是托市收购启动范围广、占比高，托市节奏"先慢后快"；二是收购总量创新高、托市收购同比大增；三是农户惜售心态明显减弱，麦价下行收益降低；四是主产区新麦质量参差不齐，麦价多轨道运行，不同质量价差大；五是新麦跨区域流通凸显，面企配麦降低成本较为普遍；六是各级储备粮轮入难度大、轮入成本高；七是多省出台应急收储措施，切实缓解农民售粮难问题。

2016 年全国小麦收购开局惨淡。新麦上市的前两个月，各市场主体入市收购心态谨慎，购销整体不温不火，收购进度较为缓慢。今年新麦收购进度同比偏慢的主要原因是：一方面是部分地区小麦质量偏差，不符合入库标准，大量的小麦被拒于政策性收购之外，托市收购吸纳能力受阻，收购节奏缓慢；另一方面市场主体对小麦后市仍然看淡，收购谨慎积极性不高，市场收购对新小麦的收购动力也普遍弱于往年。

进入 7 月以来，国内夏收小麦市场整体购销虽仍显得不温不火，但随着河北省、山东省启动托市预案，华北产区新季小麦收购正式步入了上量的高峰阶段，整个市场较前期的活跃程度有所提高。加之当时高温天气非常适合去除小麦水分，新小麦收购在前期落后于往年的前提下，收购步伐开始大幅追赶，价格也因此水涨船高，不断攀升。

随着新麦收购进度尤其是政策性收购进度的加快，主产区符合质量标准的小麦市场价格底部不断上移，并带动省际间、区域间流通量增加，其中山东、河北两省小麦外流量增大，但河南等地区小麦外销受阻，优麦和差麦购销格局、市场价格明显分化。

（五）质优质差小麦价差分明

受异常天气的影响，2016 年主产区部分地区小麦质量受损严重，尤其南方麦区小麦质量普遍偏差。由于各地小麦质量不一，各市场收购主体收购价格以质论价、泾渭分明。北方小麦价格上涨速度较快，而南方麦区市场价格重心却始终上行困难，南北小麦价格走向分化特征较为明显。由于华北地区小麦质量较好，在流通市场质优粮源数量下降较为明显的情况下，品质及价格差异导致小麦跨区域流通凸显，2016 年夏收主产区企业跨区域采购力度较大，河北省和山东省小麦外流数量增加。往年河北省、山东省用粮企业多从河南省、安徽省、江苏省等地采购小麦，而今年市场却出现了粮源"倒流"的反常现象。

2016 年夏收以来，相对于普通小麦价格的上行，优质强筋小麦市场则显得相对平淡，价格运行虽稳中维持坚挺，但涨势明显逊色于普麦。原因：一是普通小麦受到了国家托市收购的大力支撑，而优麦市场并没有政策的支持，价格的运行主要靠市场调节。二是主产区上年优质强筋小麦种植面积有不同程度的增加，尽管2016年夏粮小麦品质有所下降，但优质小麦受损较轻，且需求也较为稳定。三是我国优质强筋小麦受进口小麦影响较大，当前国际麦价处于低位，对国内强筋小麦市场影响利空。第四季度以来，在流通市场质优小麦粮源"量少难采"以及2017年最低收购价维持不变等因素提振下，山东省、河北省麦价领涨国内，价格不断刷新年内高点。虽然部分地区国家临储麦成交明显好转，市场有效供给能力增强，但因临储小麦投放区域及粮源品质难以有效满足用粮主体需求，质优粮源仍呈"高价难采"格局。

二、2017年小麦市场行情展望

（一）政策维护市场稳定的力度不减

小麦最低收购政策是影响我国小麦市场价格走势的关键因素，2006年小麦最低收购价政策执行以来，连续提高的最低收购价格不断推高市场价格。2017年小麦托市价格均保持在1.18元/斤的水平，为我国小麦市场定下了"价格稳定"的基调，也是农民种粮收益的保障。首先，我国农民种植规模小，存储条件差，小麦产品同质化严重，对市场价格完全没有议价能力，最低收购价水平是保障农民小麦种植收益的"底线"政策；其次，小麦等农产品季节性收获压力大，在小麦大量上市期，如果没有国家最低收购价政策支持，完全靠市场很难承受压力，价格只可能更低，农民种粮收益更无法保障。在整体经济环境不明朗、国际小麦价格及粮食市场行情低迷、农产品整体供需求面宽松的背景下，我国小麦连续丰收给市场价格形成不小压力，而近年最低收购价政策的执行，形成了有力的支持，总体稳定了我国小麦市场的行情。

综合来看，2017年最低收购价格能保持在高位水平而不降价，表明政策面在粮食供给安全、保护农民利益、维护市场稳定的政策导向，给市场明确了政策的预期。

（二）2017年国内外谷物供需形势及环境不利于价格持续走高

据国际谷物理事会（IGC）预计，2016/2017年度全球小麦产量达到7.49亿吨，远远高于上年度的7.37亿吨产量，处于历史高位水平，同时近年全球小麦库存居高不下，市场价格长期低迷，芝加哥期货交易所（CBOT）小麦期货2012年以来一直处于下跌通道，当前跌至近十年来的低点水平，且短期仍没有明显走强迹象。2016年11月下旬，美国美湾12月交货的美国2号软红冬小麦FOB价格为169.6美元/吨，合人民币1173元/吨；到中国口岸完税后总成本约为1715元/吨，比上年同期跌54元/吨。国际小麦价格相比国内优势明显，我国2016年进口量同比增加较多，在一定程度上对我国优质小麦形成压力，预计2017年这种形势将会延续。国内谷物市场形势同样不容乐观，受玉米临储政策取消及玉米供需求失衡影响，2016年我国玉米价格大幅下跌，市场预期2017年玉米市场仍难有较好的起色，在替代关系及市场传导的影响下，预计2017年国内小麦市场行情很难脱离谷物大环境而独立大幅走强。

（三）2017年我国小麦市场价格走势预估

综合分析来看，全球小麦市场产量与库存量均处于高位，国际市场价格低迷，国内谷物市场仍存在结构性、阶段性供需矛盾，我国小麦市场所处的大环境不容乐观。在国家推进农业供给侧改革的大背景下，2017年我国小麦市场价格整体呈现"上有压力，下有支撑"的区间波动走势。预计第一季度受春节需求旺盛影响，小麦市场价格保持强势，第二季度受库存、仓储企业轮换、新麦上市影响价格可能有所回调，第三季度在国家收购政策的支持下，小麦行情有望趋稳，产量和质量决定价格变化幅度，第四季度之后国家下一年度的收购及库存销售政策决定后期价格走势。

需要关注的是影响 2017 年小麦价格走势的主要因素有：2017 年我国小麦生长、天气及后期产量、质量情况，国家政策性小麦去库存策略与其成交情况，2017 年国家最低收购小麦收购执行情况，市场粮源及国家政策性粮源流通情况，国际及国内相关农产品市场行情走势等。

2017年河南省小麦市场分析及后市展望

一、2017年国内市场价格运行情况

2017年国内市场价格运行情况，如图5所示。

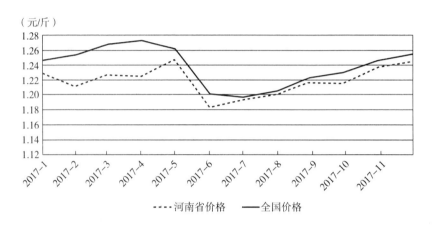

图5 2017年以来全国及河南省小麦均价走势

  2017年国内小麦价格整体呈现平稳走高态势。由于2016年产小麦通过托市收购途径进入国家库存较多，随着市场流通粮源的逐渐消耗，2017年1~3月，国内小麦市场供应呈现出区域性、结构性失衡特征，导致小麦市场价格持续小幅走高，尤其是河北、山东、河南北部等地，价格上涨至2015年以来的高位水平。4~5月，在各级储备企业陆续轮换出库、国家加大对托市小麦的投放力度以及面粉消费进入淡季等共同作用下，国内小麦价格总体止涨企稳，局部地区略有回落。6月中旬后，各产区新麦陆续上市，由于2017年最低收购价政策在6个主产省全部启动，加之小麦品质提升，受到加工企业、贸易企业的欢迎，收购市场较为活跃，新麦收购价格稳步走高。9月末托市收购结束后，市场流通粮源逐步减少，加工企业粮源需求不减，贸易企业看涨心理浓厚，导致市场麦价持续走高至近两年的高点。10月下旬，国家公布2018年小麦最低收购政策，首次下调了0.03元/斤，符合市场预期，政策对短期内的小麦市场价格影响有限，国内小麦市场继续保持坚挺态势。

二、国内流通环节

  2017年春节较早，春节前各地小麦市场购销基本结束，贸易商大多停止购销，部分制粉企业虽仍在开机生产，但也基本以消化库存为主。2月中旬以来，国内小麦市场购销

基本得到恢复。由于国内小麦价格持续高位运行，元宵节过后，市场普通粮源供给数量增加，局部麦价松动的现象也有所显现。3 月以来各地市场粮源十分有限，制粉企业采购途径基本以国家政策性粮源为主。自 2017 年新麦上市开始，各方主体收购心态积极，入市抢购优质粮源；随着小麦上市量增加及托市收购的启动，各方市场化的收购主体逐渐谨慎，收购热情降温，市场价格趋于平稳。进入 7 月，南方麦区新麦收购已步入尾声，新麦收购主要集中在河南省、山东省以及河北省。主产区新麦市场从 7 月以来已基本进入了一个相对平缓的时期，由于市场粮源逐渐减少，8 月以来收购高峰基本结束，市场小幅回暖。9 月受市场粮源减少、小麦价格上涨速度较快的影响，主产区小麦收购进度放缓明显，收购数量同比下降幅度加大（见图 6）。

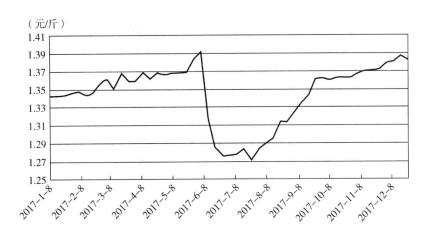

（元/斤）

图 6 河南省主要优质麦品种均价走势

三、政策粮拍卖情况

受节假日以及储备粮轮出挤占需求等因素影响，前两个月小麦拍卖成交呈现"量降价跌"格局。3 月起成交率回升明显。但投放粮源基本集中在南方产区，河北省及山东省投放量明显不足。从每周交易情况看，成交量始终保持在近三年来最高水平。

由于 2017 年主产区新麦质量明显好于上年，且价格又具有优势，陈麦需求不仅不断下降，而且价格下跌幅度较为明显。由于新小麦市场价格较拍卖价格具有明显优势，贸易商和面粉加工企业已不再依赖小麦拍卖而是转向集中采购新麦，小麦拍卖周度成交情况持续下降，部分区域已出现流拍。2017 年以来，河南省最低收购价小麦拍卖成交率第一季度不断走高，随着新麦逐渐上市量增加，成交率迅速下滑（见图 7）。

面粉加工企业新麦使用量不断增加，陈麦市场需求持续萎缩，新麦成为粮源供给主渠道。随着新麦后熟期的结束，面粉加工企业对新麦使用量继续增加，月内每周临储小麦拍卖成交量均较低，说明市场对陈麦采购意愿仍然较弱。整体来看，7~10 月临储拍卖成交率维持"冰点"附近波动。

由于流通市场新麦粮源偏紧且价格处于高位，11 月起小麦竞价交易回暖明显。由于市场价格依旧处于高位，河南中南部等地拍卖粮到厂成本已经与当地普麦进厂价格持平，面粉企业参与临储拍卖的积极性提高，小麦竞价交易继续回暖。随着新陈小麦价格的渐趋接轨，国家临储小麦成交增加将会在一定程度上缓解市场的供需矛盾。但后期若售粮小高峰来临，储备轮换开始，则会对拍卖市场成交情况造成一定影响。

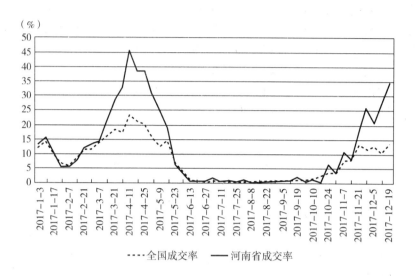

图 7　2017 年以来托市小麦拍卖成交率（截至 12 月 19 日）

四、市场收购情况

新麦上市初期，制粉企业及贸易商收购基本占据主流，前期轮出数量较大、需要政策性补库的企业收购积极性也较高；第三季度开始，小麦收购进度整体来看先快后慢，收购进度逐渐减缓，并最终慢于上年同期。8 月以来托市收购进度减缓，江苏省、安徽省已经进入尾声，河南省、河北省、山东省虽然尚有进度，但数量在不断减少。新麦上市收购 3 个多月，市场粮源逐渐减少，手中还存有余粮的农户和贸易商挺价惜售心理明显。从 9 月开始，由于小麦上涨速度较快，大部分最低价收购企业实际上已停止了收购。10 月以后，主产区小麦政策收购全部结束。国家粮食局发布数据显示，截至 9 月 30 日，河南省收购2304 万吨，同比减少 51 万吨。截至 9 月 30 日，2017 年河南省共收购最低收购价小麦1214 万吨，比上年减少 171 万吨。

五、加工环节

受国内食品质量要求严格以及面粉加工企业经营成本高等因素制约，面粉加工企业遭受"两头挤压"格局，其开工率保持低位以维持下游市场需求，需求端产品销售结构以及供给端粮源"量质"结构的分化导致结构性失衡叠加效应增强，面粉加工企业粮源采购质量与价格控制较为严格，低开工低利润仍将持续。第二季度开始由于国内面粉市场消费步入淡季，需求疲软使得面粉市场价格面临较大的下行压力，面粉加工企业开工率呈现降低态势，中小型面粉加工企业因处于亏损格局选择停机观望，部分面粉加工企业为了增加销量、抢占市场被迫下调面粉价格。同时，养殖业恢复不如预期，饲料终端需求一般，麸皮需求并未大幅转好。综观麸皮市场，实质性市场利多因素较弱（见图8）。

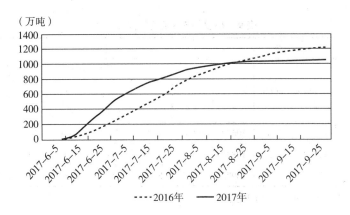

（万吨）

---- 2016年 —— 2017年

图8 河南最低收购价小麦收购进度比较（截至 2017 年 9 月 30 日）

第三季度面粉消费逐渐由淡季向旺季转换。7 月面粉正值传统消费淡季，加之夏季气温较高，面粉不易储存，制粉企业开机率较低。国内面粉市场在经历了 6 月和 7 月两个月的大幅下跌以后，8 月基本止跌趋稳。西北、东北已经进入备货期，面粉市场将逐渐转旺，后期厂家提涨心理较大，冀鲁地区大型面粉企业已经领涨，学校开学以及季节性面粉需求拉动面粉企业增加开机率，进一步刺激备货热情。9 月国内面粉市场走货情况较好，需求好转及原粮采购成本增加提振面粉市场价格。面粉加工企业新麦采购成本增加加大其成本压力，区域间面企面临的粮源采购压力不一，面粉加工企业优质小麦采购难度较大。

进入 10 月后，面粉消费旺季逐渐结束。托市收购结束后，小麦市场价格继续维持坚挺，制粉企业订单比较少，需求没有拉动，面粉销售缓慢，企业经营利润压力迫使减量生产，开工率明显提升不易。11 月后，随着国内新麦市场价格重心整体上移，面粉加工企业粮源加工成本趋增，而下游面粉市场需求量较为平稳，面粉加企业出货情况一般，制约面企开工率提升，面粉加企业面粉面临的提价压力较大。12 月国内新麦市场价格继续上移，高位企稳，面粉加工企业粮源加工成本高企，对面粉价格形成支撑，但市场流通粮源供应继续偏紧，小麦加工企业开机率受限，面粉价格整体以稳为主。面粉加企业在保证粮源质量满足食品安全要求的情况下，将会尽量降低粮源采购成本或通过不同品质小麦搭配降低成本。

六、小麦市场供需平衡分析

预计 2017 年全国小麦总产量将达到 12210 万吨，同比增加 220 万吨，增幅 1.83%。其中冬小麦产量约 11550 万吨，同比增加 205 万吨，增幅 1.81%；春小麦产量基本稳定，约 660 万吨。从消费看，预计受小麦饲料用粮明显回落影响，2017/2018 年度我国小麦消费量同比将略有减少。预计 2017/2018 年度国内小麦消费量约 10655 万吨，同比下降 160 万吨，降幅 1.48%。其中，口粮消费 8275 万吨，同比增加 50 万吨；饲料用粮 750 万吨，同比下降 200 万吨；工业用粮 1100 万吨，其他用粮 530 万吨，均基本稳定。受国际小麦长期低于国内小麦 400 元/吨以上影响，近年来我国小麦进口量持续保持高位。预计

2017/2018 年度我国小麦进口量将继续保持高位，约 350 万吨（见表 9）。

表 9　小麦供需平衡表（7/6 月）　　　　　　　　　　单位：万吨

年份	本年供给		本年需求							本年余缺
				国内消费量						
	产量	进口			口粮	饲料用粮	工业用粮	其他	出口	
2017/2018	12560	12210	350	10670	10655	8275	750	1100	530	15	1890
2016/2017	12415	11990	425	10830	10815	8225	950	1100	540	15	1585
2015/2016	12705	12370	335	10975	10960	8400	800	1200	560	15	1730

资料来源：中华粮网 2017 年 12 月预估数据。

总体来看，预计 2017/2018 年度国内小麦总供给量约 12560 万吨，总需求量约 10670 万吨，年度新增节余 1890 万吨，国内小麦供需保持宽松格局。

七、后期小麦市场展望

2018 年最低收购价政策仍将主导国内小麦市场价格运行。由于国内小麦供需格局预期转变为基本平衡，供求关系短期还不会成为小麦价格选择方向的决定性力量，国内小麦价格仍会围绕最低收购价水平上下波动。具体来看，预计 2018 年春节前国内小麦市场价格将继续保持强势状态，3～6 月各级储备轮换出库增加，制粉需求进入淡季等因素或将导致小麦价格出现回落。6 月新麦上市后，受托市价格水平下调影响，部分产区可能不启动托市收购，预计政策性收购量将减少，市场收购量增加，新季小麦价格围绕托市价格上下波动。后期市场运行受小麦产量、品质、政策性拍卖定价策略等的影响较大。主要原因：一是小麦供需形势短期未发生大的改变。我国口粮消费总量相对稳定，但消费结构持续改善，决定了小麦消费总量将继续增加，优质麦消费量加速上升，普通麦消费量稳步下降。供给方面，国内小麦总产量仍将保持在较高水平，但继续大幅增加空间有限，同时供给结构将持续优化。二是随着"市场定价"导向的逐渐明确，中长期"政策市"特征将逐渐减弱，在市场机制逐步发挥主导作用的影响下，国内小麦市场波动频率和幅度将增大。三是国内小麦库存充足，而销售进展缓慢，后期去库存压力较大，库存居高不下将对小麦市场起到明显的抑制作用。四是国际小麦市场对国内市场将继续形成一定的牵制。当前全球小麦供需面宽松，价格低迷，但在现行关税制度下，进口小麦占国内总消费量比例不大，所以国际市场短期对国内市场的价格传导压力有限。

安徽省小麦生产形势、存在问题及建议

一、小麦产需形势

2018 年安徽省小麦播种面积为 4146.3 万亩①，播种面积较上年增加 400 万亩左右。面积增加区域主要为淮河以南的稻茬麦区包括淮南市寿县、六安市霍邱县、滁州市天长等。2018 年小麦单产据初步调查，亩产较上年减产约 100 公斤，较常年减产 50 公斤左右，是 2010 年以来产量最低的一年。全省平均产量为 330 公斤左右，总产约 135 亿公斤，与上年统计数据相比略减。小麦品质、籽粒饱满度、容重总体较上年下降。全省三等以上小麦占 60%～70%，沿淮部分麦区和淮河以南麦区小麦不完善粒超标，其中沿淮麦区小麦穗发芽较为严重。从有效供给看，2018 年符合国家收购质量标准的小麦数量显著降低，全省达标小麦收购量估计要比上年减少 40 亿公斤以上。优质小麦生产面积有所上升，主要是优质强筋小麦如新麦 26，部分地区也发展了一批优质中筋小麦如烟农 999、荃麦 725 等。从小麦需求看，面粉加工企业预测到小麦歉收，对符合质量标准的小麦有较强需求，趁国家最低保护价收购未全面实施、市场小麦价格偏低时，大量收购符合质量的新麦。

2018 年小麦单产大幅度降低主要是由严重的自然灾害造成，尽管政府和农民积极防灾应灾，减轻了部分损失，但由于多灾多难，小麦单产减幅度仍然较大。

小麦播种时遇连阴雨。9 月 19 日至 10 月 5 日和 10 月 10～18 日出现两段连阴雨，主要集中在江北，导致沿淮淮北小麦主产区迟播半个月，且整地质量差。

播后 11 月淮河以北、江淮东部干旱，降水量不足 10 毫米，土表墒情差，影响小麦出苗。12 月沿淮淮北及江淮之间北部干旱持续降水不足 10 毫米，较常年偏少六至八成，影响小麦冬前壮苗形成，冬前分蘖少，生长量不足，总体苗情差。

1 月全省平均气温较常年同期显著偏低 1.0℃，影响了小麦冬前生长，1 月 3～7 日和 23～28 日出现两段大范围低温雨雪过程，具有覆盖范围广、降雪强度大、积雪深度深、过程气温低的特点。1 月 23 日至 2 月 6 日安徽省维持低温冰冻天气，呈现气温异常偏低、低温日数多、积雪持续时间长等特点。持续低温冰冻天气导致部分地区冬小麦出现轻度冻害。

---

① 数据来源于《省种子管理站品种推广面积统计》。

3月平均气温异常偏高2.7℃，为1961年以来同期最高；异常高温加速小麦生长和两极分化，既影响春季小麦分蘖成穗，又加速小麦穗分化，造成小穗数减少。3月21日和22日早晨安徽省北部出现晚霜冻对小麦生长不利。

4月全省平均气温为17.7℃，较常年同期异常偏高1.8℃，为1961年以来第4高，生育进程进一步加快，营养生长和生殖生长同时不足，穗数、穗粒数下降；4月出现三次明显降温降水过程。5日出现强冷空气，此次过程为2007年以来最强，大多数品种受倒春寒影响，出现穗数和穗粒数双降。月内降水空间分布不均，沿淮淮北10～50毫米，江淮之间及沿江中东部50～100毫米。与常年同期相比，淮北北部接近常年或偏多，沿淮淮北中南部、江淮之间和沿江降水偏少，气象干旱发生发展，对该区域小麦成穗和籽粒形成不利。月内降水过程主要出现在4～6日、12～14日及21～24日，与全省小麦抽穗扬花期相遇，有利于赤霉病菌的侵染。

5月全省平均气温为22.3℃，较常年同期显著偏高1.0℃；月内气温起伏明显，上旬接近常年，中旬异常偏高3.4℃，其中5月13～17日连续5天最高温度超过30℃，下旬偏低0.6℃。降水淮北南部至江淮中部、沿江200～399毫米，其中，沿淮及江淮之间北部在300毫米以上，其他地区60～200毫米；与常年同期相比，全省大部偏多，其中，淮北南部、沿淮、江淮之间东部及北部异常偏多1～4.5倍，为1961年以来同期最多。全省平均日照时数136小时，偏少近三成。月内出现3次暴雨过程（5～6日、16～22日、25～26日），造成农田渍涝、小麦倒伏和穗发芽。高温高湿导致小麦赤霉病进一步扩展，其他病害如叶锈、条锈、白粉病、叶枯、颖枯、茎基腐、根腐病等病害也不同程度发生，小麦叶片提前枯死，灌浆提前结束，千粒重大幅度降低、不完善粒增加、容重下降。6月上旬小麦收获期天气晴好，收获顺利，8日全省小麦基本收获完毕。

在多种灾害的共同胁迫下，导致小麦产量三要素全面降低，据初步估算，与常年相比穗数减少10%～20%，穗粒数减少5%左右，千粒重下降10%～20%，单产减少二至三成。

二、小麦收购市场形势

（一）新麦上市以来各类主体收购价格走势，与上年和往年相比变化情况及原因分析，对后期小麦价格走势的判断

新麦上市以来各类收购主体对小麦收购积极性表现不一，总体来看，沿淮及以南地区各主体对新麦收购热情不高，因不完善粒超标、容重低，小麦质量差，收购主体粮食部门和面粉企业收不到合格的商品粮，而农民生产的不完善粒超标、水分超标的小麦又急于出售，个体粮食收购户和饲料企业低价收购，小麦价格在0.5～0.9元/斤。淮北中北部由于小麦质量尚好，收割以后，个体粮食收购户和面粉企业趁最低收购价未启动前积极入市，价格在0.9～1.1元/斤不等。随着6月6日全省启动最低保护价以来，一天一价，达标小麦（三等以上）市场价已接近保护价1.15元/斤。后期小麦价格有可能两极分化，不达标小麦价格有可能小幅上涨，但由于质量差，难以消化利用，价格会继续低位运行。而质量达标的小麦，随着保护价的启动和小麦有效供给量的大幅降低，价格会高位运行，可能会超过1.20元/斤。

（二）小麦托市收购和市场化收购情况，与上年和往年相比变化情况及原因分析，对后市小麦收购形势的判断

5月18日国家发改委等6部委联合下发的《关于印发小麦和稻谷最低收购价执行预案的通知》（国粮发〔2018〕99号）根据预案，在规定的执行区域和时间内当粮食市场收购价格持续3天低于国家公布的最低收购价格时，由中储粮分公司会同省级粮食、价格、农业、农业发展银行等部门和单位提出启动预案的建议，经中储粮集团公司报国家粮食和物资储备局批准，在省（区）内符合条件的相关地区启动预案。6月2日安徽省粮食局下发《关于切实做好夏粮收购工作的通知》（皖粮明电〔2018〕7号）。6月6日国家粮食和物资储备局同意在安徽省内符合条件的相关地区启动2018年小麦最低收购价执行预案。6月7日省粮食局、省农发行、中储粮安徽分公司联合召开全省小麦最低收购价收购工作视频会议，进行动员部署。中储粮集团公司受国家有关部门委托，作为最低收购价政策执行主体，中粮、中国供销、中化、农垦集团受中储粮集团公司委托，有关省份地方储备粮管理公司（或单位）和地方骨干企业，以及其他符合条件的企业，受中储粮直属企业委托，按规定参与收购最低收购价粮食。目前各委托收储库点陆续开磅收购。面粉加工企业、个体粮食收购户也积极入市收购。与往年相比，一是2018年收购主体增加，中粮、中国供销、中化、农垦集团参与最低收购价政策执行主体。二是收购质量要求提高，规定最低预案收购的小麦，应为当年生产且符合三等及以上国家标准。三是地方政府的责任和负担更大。规定因自然灾害或其他原因造成不符合质量标准或食品安全指标的小麦，由各地按照粮食安全省长责任制和食品安全地方政府负责制的要求组织收购处置；有关费用从本省粮食风险基金中列支，风险基金不足部分由省级财政负担并列入省级预算解决。四是收购量进度明显下降。据安徽省粮食局统计，截至2018年6月6日，全省全社会累计收购15599吨，较上年同期少收140417吨。收购进度慢的主要原因是2018年的小麦总体质量不如上年，后市小麦收购形势总体看好，随着最低收购价的启动，达标小麦收购进度将加快，面粉加工企业、个体粮食收购户积极入市，甚至出现抢收抬价的可能。沿淮、淮河以南麦区部分不达标小麦如何处置，还有待政府出台新的政策。

（三）农户售粮和存粮行为变化情况及原因分析

随着老龄化、规模化，小麦生产方式发生了变化，小麦直接在穗上晾晒，待水分达标时，大户直接收获入库，小户直接在地销售，种植规模10亩以上的种植户存粮等待最低保护价启动或小麦价位高时销售。农户存粮量逐年下降，原因：一是保管费时费工，二是小麦存放利润空间不大。

（四）2018年托市收购政策变化对农户、个体粮食收购户、国有粮食收购企业的影响以及小麦购销市场的突出问题

托市收购政策变化对农户的影响：托市收购价下降影响了农户种植小麦的积极性，种植小麦获利下降，对质量要求更高，若遇自然灾害，质量不达标，销售困难、价格低下，损失惨重。

对个体粮食收购户影响不大，他们会更加注重产销信息，适时入市，随行就市，按质出价。

对国有粮食收购企业的影响主要表现在对质量提出了更高要求，收购责任增加，收购量会下降，收购时间会缩短，也可能开开停停。

小麦购销市场的突出问题主要是质量问题，一是不达标的（四级以下）小麦谁来收，如何保护农民利益，收购以后如何处置，如何监管，不达标小麦收购可能会被不良商贩掺在好小麦里，影响小麦质量安全。

三、小麦种植成本收益和种植意向变化

（一）成本收益

2018年小麦种植成本和上年相当，但由于产量、质量双下降，亩产值下降，按亩产量下降100公斤，价格每公斤下降0.10元计算，总产值下降250～300元，多数农户产值为700～1150元。普通农户种植成本为650～800元，普通农户亩效益为50～350元，大户扣除地租300～600元后，无利可图或亏损。

（二）种植意向

鉴于种植小麦微利或亏损，估计2018年秋种种植意愿下降，小麦面积特别是南方稻茬麦面积、规模经营大户的种植面积会有所下降。

四、2018年小麦最低收购价格政策落实情况，生产销售出现的积极变化和存在的问题

（一）执行政策落实情况

2018年6月6日，安徽省在全国首家启动2018年小麦最低收购价执行预案。中储粮和全省国有粮食收购点，严格执行小麦最低收购价执行预案中的有关规定，严把收购质量关，各收购点添置了赤霉毒素测定仪器。由于质量控制严，加上市场价高于国家最低保护价，最低保护价收购的数量显著减少，出现了收达标粮难和超标小麦销售难的两难局面。为了贯彻落实粮食安全省长责任制，切实做好不完善粒超标小麦收购工作，保护种粮农民利益，8月8日安徽省启动《安徽省2018年小麦临时收储执行方案》，参照《小麦和稻谷最低收购价执行预案》（国粮发〔2018〕99号），在合肥、淮北、亳州、宿州、蚌埠、阜阳、淮南、滁州、六安9市总共安排省级小麦临时收储计划100万吨。质量要求不完善粒含量小于20%（含）的三等及以上小麦，并且符合食品安全指标要求，临时收储价格为1.07元/斤。临时收储小麦必须经过降水、清杂后方可入仓，确保入仓水分在安全水分以下、杂质在1.0%以内。据反馈仅六安地区少量收购了四五等小麦，政策落实效果不尽理想。

（二）生产销售出现的积极变化和存在的问题

1. 积极变化

（1）最低收购价对农民基本预期发挥了托底作用，在最低保护价的启动下，特别是收割后不久，小麦市场价格迅速回升，保护了农民利益。

（2）推动了高质量生产，特别是四等以下小麦不纳入收购，为高质量生产注入了强心剂，等级之间的差价拉开，将会倒逼农民和地方政府重视质量，也有利于食品安全。

2. 存在问题

（1）最低收购价的下调给农民造成了国家不再重视粮食生产的错觉，影响了农民种植的积极性。

（2）三等以下小麦不再纳入国家最低保护收购范围，由地方政府组织市场化收购，给地方财政带来了更大负担。

（3）收购的卫生安全指标不尽合理。目前所用呕吐毒素指标是参照食品指标制定的。食品是终端产品，原粮是初级产品。将原粮的卫生安全指标提高到食品指标，在赤霉病偏重年份，将会将一大批原粮列为不合格产品，让农民有苦无处诉。

（4）超标小麦如何监管、处置，如何确保食品、饲料安全问题值得重视。

五、有关政策建议

（一）对今年小麦收购市场中存在问题的对策建议

一是国家应加大对小麦生产的支持力度，特别是重大灾害发生时，更要保护农民种粮积极性和地方发展粮食生产的积极性。因自然灾害造成不符合质量标准或食品安全指标的小麦，由各地按照粮食安全省长责任制和食品安全地方政府负责制的要求组织收购处置；有关费用由中央和地方共同承担。二是加强对不达标小麦的监管，确保质量安全。

（二）对进一步完善小麦最低收购价政策的意见和建议

小麦最低收购价政策要长期坚持。作为一个有着14亿人口的大国，粮食安全是头等大事，要保护农民种粮积极性，要让农民种植小麦有一定的获利预期，保护价要保持相对稳定，不要再下调了。

（三）对促进优质小麦生产和产业发展的看法和对策建议

小麦产业供给侧结构性改革和高质量发展是未来小麦产业面临的重大课题。一是要进一步优化小麦布局，对质量长期不达标的地区要调整种植结构，如沿江和江南应压缩小麦面积，发展油菜等作物。二是调整小麦品种和品质结构。针对近年来沿淮小麦不完善粒居高不下，要进一步筛选和推广抗耐赤霉病、穗发芽品种，提高小麦商品等级，降低无效低供给。要发展适合安徽气候生态条件和市场需求的优质小麦，建立优质小麦联合体，发展专用品牌小麦。三是加大对秸秆焚烧、小麦赤霉病防控的补贴力度，继续实施最低保护价政策，保护农民种麦积极性。四是切实加大对科技的支持，组织力量开展联合攻关，重点解决赤霉病防控、防灾减灾、绿色高质高效生产技术等突出问题，依靠科技创新，确保小麦产业持续发展。

2017 年安徽省小麦赤霉病
发生情况与防控效果

一、2017 年小麦赤霉病发生特点

小麦赤霉病是一种气候性病害，发生程度除受品种、栽培措施影响外，主要受小麦生育后期的降雨量、降雨天数等气象因素影响。根据安徽省气象台提供的 2017 年小麦生育后期气象资料，我们对全省 4 个小麦产区（每产区选择 7 个县域）4 月、5 月小麦赤霉病主要侵染发病期间的降水量和降雨天数进行统计。然后根据各麦区小麦抽穗、开花、灌浆期降雨量和降雨天数，结合田间自然发病，评估组认为 2017 年安徽省小麦赤霉病沿江江南重度发生，江淮麦区中等偏重发生，沿淮、淮北麦区中等偏轻发生。从大面积生产调查情况看，由于天气总体晴好，防控及时到位，全省小麦赤霉病得到有效控制，危害程度是近五年较轻的一年。

（一）前期发生风险大

小麦抽穗开花期是赤霉病侵染的敏感期。4 月上中旬安徽省小麦自南向北抽穗、开花。2017 年全省 4 月上旬降水量和降雨天数较多，特别是沿淮、淮北麦区是近年来最多的一年，该时期全省赤霉病防控的形势非常严峻。根据 4 月上旬的天气情况及当时中长期预报，及时组织全省开展赤霉病防治是十分有必要的（见表1）。

表1　2010 年至 2017 年 4 月上旬降雨量、雨日统计

年份	淮北		沿淮		江淮		沿江江南	
	降雨量（毫米）	雨日（天）	降雨量（毫米）	雨日（天）	降雨量（毫米）	雨日（天）	降雨量（毫米）	雨日（天）
2010	9.23	1.0	22.79	1.0	42.86	1.17	44.14	2.71
2011	8.73	3.0	7.13	3.1	8.57	3.41	11.61	3.28
2012	1.64	2.4	4.10	2.1	1.01	3.00	16.73	2.71
2013	2.11	1.6	0.99	1.0	0.35	1.14	19.62	2.57
2014	0.07	0.1	0.49	0.6	0.25	0.86	4.72	1.71
2015	34.24	4.7	24.34	4.9	70.69	5.86	144.49	6.00
2016	25.29	3.9	47.43	4.4	54.44	4.29	131.97	4.29
2017	35.99	5.1	60.57	6.1	56.8	6.43	76.34	5.43

（二）病情差异大

据调查，2017 年小麦赤霉病主要发生在沿江江南、江淮麦区，该区域大多为稻茬麦，

田间湿度大，受 4 月上旬阴雨影响，小麦遭遇了赤霉病侵染。4 月中下旬天气转好，沿淮、淮北小麦主产区降水量不足 10 毫米，赤霉病侵染风险大大降低。5 月沿江江南、江淮麦区降雨和雨日虽较常年有所降低，但仍有利于赤霉病扩展；沿淮、淮北雨量、雨日偏少，不利于赤霉病扩展。最终导致沿江江南赤霉病重度发生，江淮麦区中等偏重程度发生，沿淮、淮北麦区中等偏轻发生。

（三）病情稳定早

受 4 月中下旬雨日少、降雨少气候因素和赤霉病防控全面到位共同影响，2017 年小麦赤霉病提前得到了有效控制，沿江麦区 4 月中旬病情基本稳定，江淮、沿淮及淮北麦区病情稳定期在 5 月上中旬，均比上年提前 5~7 天。

二、防治举措与防控效果

（一）防控举措

1. 领导高度重视

安徽省委、省政府高度重视小麦赤霉病防控工作，省委书记李锦斌、省长李国英、副省长方春明分别作出指示和批示，对小麦赤霉病防控工作作出重要部署，提出具体要求。省政府办公厅及时下发《关于切实加强小麦赤霉病防控工作的通知》，对小麦赤霉病防控工作作出部署。省农委把小麦赤霉病防控纳入粮食生产延伸绩效管理内容，成立小麦赤霉病防控指挥部，召开小麦赤霉病防控专题会议，下发《小麦赤霉病防控工作方案》，进一步细化工作措施和要求。小麦主产区各市、县政府均下发小麦赤霉病防控通知，成立小麦赤霉病防控指挥部，切实强化防控组织领导。

2. 资金保障有力

针对 2017 年中央财政取消"一喷三防"补助政策的新情况，省农委会同省财政厅及时明确了省财政先期下拨的 2.6 亿元粮食绿色增产技术推广与服务补助项目资金和 8000 万元粮食生产发展专项资金，可由项目县自主切块用于小麦赤霉病防控。4 月，省财政厅会同省农委紧急下拨小麦病虫疫情生产救灾补助资金 3800 万元，支持主产区开展小麦赤霉病防控。各地特别是小麦主产区强化涉农资金统筹，加大防控资金支持力度。亳州市整合涉农资金 2684 万元，采购药剂和统防统治服务。阜阳市各县区统筹资金 4512 万元，力度超过上年"一喷三防"资金规模。据省植保总站统计，2017 年全省各级统筹安排小麦赤霉病防控资金达 1.5 亿元。

3. 宣传发动有效

安徽省农委举办小麦赤霉病防控新闻发布会，向社会广泛宣传小麦赤霉病防控技术和政策。在防控关键节点前，召开全省小麦赤霉病防控现场会，对小麦重大病虫防控进行再动员再部署。在防控期间，组织媒体记者深入小麦赤霉病防控一线调查采访，营造浓厚氛围。通过安徽卫视《天气预报》栏目发布病情预警和防控技术滚动字幕，组织专家在农村广播、农网等媒体开展咨询服务。各地通过电视、广播、手机短信、技术明白纸等多种有效形式，把小麦赤霉病防控信息传导到千家万户。据省植保总站统计，全省共开展赤霉病电视讲座 128 期次，发送手机短信 120 万条，印发技术明白纸 350 万份。

4. 技术服务到位

安徽省农委印发《小麦赤霉病防控技术方案》、《小麦赤霉病防治技术明白纸》，先后举办3期小麦病虫害防治技术培训班，筛选推荐小麦病虫防治重点农药（械）品种，采取工作检查与技术指导相结合的方式，派出4个赤霉病防控督导组，加强指导服务。通过省、市、县三级会商和远程视频会商，先后发布小麦赤霉病长期、中期、短期预报，连续多天在安徽卫视《天气预报》栏目插播赤霉病发生趋势可视化预报。省植保站组织专家制定赤霉病防治技术对策，要求2017年各地小麦赤霉病防治中优先选用"氰烯菌酯＋戊唑醇"、"咪鲜胺＋戊唑醇"等复配制剂。省小麦产业技术体系、各地农技推广部门积极开展技术培训、技术服务。由于技术对路，技术到位，在有效防治小麦赤霉病的同时，小麦条锈病、叶锈病、白粉病等叶部病害得到兼治，叶片功能延长，实现了"一喷多防"。

5. 统防统治助力

各地充分利用财政支农资金，以种植大户、合作社等新型农业经营主体及专业化防治服务组织为扶持对象，大力推进统防统治，提高防治效果和效率。全省有1.2万个专业化防治服务组织、17.7万专业防治人员参与小麦赤霉病防治，投入施药器械近20万台套，其中，日作业能力300亩以上的大型施药机械2282台套，自走式喷杆喷雾机1382台，无人航空植保机566架。据统计，全省小麦赤霉病统防统治面积2462万亩次，占防治总面积的39.2%，有效带动农户积极开展防控。

（二）防控效果

评价赤霉病防效的指标，直接指标主要是病穗率和病粒率，间接指标主要是容重、千粒重。

1. 赤霉病病穗率大幅降低

据安徽省植保总站调查，全省各麦区小麦赤霉病病穗率均比上年大幅降低，表明赤霉病得到了有效控制（见表2）。

表2 2017年安徽省小麦赤霉病病穗率统计　　　　　　　　　　　　　　　单位:%

麦区	2016年	2017年	2017年较2016年
沿江麦区	17.2	12.1	－29.7
江淮麦区	8.3	4.1	－50.6
沿淮麦区	9.1	2.1	－76.9
淮北麦区	2.4	0.7	－70.8
全省平均	7.6	2.2	－71.1

2. 小麦赤霉病粒率明显降低

大量研究结果表明，小麦赤霉病粒率若超过4%，赤霉毒素就有可能超标，食用安全将存在隐患。因此，小麦赤霉病粒率既可以反映赤霉病防治效果，也可以代表食品质量安全水平。据安徽省粮油产品质量监督检测站对取自全省的524份样品调查分析，2017年全省赤霉病粒率平均值为0.5%，较上年下降3个百分点。另据省小麦产业体系调查，主产区太和县展示的95个小麦品种赤霉病粒率平均仅为0.22%，所有品种赤霉病粒率均未超过4%。从赤霉病粒率看，2017年安徽省赤霉病防治十分有效（见表3）。

表3   2015～2017 年安徽省小麦赤霉病粒率和容重统计   单位:%

| 年份 | 小麦籽粒（等级）容重（克/升）占比 | | | | | | | | 赤霉病粒率 |
	一等≥790	二等770～789	三等750～769	四等730～749	五等710～729	等外	三等以上	五等以上	
2017	36.7	27.8	21.1	8.7	3.6	2.1	85.6	97.9	0.5
2016	3.07	10.6	20.1	26.0	20.3	19.9	33.8	80.1	3.5
2015	13.6	23.1	35.2	16.3	4.9	7.0	71.8	93.0	3.1

资料来源：安徽省粮油产品质量监督检测站，2015 年、2016 年、2017 年安徽小麦质量调查报告。

3. 小麦容重大幅上升

容重是确定商品小麦等级的主要指标，其大小与赤霉病轻重有关。由于 2017 年赤霉病防治得力，收获时天气晴好，籽粒饱满，小麦容重明显高于 2015 年和 2016 年。省小麦产业体系对太和县展示的 95 个小麦品种调查测定，容重在 768～840 克/升，其中达到一等标准的品种有 83 个，占 85.3%；达到二等标准的品种有 11 个，占 11.6%。

4. 小麦千粒重提高

据安徽省农技总站对 169 个小麦点次监测，2017 年小麦平均千粒重 43.36 克，较上年及常年分别增加了 1.62 克和 0.31 克。据省农科院阜南基地调查，与不防治对照相比，防治地块千粒重增加 12.33 克。

评估组对 2017 年的防效进行了初步估算，防治相对于不防治，千粒重平均增加 17.70%，小麦赤霉病粒平均下降 48.95%，容重平均上升 2.75%（见表4）。

表4   防治与不防治效果比较

| 调查地点 | 赤霉病粒率 | | | 千粒重 | | | 容重 | | |
	防治（%）	不防治（%）	防效（%）	防治（克）	不防治（克）	防效（%）	防治（克/升）	不防治（克/升）	防效（%）
阜南	0.50	1.40	64.29	46.2	33.9	36.3	800	770	3.9
龙亢	0.26	0.28	7.14	43.1	39.7	8.6	831	825	0.6
长丰	0.97	3.40	71.47	41.1	38.3	7.3	783	759	3.2
铜陵	13.0	27.6	52.90	40.1	33.8	18.6	770	741	3.3
平均	48.95	17.7	2.75						

综上分析，评估组认为：2017 年安徽省小麦赤霉病防控取得了显著成效，为全省小麦单产增加、品质提升提供了重要支撑。

（三）效益分析

通过调查、分析和跟踪舆情，利益相关方和社会公众对 2017 年赤霉病防控工作与效果均非常满意，经济、社会、生态效益显著。

1. 经济效益

据调查，2017 年全省小麦品质较好，几乎全部达到托市收购标准，扣除水分后农民田头平均售价 1.15 元/斤以上，比上年高 0.2～0.3 元/斤，送至粮站售价在 1.2 元/斤左右，预计全省小麦平均销售价格将比上年提高 0.17 元/斤。初步测算，全省小麦每亩比上年因品质提升增值 130 元左右，因单产提高增值 20 元以上，亩均增值 150 元以上，全省总增加产值 50 亿元左右，带动全省农民人均增收 90 元以上，种植效益比上年明显提高。

2. 社会效益

小麦原粮质量提高，相关部门对 2017 年小麦质量非常满意。粮食部门和收储企业积极入市收购，面粉加工企业加大储麦力度，既保障了国家粮食安全，又提高了农民收入。原粮质量的改善提高了出粉率，既增加了面粉企业的经济效益，也保证了面粉及制品的质量安全。

3. 生态效益

2017 年小麦病虫防治中推广绿色防控技术，加大高效低残留药剂推广，对害虫天敌的影响减少。据观察，田间蚜虫天敌如瓢虫、草蛉、食蚜蝇等较以往明显增多。综上分析，评估组认为：2017 年小麦赤霉病防控，为降低无效供给（小麦不完善粒超标），增加有效供给，推进安徽省农业供给侧改革，增加农民收入，保护生态环境发挥了积极作用，实现了多赢，达到了决策的预期效果。

三、问题与启示

（一）问题

1. 赤霉病流行风险大

随着极端气候常态化，安徽省小麦赤霉病发生的概率总体呈上升趋势。沿江江南、江淮麦区赤霉病已基本达到了一年一发的频率，沿淮、淮北赤霉病发生概率超过 50%。生产上选用的品种大多赤霉病抗性较低，从安徽省小麦产业技术体系对沿淮淮北推广品种赤霉病抗性鉴定结果看，中抗品种只占 12.9%，中感品种占 75.3%，还有 11.8% 品种属高感。若在赤霉病流行年份种植高感品种，即使防治也很难控制。此外，耕作制度的调整如小麦玉米、小麦水稻常年连作，秸秆还田等种植方式的改变增加赤霉病发生风险。上述问题短期内很难取得实质性改变，安徽省小麦赤霉病发生风险依然很大，必须高度警惕，严加防范。

2. 赤霉病防治技术有待进一步优化

部分地区小麦赤霉病防治药剂选择不够科学，仍存在使用单剂防治的现象，对叶部病害兼治作用差。高功效、大型植保机械数量少和利用不充分，对赤霉病防治效果较差的担架喷雾器仍有使用等问题。

3. 其他病害为害有加重趋势

评估中发现，受气候、耕作方式和秸秆还田等因素影响，小麦生育后期叶部病害条锈病、叶锈病，根部病害如根腐病、茎基腐，小麦籽粒黑胚等问题有加重的趋势，需引起重视。

（二）启示

1. 提高品种抗性是绿色高效防控的重要举措

2017 年沿江江南赤霉病重发，在舒城品种展示中我们发现，大多数品种通过防治，赤霉病得到了有效控制，但也有一些品种在相同防治处理下，赤霉病病穗率、病粒率仍然超标。说明要防好赤霉病不能单一依靠药剂防治，更要从提高品种赤霉病抗耐性着手。由于安徽省农委重视赤霉病防控工作，特别是在源头上重视品种的抗性，提高赤霉病抗性品种审定标准，利用标准引导育种技术创新，安徽省选育与审定出一批赤霉病抗性明显好于山东省、河南省的小麦新品种。应进一步加大抗病品种选育和推广力度，提高小麦赤霉病防治效果。

2. 小麦赤霉病防控是一项民生工程

小麦受到赤霉病感染不仅造成减产，而且收获的籽粒中含有镰刀菌的有毒代谢物镰刀毒素，严重威胁人畜食用安全。2016 年安徽省小麦不完善粒和赤霉病粒部分超标，导致小麦销售困难，价格下跌，给农民造成了严重的经济损失，市民对安徽小麦的食用安全也非常担忧。2018 年赤霉病防控成功，既增加了农民收入，又让市民放心。从走访与评估中，我们深深感到农民、企业和市民对省政府高度重视小麦赤霉病防控非常满意，都认为这是一项实实在在的富民、安民工程。因此，要把小麦赤霉病防控作为政府一项重要民生工程，常抓不懈，抓出成效，让农民开心、市民放心，让皖人乃至国人安心吃皖粮。

四、建议

（一）设立赤霉病防治专项资金

小麦赤霉病重在预防，发生后再防治效果甚微。评估小组建议，省级财政设立小麦赤霉病防治专项资金，将赤霉病防控列入民生工程，对全省小麦生产者给予赤霉病防控财政补助，确保防控工作全覆盖。同时，在专项资金中安排适当比例工作经费，确保督查、服务等工作及时到位。

（二）设立小麦赤霉病防控科技创新专项

要从根本上解决小麦赤霉病问题，还是要靠科学，特别是要依靠品种和技术创新。评估小组建议，省财政设立小麦赤霉病防控科技创新专项，重点开展抗耐小麦赤霉病新品种选育，赤霉病预测预报技术研究，高效防控机械和药剂的筛选与推广。进一步加强小麦赤霉病预测预报工作，特别是中、短期预报。加强小麦赤霉病高效防治药剂、药械研发与推广，加强小麦条锈病、叶锈病及根部病害防治技术研究。通过提高小麦赤霉病防控科技含量，提升作业效率、降低施药成本，提高防治效率与效益。

（三）加大沿江地区种植业结构调整力度

沿江地区 4 月阴雨天气多，与小麦抽穗扬花期吻合度高，导致小麦赤霉病连年重发。评估小组建议，引导沿江地区农民调减小麦种植面积，扩大稻田马铃薯、绿色和稻虾连作等，加大冬季农业开发力度，促进农业提质增效。

2018 年安徽省小麦赤霉病发生情况与防控效果

一、年度气候条件对赤霉病影响

小麦赤霉病是一种气候性病害，其发生发展受气候条件影响较大。

（一）小麦播种时遇连阴雨，播种期推迟

2017 年 9 月 19 日至 10 月 5 日和 10 月 10 ~ 18 日，安徽省出现两段连阴雨，导致沿淮淮北小麦主产区播种整地质量差，秸秆还田质量不高特别是秸秆裸露比例大，增加了菌源有效寄主，为赤霉病发生埋下了隐患。

（二）冬季低温不利于苗情转化，生育进程不一致

2018 年 1 月全省平均气温较常年同期显著偏低 1.0℃，影响小麦冬季生长。1 月 3 ~ 7 日和 23 ~ 28 日出现两段大范围低温雨雪过程，补充了土壤墒情，部分冬前未出苗种子萌动、出苗，田间大小苗现象较重，导致后期生育进程不一致，花期拉长，致使病菌侵染期延长。

（三）小麦抽穗扬花期遇 2 ~ 3 次降雨，有利于赤霉病侵染

4 月 4 ~ 6 日、12 ~ 14 日及 21 ~ 24 日，安徽省出现 3 次降水过程，有利于赤霉病菌侵染，特别是沿淮及以南地区雨量较大，加重病情。

（四）小麦生育后期遇高温和强降雨，加速赤霉病扩展

5 月 13 ~ 17 日连续 5 天最高温度超过 30℃。5 月平均降水量较常年同期偏多，其中淮北南部、沿淮、江淮之间东部及北部异常偏多 1 ~ 4.5 倍。全省平均日照时数 136 小时，偏少近三成。高温高湿寡照气象条件促使小麦赤霉病进一步扩展。

总体来看，2017 ~ 2018 年小麦生长期间，气候条件十分有利于小麦赤霉病发生流行，特别是花期遇雨和后期高温高湿为赤霉病重发创造了有利条件，同时也增加了防控难度。

二、赤霉病防控措施

安徽省政府和农业部门高度重视小麦赤霉病防控工作，做到"七个到位"，扎实推进小麦赤霉病防控各项措施落到实处，为防控工作赢得了主动权。

（一）谋划准备到位

小麦播种前，安徽省农委研究制定并印发了《小麦赤霉病防控技术意见》，从小麦播种到收获，实行赤霉病全程防控。为推动各项防控措施落实，安徽省农委制定印发了《小麦赤霉病防控工作方案》，对防控工作进行安排部署，对小麦主产区植保技术人员开展赤霉病监测预警和防治技术培训。

（二）组织领导到位

安徽省政府下发明传电报，部署小麦赤霉病防控工作。安徽省农委成立了小麦赤霉病防控指挥部，加强协调指挥。把握防控节点，提前召开小麦赤霉病防控现场会进行动员部署，成立 5 个小麦重大病虫害防控督导组，每周一次赴主产区开展赤霉病防控督导。小麦主产区高度重视，切实加强防控工作组织领导，落实防控责任。

（三）监测预警到位

安徽省农委多次组织召开赤霉病发生趋势会商会，及时发布长期、中期和短期趋势预报，科学指导防治；加强与安徽省气象台、省电视台合作，连续多天滚动播放赤霉病可视化预报。各地通过加密监测频次，扩大调查范围，不断提高小麦重大病虫发生趋势预报的准确性和及时性。

（四）科学防控到位

集成优化和推广应用赤霉病科学防控技术。筛选并推荐赤霉病防治效果好且兼治白粉病、锈病的对路药剂。注重赤霉病病菌抗药性的综合治理，针对多菌灵抗药性问题，推荐复配制剂和轮换用药，兼顾赤霉毒素的防效，提高小麦品质。强调防控适期，第一次足量施药保护，二次用药不放松。加大不同施药器械防治效果试验，推荐现代高效植保机械，确保赤霉病防治效果。

（五）宣传发动到位

安徽省农委在防治前及时召开小麦赤霉病防控新闻发布会，在《安徽日报》、安徽农村广播、安徽农网等媒体开展专家在线咨询和专题宣传。安徽省植保总站与省农气中心合作，连续 13 天在安徽卫视"天气预报"栏目中制作播放赤霉病发生趋势和防治技术。各地多途径加大宣传动员力度，通过报纸、广播、电视、手机短信、QQ、微信等形式，广泛宣传小麦赤霉病防治控制技术，营造浓厚氛围。

（六）资金投入到位

小麦主产区加大赤霉病防控资金筹措力度。阜阳市、亳州市、宿州市、六安市、淮北市分别筹措资金 4737.88 万元、3897 万元、1857 万元、700 万元、680 万元，采用招标防治药剂发放农民或政府购买作业服务等方式，对规模经营主体、专用品牌小麦生产基地、贫困户等实施补贴。初步统计，安徽省小麦主产区共筹措或整合防控资金达 1.2 亿元，对全省赤霉病防控起到了极大的引领和推动作用。

（七）指导服务到位

安徽省农委制定印发小麦赤霉病全程防控技术意见，组织专家在电台和网站开展咨询，赴防控一线巡回服务。各地实施赤霉病发生与防控情况一周两次调度，及时掌握防治进度。小麦赤霉病防治关键时间，各级农业技术干部深入基层，务实开展技术指导与服务。

三、赤霉病防控效果

（一）赤霉病发生实况

调查统计，2018 年防治后全省小麦赤霉病加权平均病穗率为 6.7%，加权平均病粒率为 1.5%，病穗率和病粒率高于轻发的 2017 年，低于大发生的 2016 年。全省小麦赤霉病发生具有以下特点：一是见病面积广。2018 年，安徽省小麦赤霉病除宿州市、淮北市总体中等发生外，其他各市普遍严重发生。防治后，全省小麦赤霉病见病面积 2609 万亩，占小麦种植面积的 71.0%；其中赤霉病发生面积（病穗率＞3%）1527 万亩。二是发生程度区域间差异大。沿淮及以南麦区明显重于淮北麦区，沿淮、江淮西部麦区阜阳市、六安市、淮南市明显重于东部麦区的蚌埠市、滁州市。病情调查，沿淮西部和江淮及其以南麦区平均病穗率一般为 10.9%～22.9%，沿淮东部及淮北麦区平均病穗率一般为 3.3%～6.7%，其中宿州市、淮北市平均病穗率均在 1% 以下。实施 2 次防治的病穗率下降 35～50 个百分点，1 次防治的病穗率下降 25～40 个百分点，显著低于不防治田块。三是局部受害严重。少数种植大户和散户抱有侥幸心理未开展预防，或防治适期不准、药剂选择不对路，造成防效不理想，部分田块发病严重。初步统计，全省病穗率达 30% 以上的面积达到 187 万亩。

（二）赤霉病防控效果

据统计，全省赤霉病防治面积达 7184 万亩次，防治力度是近年来最大的一年，防后病穗率降低明显，病情得到有效控制。沿淮西部、江淮及其以南地区未防治田块赤霉病病穗率为 50%～85%，防治后病穗率下降到 10.9%～22.9%；沿淮东部及淮北麦区未防治田块赤霉病病穗率一般为 20%～40%，防治后病穗率下降到 3.3%～4.7%。评估组在实地调查过程中，通过与农民、企业多方座谈和专家试验分析，2018 年小麦赤霉病防控不仅有效控制了病情，对实现稳粮增收和提质增效起到了很大的促进作用。一是实现了保产减损。据小麦产业体系调查，开展赤霉病防治与不防治相比，防治后平均每亩减少产量损失达 9.5%，初步估算，全省小麦赤霉病防控预计减损达 24.5 亿斤，为大灾之年夏粮丰收进位提供了坚实支撑。二是促进了保质增效。据调查，开展小麦赤霉病防治与不防治相比，小麦品质提高 1～2 个等级。防治后小麦赤霉病粒率下降 3.42 个百分点，不完善率下降 10.82 个百分点，容重提高 26.16 克/升，赤霉病防控对提升小麦品质效果显著。特别是沿淮及其以北地区推广的半冬性小麦品种，防治后小麦品质提升的效果比春性小麦品种更为明显。预防赤霉病提高了小麦品质，减少了低端无效供给，有力推动了农业供给侧结构性改革（见表 5～表 7）。

表 5　全省小麦赤霉病发生情况统计

年份	见病面积（万亩）	发生面积（万亩）	防治面积（万亩次）	加权平均病穗率（%）	加权平均病粒率（%）
2018	2609	1527	7184	6.7	1.5
2017	1839	1140	5261	2.2	0.5
2016	2948	1870	6533	7.6	1.7

表 6　赤霉病防治与不防治对产量影响比较

品种类型	千粒重			产量		
	防治（克）	不防治（克）	净增（克）	防治（公斤/亩）	不防治（公斤/亩）	增产（公斤/亩）
半冬性品种	38.01	34.50	3.51	499.29	441.00	58.29
春性品种	38.67	35.42	3.25	452.17	430.74	21.43
平均	38.31	34.92	3.39	477.87	436.34	41.53

表7　赤霉病防治与不防治对品质影响比较

品种类型	赤霉病粒			不完善粒			容重		
	防治（%）	不防治（%）	净减（%）	防治（%）	不防治（%）	净减（%）	防治（克/升）	不防治（克/升）	净增（克/升）
半冬性品种	1.04	6.07	5.03	5.65	25.03	19.38	764.72	731.50	33.22
春性品种	3.35	4.83	1.48	12.84	13.40	0.56	783.60	765.90	17.70
平均	2.09	5.51	3.42	8.92	19.74	10.82	773.30	747.14	26.16

（三）经济效益测算

根据防效试验和实地调查，赤霉病防效到位的田块，一般增产 10% 左右，容重增加一个等级以上。按小麦平均亩产 350 公斤计算，每亩可增产小麦 35 公斤，增收 80 元；品质提高一个等级，亩平均增收 20 元。防治后亩均增值 100 元以上，减去防治成本和用工 40 元，亩收益 60 元。投入产出比为 1∶2.5，投入回报率 150%。全省按防治 3500 万亩计算，挽回产量损失 24.5 亿斤，增加纯收入 21 亿元。

此外，赤霉病防治后，小麦容重增加，赤霉病粒下降，提高了出粉率，增加了面粉加工企业的经济效益；2018 年赤霉病防治中注重杀菌剂抗药性和赤霉毒素的综合治理，注重绿色防控技术的综合运用，减轻了对害虫天敌的影响，社会效益和生态效益显著。

四、问题与建议

（一）问题

2018 年小麦赤霉病防控取得了显著成效，但通过调查分析，我们也发现了一些值得关注的问题。第一，赤霉病流行风险持续增大。从 2012 年至 2018 年的 7 年中，全省小麦赤霉病有 4 年大发生，大发生概率达 57%。其中沿江江南、江淮麦区甚至出现年年重发的态势。分析其主要原因：一是菌源基数巨大。随着秸秆还田等耕作制度的变化，赤霉病田间菌源基数得到有效积累，已远远超过大发生的数量。若气候条件稍为适宜，小麦赤霉病即可重发。二是小麦品种对赤霉病抗性较低。淮北沿淮小麦主产区感病品种比例达 85% 以上。鉴于气候变化常态化、秸秆还田技术的推广和高感品种主体地位一时难以改观等因素，可以预测安徽省未来赤霉病重发的情况有增无减。小麦赤霉病、玉米穗腐、水稻穗腐为害同步加重，给全省三大粮食作物生产带来了严重威胁。第二，赤霉病防治技术有待进一步优化。从调查情况来看，小麦播种前实施土壤深翻和秸秆深埋，种植后加强田间管理，降低田间湿度，能有效降低赤霉病的发生。施药器械方面，自走式喷杆喷雾机、弥雾机、电动喷雾器和自主飞行的无人机等对赤霉病防治效果较好，非自主飞行的无人机、担架式喷雾器存在防效不理想的问题。第三，部分小麦存在赤霉病粒或毒素超标问题。我们在评估中发现，尽管全省大力开展赤霉病防控工作，但依然有部分小麦赤霉病粒率超标（大于 4%）。

从 2018 年开始，粮食部门加强了对小麦赤霉毒素的检测，配备了检测设备。但有部分农民对检测结果提出质疑。目前粮食部门所用快速测定仪器并非国标推荐仪器，结果还需验证，值得关注。

（二）建议

一是设立赤霉病防治专项补助资金。安徽省小麦赤霉病持续重发，不仅对夏粮生产安全构成威胁、影响农民增收，而且还严重影响小麦质量安全、引发市民担忧。根据2018年的收购政策，一旦小麦赤霉病大发生，各级政府将花费大量财力处理不达标小麦。为此，我们建议设立小麦赤霉病防治专项补助资金，并将赤霉病防控列入民生工程，确保赤霉病防控资金长期稳定。同时，加大秸秆深埋、机械深翻专项补助力度。二是加大种植业结构调整力度。沿江地区为小麦种植非适宜区，我们建议加大对该区种植油菜、绿肥等种养地相结合作物的补助，引导农民调减小麦种植面积。淮北麦区适度压缩小麦—玉米种植模式，扩大小麦—大豆、小麦—甘薯种植模式。沿淮麦区调整小麦品种结构，压缩高感品种种植比例。三是设立赤霉病防控科技专项。我们建议设立抗赤霉病育种专项，通过联合攻关，提高品种赤霉病抗性水平；加强防治技术创新，推广高效防治药剂和药械，进一步完善飞防技术；加强赤霉毒素检测技术研发与验证。

五、结论

综上分析，2018年受气候等因素共同影响，安徽省小麦赤霉病重度发生。通过科学防控，有效降低了赤霉病危害，挽回了产量损失，提高了质量安全水平，取得了显著成效，为推进安徽省种植业提质增效和农业供给侧结构性改革提供了坚实支撑和有力保证。

2016/2017 年度安徽省淮南片春性小麦品种展示总结

为加快小麦优良品种推广，促进专用品牌粮食生产，服务小麦绿色高产高效创建，根据皖种管函〔2016〕34 号《关于联合开展小麦品种集中展示示范工作的通知》要求，开展了淮南片春性小麦品种集中展示试验。

一、试验概况

（一）组织与实施单位

展示工作主办单位为安徽省农业委员会，承办单位为安徽省种子管理总站与六安市舒城县种子管理站，安徽省小麦产业技术体系提供技术指导。

（二）展示品种

展示品种共计 42 个，对照扬麦 20（见表 8）。

表 8　参展品种基本信息表

品种编号	品种名称	审定信息	亲本组合
01	宁麦 16	国审 2009003	宁麦 8 号/宁麦 9 号
02	乐麦 608	皖麦 2016013	矮败小麦轮回选择
03	罗麦 10 号	国审 2009003	557（来源于 99－2/繁 276）/罗麦 8 号
04	浩麦 1 号	皖麦 2016013	W4062/郑农 11 号
05	浙丰 2 号	皖麦 2015008	皖鉴 7909×浙 908
06	扬麦 13	国审 2013004	扬 88－4//扬麦 3 号/MaritDove
07	亿麦 9 号	国审 2003026	郑麦 9023/亿 6325
08	扬辐麦 2 号	皖审 20020346	扬麦 158×101－901）F1 辐射
09	宁麦 24	国审 2016005	宁麦 9 号选系
10	华麦 6 号	国审 2003025	扬麦 13/苏麦 6 号
11	扬麦 20	皖麦 2015009	扬 9×扬 10
12	苏麦 10 号	国审 201604	宁麦 9 号/扬麦 11 号
13	扬麦 23	国审 2010002	扬麦 16/扬辐 93－11
14	皖垦麦 076	皖麦 2016014	扬麦 158×镇麦 1 号
15	镇麦 10 号	国审 2013006	苏麦 6 号/97G59
16	华麦 5 号	皖麦 2011012	扬麦 158/PH82－2－2
17	宁麦 21	苏审麦 201301	宁 9312/扬麦 158//宁 9312

品种编号	品种名称	审定信息	亲本组合
18	苏麦11	苏审麦201302	扬9×扬10
19	国红3号	苏审麦201303	扬麦158/矮抗58
20	宁麦23	国审2016002	宁9534/扬麦158//宁9534
21	华麦7号	皖审2016019	扬麦158/小偃8788
22	皖麦606	国审2013005	矮败小麦与扬麦158、烟农144、郑州9023等亲本进行轮回选择
23	镇麦11号	苏审201402	扬麦158/宁麦11号
24	安农1012	国审2004003	扬麦12/安农糯01032
25	安农1124	皖审2016023	（92R91/扬麦158//扬麦158）/安农95081-8
26	豪麦13	皖审2016008	扬麦158/扬麦11
27	生选6号	国审2012005	宁麦8号/宁麦9号
28	淮育麦1号	皖审2016036	皖麦38选系/皖麦43//皖麦33
29	扬辐麦5号	国审2006004	扬麦11/扬辐麦9311
30	扬麦22	国审2016003	扬麦9号×3/97033-2
31	苏麦9号	皖审2016007	宁麦9号×扬麦11号
32	镇麦9号	国审2007004	苏麦6号/97G59
33	扬麦19	皖审2008002	（6×扬麦9号/4/4×158/3/4×扬85-85//扬麦5号/（Yuma/8×Chancellor））
34	镇麦168	国审2008004	苏麦6号/97G59
35	苏隆128	皖审2013003	（宁麦13/绵311）/宁麦9号
36	扬麦25	国审2012004	扬17×2//扬11/豫麦18
37	宁麦13	皖审2011013	宁麦9号系选
38	皖麦203	皖审2016017	AK58/连9791
39	苏麦188	国审2009004	扬辐麦2号系选
40	徽麦101	皖审2016009	扬麦158/镇9759
41	皖西麦0638	皖审2016018	扬麦9号/Y18（来源于宁麦8号/遗943169）
42	扬麦15	皖审2016022	扬89-40/川育21526

（三）展示地点

展示地点在舒城县种子管理站展示基地进行。试验地肥力水平中上，地势平整。前茬作物水稻，收获后秸秆还田，后旋耕，农机开沟加上人工平地。种子人工撒播。

（四）播种要求

2016年11月8~17日大型拖拉机旋耕整地、开沟，每亩人工撒施复合肥（15-15-15）40公斤，尿素10公斤，氯化钾7.5公斤。每品种播种面积因田块大小不完全一致，大多数品种面积在1.5亩左右。播期在11月15~18日，亩基本苗按25万株设计，根据各品种的发芽率和千粒重计算播量，播种时参照计算的播量进行药剂拌种（25公斤麦种拌30毫升酷拉斯）。人工撒播，因土壤墒情过饱和，种子全部在表面。

（五）田间管理

2017年2月10日、3月11日追肥两次，每亩按10公斤、20公斤尿素追施返青、拔节肥；2月27日化除一次草，除草效果良好；4月14日、4月20日、4月29日、5月6日综合防治病虫害共4次。

（六）观察记载

记载标准参照省区试执行；重点调查记载小麦出苗、冬春冻害，产量三要素，病害、倒伏、落黄、成熟期。

（七）田间考评

5月22日组织有关专家进行田间表现考评。

（八）收获、考种、品质测试

完熟期在省种子管理站、部分参展单位的监督下，利用久保田联合收割机机械收获，计产面积以实际收获面积为准。收获的籽粒利用地磅称重，取样测定水分，折合亩产。每品种留25公斤左右，晒干后测定容重、硬度、蛋白质、白度、湿面筋、粉质参数、溶剂保持力等品质指标。

（九）抗病性鉴定

送样至安徽农业大学植保学院进行赤霉病、白粉病、锈病人工接种抗性鉴定，5月17日安徽农业大学植保学院进行田间赤霉病发病情况调查。

二、2016/2017 年度小麦生育期间气候对小麦生长发育和试验的影响

2016年10月连续阴雨，水稻收获期推迟，田间积水严重，水稻收获推迟。11月8~15日开始整地，11月15~18日播种，因墒情饱和，抢进度，整地质量一般，但低洼处受渍，导致少数地段缺苗断垄。

2016年11月10~20日多阴雨，气温小于10℃，墒情水分超饱和，厢面糊状积水多，11月21日后多雨雪，气温低至-4℃，厢面积水造成烂死苗现象较严重。12月天气正常有利于小麦冬前分蘖和安全越冬。

2017年2月底3月初小麦进入拔节期，前期多雨雪、温度低至-5℃，对穗分化有利，不利于纹枯病的扩展。3月15日普遍发现叶面冻伤黄白斑块点，无死苗，影响有限。4月5~15日抽穗开花期雨水偏多，气温正常偏低。4月20日至5月20日逐渐进入灌浆成熟期，雨水前多后少，5月中下旬多晴好天气，温度正常偏高，赤霉病普遍发生，虽经过3次防治，但赤霉病仍有不同程度的发生。5月26日开始收获，天气晴好，2天内全部收割结束。

三、试验结果与分析

（一）产量及产量构成

42个展示品种试验产量变幅为243.44~474.57公斤/亩，平均361.1公斤/亩。对照扬麦20417.28公斤/亩，居展示品种第8位。较对照增产的品种有7个，分别为皖西麦0638、宁麦13、扬辐麦5号、徽麦101、宁麦24、华麦7号、镇麦11号，增幅为13.73%~3.18%。34个品种较对照扬麦20减产，减幅为-2.07%~41.66%。因试验规模大，地力不可能做到完全均匀一致，加之供种质量、田间积水不一，影响了部分品种产量潜力发

挥，本试验产量结果仅供参考。

参展品种有效穗变幅为14.46万～44.39万粒，平均亩有效穗32.27万粒。亿麦9号、扬麦13、浙丰2号、浩麦1号、苏麦11、镇麦9号、皖麦203亩有效穗少于25万粒，这可能与种子发芽势弱、分蘖成穗率低或耐渍能力偏弱有关。有18个品种亩穗数超过35万粒，其中皖垦麦076、皖麦606、乐麦608、宁麦13亩穗数超过40万粒。

参展品种每穗粒数变幅为22.13～44.08粒，平均30.68粒。皖麦203、淮育麦1号、皖麦606穗粒数偏少，不足25粒；每穗粒数大于35粒的品种有6个，分别是华麦7号、生选6号、扬麦22、苏麦11、亿麦9号、浙丰2号；其余品种穗粒数在25～35。

本年度生育后期天气情况总体较好，有利于籽粒灌浆，千粒重总体较高，参展品种千粒重平均值为38.56克，变幅为33.4～44.3克。扬麦23、宁麦13、徽麦101籽粒偏小，千粒重不足35克；有9个品种千粒重大于40克。

总体来看，高产品种产量三要素较为协调，特别是穗数偏多，因此，适当增加亩穗数可能是大面积生产获得高产的有效措施。

（二）生育进程及株高

本年度播期偏晚，抽穗期、成熟期较常年略偏晚。株高总体偏矮，后期未出现倒伏。冬季和春季温度较高，未出现明显冻害。各品种生育进程和株高等数据汇总于附表3。

（三）抗病性

本年度由安徽农业大学植保学院进行品种接种抗病性鉴定，鉴定结果：乐麦608、扬辐麦2号、宁麦21、苏麦11、镇麦9号和苏麦1886个材料中抗赤霉病；参展品种白粉病抗性较好，95%的参展材料均为中抗白粉；纹枯病抗性均在感—高感。

（四）品质

针对本年度的参试品种，委托安徽农业大学农学院进行品质检测，由于本年度参试材料播种较晚，施肥量偏高，品质检测蛋白质含量均偏高，可能与实际品质有偏差，仅供参考。对42个参试材料进行不完善粒调查和容重检测，赤霉病粒率较高，按照国家小麦等级分类，容重≥750克/升且赤霉病粒率≤4%的三类及以上小麦达标率占总参试品种的33.3%分别为：宁麦16、浙丰2号、华麦6号、扬麦20、苏麦11、华麦7号、皖麦606、安农1124、豪麦13、扬麦22、镇麦9号、扬麦19和徽麦101。

2016/2017 年度安徽省
淮北片小麦品种集中展示总结

为加快小麦优良品种推广，促进专用品牌粮食生产，服务小麦绿色高产高效创建，根据皖种管函〔2016〕34 号《关于联合开展小麦品种集中展示示范工作的通知》要求，开展了淮北片小麦品种集中展示。

一、展示概况

（一）组织与实施单位

展示工作主办单位为安徽省农业委员会，承办单位为安徽省种子管理总站和安徽省小麦产业技术体系，协办单位为安徽省阜阳市种子管理站及安徽省太和县农业委员会。安徽省小麦产业技术体系研发中心负责集中展示的具体实施工作。

（二）展示品种

展示品种共96个。分别为紫麦19、郑育麦9987、新麦26、乐麦L598、淮麦22、烟农19、涡麦182、安农0711、连麦8号、红皖88、淮麦28、良星77、存麦8号、皖麦52号、丰德存麦1号、淮麦33、鑫麦8号、宿553、谷神6号、淮麦39、涡麦9号、郑麦379、丰德存麦5号、连麦8号、淮麦35、龙科1109、济麦22、益科麦5号、鲁原502、山农17、皖麦38－96、济科33、隆平麦518、淮麦32、隆安麦968、烟农5158、涡麦66、烟农999、百农201、龙科1221、德研8号、中原18、郑麦113、周麦28号、周麦30号、恒进麦6号、安农大1216、豫教6号、豫麦158、烟宏2000、涡麦11号、青农2号、周麦26号、周麦22号、周麦27号、恒进麦8号、华成859、山农19、皖垦麦869、淮麦24、洛麦29、百农207、邯6172、新麦21、淮麦21、国盛麦8号、郑品麦8号、濮兴5号、保麦6号、徐农029、山农102、豫农035、邢麦13号、瑞华麦520、中育1123、烟农5286、连麦6号、许科129、淮麦30、西农822、良星99、山农20、明麦1号、荃麦725、益科麦3号、乐麦207、未来0818、徐麦33、皖垦麦0901、淮麦29、泛麦5号、华成3366、连麦2号、泰农19、安科157、良星66。

（三）展示地点

展示地点在太和县旧县镇现代农业示范园区安徽恒进农业发展有限公司承包地进行，交通方便，成方连片，旱涝保收。试验地肥力水平中上，地势平整。前茬作物玉米，收获后秸秆还田，翻耕后旋耕整平，用施肥播种镇压复式宽幅播种机播种。

（四）播种

播期10月19日，亩基本苗按18万株设计，根据各品种的发芽率和千粒重计算播量，播种时参照计算的播量调整排种量，播种深度3~5厘米。播种时利用复式一体机亩施50公斤复合肥（23－13－9）。每品种播种面积2亩。品种间过道75厘米。

（五）田间管理

3月前调查基本苗，12月上旬疏密移苗补栽。2017年3月12日每亩按12.5公斤尿素追施拔节肥，因干旱追肥后于3月15日机械喷灌浇水1次。4月14日"用吡虫啉＋高氯氟·噻虫＋多酮"防治病虫害1次。

（六）观察记载

记载标准参照省区试记载要求执行，重点调查记载小麦出苗、冬春冻害，产量三要素，病害、倒伏、落黄、成熟期等。

（七）田间观摩与考评

2017年5月19日召开观摩会，5月23日组织有关专家进行田间表现考评。

（八）收获、考种、品质测试

完熟期在省种子管理站、部分参展单位的监督下，利用久保田联合收割机机械收获，面积1000平方米。收获的籽粒利用地磅称重，取样测定水分，折合亩产。每品种留50公斤左右，晒干后测定容重、硬度、蛋白质、湿面筋、粉质参数、淀粉糊化参数、溶剂保持力等品质指标。

（九）抗病性鉴定

每样品取样100克，送至安徽农业大学植保学院进行赤霉病、白粉病、锈病人工接种抗性鉴定（因部分品种送种迟，送样前未取到样品，未进行鉴定）。

（十）穗发芽抗性鉴定

每样品取样100克，送样至安徽农业大学农学院进行穗发芽抗性鉴定。参照国家小麦产业联盟——国家小麦产业技术体系制定的小麦抗穗发芽鉴定实验方案实施。2016年11月初将鉴定材料种植于安徽农业大学大杨店小麦试验站，随机排列，2次重复。行长2米，行距0.25米，每小区4行。分别于5月27日和5月31号开始籽粒发芽指数（GI-1、GI-2）和整穗发芽（GP-1、GP-2）测定。根据GI-2划分穗发芽抗性等级：①抗GI：0～0.10；②中抗GI：0.11～0.30；③易发芽GI：0.31～0.60；④极易发芽GI：0.61～1。

二、2016/2017年度小麦生育期间气候对小麦生长发育的影响

9月26～28日降雨，补充底墒，但推迟玉米成熟。10月1～2日再次降雨，影响玉米收获。10月8～9日玉米机械收获籽粒，秸秆粉碎，翻耕整地。因墒情饱和，抢进度，整地质量一般，大土块较多。10月11～16日连续阴雨，规划和播种被耽误，10月17日雨止，进行试验地划区，10月19日抢播，因土壤墒情过饱和，排种口有时被堵，播种质量受到一定影响。10月20日至月底连续阴雨，降雨量达100毫米，保证了多数地段出苗，但低洼处受渍，导致少数地段缺苗断垄。

11月上中旬天气晴好，有利于幼苗生长。11月16～22日连续阴雨，但雨量不大，对后期分蘖总体有利。11月23～24日降温，最低温度达-6℃，由于土壤墒情充足，冻害不重。12月上中旬天气晴好，温度偏高，有利于小麦冬前分蘖。12月21日、1月5日两次中雨补充了土壤墒情，有利于小麦安全越冬。1月温度较常年略高，冬季冻害不明显。

2月小麦进入返青，雨水偏少、温度偏低，对穗分化有利，不利于纹枯病的扩展。3月上旬相继进入拔节期，中下旬雨水偏少，光照充足，气温正常。3月12日追施拔节肥，但仅降1毫米左右雨水，追肥后3天浇水，肥效发挥不够及时，分蘖加速两极分化，影响成穗和小花的分化，但有利于基部节间充实和抗倒。3 月下旬田间旱情开始显现，对小麦孕穗不利。4 月 8～10 日降水约 40 毫米，旱情解除。4 月 9～11 日降温，最低温度达 5℃，部分抗倒春寒能力差的品种及正处在四分体敏感期品种受冻，部分参试品种缺粒甚至穗上部虚尖、穗下部小穗退化，结实性受到影响，特别是中晚熟品种冻害相对较重。4 月中下旬小麦抽穗扬花，抽穗期比常年略提前，抽穗扬花期降雨少，不利于赤霉病侵染，小麦赤霉病发病轻。5 月上旬两次降水，雨后即晴，补充了灌浆期土壤水分。5 月中下旬虽有几次阴雨，但雨量不大，风力较小，下后就晴，有利于中后期灌浆，大多数品种没有倒伏，赤霉病为害轻，但条锈病、叶锈病有所扩展。5 月 18～22 日，5 月 25～6 月 2 日最高温度在 30℃ 以上，不耐后期高温的品种出现早衰，对千粒重有一定影响。总体来看，小麦灌浆期光照充足，雨量偏少，有利于干物质积累与运输，落黄正常，粒大、粒饱、容重高。6 月 2 日开始收获，天气晴好，整个展示在 6 月 5 日降雨前全部收割结束。

总体，2016/2017 年度小麦生育期间的气候条件对小麦生产的影响利大于弊。展示试验小麦产量三要素亩穗数、穗粒数、千粒重总体表现为"一平，一少，一增"。分蘖力和成穗率高的品种亩穗数正常；分蘖力差，成穗率低或株型特别紧凑的品种，因宽幅播种、拔节期干旱、拔节肥肥效发挥不正常，导致穗数偏少。春季低温对穗粒数有一定影响，特别是部分晚熟或受黄花叶病为害品种，穗分化敏感期遇低温，导致部分小穗或整穗不育，穗粒数总体偏低。千粒重总体较高，但部分粒小品种因籽粒库小，未能利用好 2016 年后期有利的光温资源，产量受到一定影响。

三、结果与分析

从本展示试验品种产量和产量构成可以看出，95 个展示品种平均亩产 511.4 公斤，变幅为 437.0～604.2 公斤/亩。对照济麦 22 因受春冻影响，亩穗数、穗粒数较少，亩产 475.0 公斤，位次靠后。大多数品种较对照济麦 22 增产，其中增产 5% 以上的品种有 61 个。若与整个试验平均产量相比，较平均产量增产 5% 以上的品种有 23 个，分别为郑品麦 8 号、中育 1123、郑麦 113、濮兴 5 号、乐麦 207、恒进麦 8 号、百农 201、洛麦 29、青农 2 号、隆平麦 518、周麦 27、烟农 999、涡麦 66、连麦 6 号、荃麦 725、山农 17、淮麦 39、红皖 88、保麦 6 号、龙科 0901、华成 3366、未来 0818、烟农 5286。参展品种的有效穗平均 41.0 万粒/亩，变幅为 28.7 万～51.5 万粒/亩。9 个品种的亩有效穗≤35 万粒（占 9.47%），66 个品种的亩有效穗在 35 万～45 万粒（占 69.47%），20 个品种的亩有效穗≥45 万粒（占 21.05%）。穗粒数平均 30.4 粒，变幅为 21.1～39.7 粒。9 个品种的平均穗粒数≤25（占 9.47%），35 个品种的平均穗粒数在 25～30（占 36.84%），37 个品种的平均穗粒数在 30～35（占 38.95%），14 个品种的平均穗粒数在 35～40（占 14.74%）。千粒重平均 45.4 克，变幅为 33.1～55.4 克。14 个品种的千粒重≤40 克（占 14.74%），33 个品种的千粒重在 40～45 克（占 34.74%），27 个品种的千粒重在 45～50 克（占 28.42%），21 个品种的千粒重≥50 克（占 22.10%）。因展示仅执行一年且为单点鉴定，产量及产量结构等结果仅供参考。

从本展示试验品种田间性状表现可以看出，95 个展示品种中偏春的小麦品种有 5 个（隆平麦 518、豫农 035、淮麦 30、豫教 6 号、豫农 158），其余品种为半冬性。全生育期变幅为 215～221 天；冬季土壤墒情较充足，整体冻害不明显。4 月 9～11 日降温，最低温度达 5℃，部分抗倒春寒能力差的品种及正处在四分体敏感期品种受冻，特别是中晚熟品种冻害相对较重。整个生育季节肥水运筹合理，试验区总体株高正常，变幅为 71~103 厘米。5 月 19 日的一次暴雨，红皖 88、淮麦 28、周麦 27、保麦 6 号、连麦 6 号、淮麦 30 和西农 822 出现了点片小面积倒伏。展示试验返青拔节期，17 个品种田间表现出点片黄花叶病。生育后期，小麦条锈病中等程度发生，田间表现 43 个品种轻感条锈病（病害记载：3 级），其中，表现出抗性的品种有 19 个，占 20.0%。总体来说，生育中后期光温水充沛协调，有利于籽粒灌浆与后期转色，试验区整体落黄好，籽粒饱满。

对 80 个参试品种（另有 15 个品种因送样时种子未及时送达、送样前未取到样品或未进行鉴定）赤霉病、白粉病、纹枯病抗性进行了人工接种鉴定。从赤霉病抗性鉴定结果看，淮麦 29、荃麦 725、保麦 6 号、百农 207、皖垦麦 869、皖麦 52、淮麦 28、安农 0711、邢麦 13、济科 33、山农 1711 个品种赤霉病严重度≤3.0，达中抗水平；有 60 个品种赤霉病抗性为中感（严重度在 3.1~3.5），有 10 个品种表现高感（严重度 > 3.5）。赤霉病抗性鉴定结果表明，安徽省沿淮、淮北推广或新选育的品种赤霉病抗性水平总体不高。从白粉病鉴定结果看，有 15 个品种表现为白粉病中感（调查穗平均病级 5），占鉴定品种的 18.75%；65 个品种表现为中抗（调查穗平均病级 3），占鉴定品种的 81.25%。鉴定品种中缺乏对纹枯病的抗性，其中 25 个品种为高感（HS，平均病指 > 60，占比 31.25%），50 个品种为感病 2 级（S2，平均病指 50~62，占比 62.50%），5 个品种感病 1 级（S1，平均病指≤50，占比 6.25%）。品种抗性鉴定年度间有一定差异，大多数品种审定时已进行过测试，建议根据多年测试结果和品种的抗性特点，实行良种良法配套。

参照国家小麦产业技术体系小麦抗穗发芽鉴定实验方案，对展示的 87 个展示品种（8 份样品未及时送到）穗发芽抗性进行了籽粒发芽指数（GI-1，GI-2）和整穗发芽指数（GP-1，GP-2）测定，从结果可以看出，87 份鉴定样品中 GI 变幅为 0.13~0.94，平均值 0.54，其中未来 0818、宿 553、荃麦 725、龙科 1109、安农 0711、红皖 88 和泰农 197 个品种达中抗水平；易穗发芽的品种 47 个，占 54%；极易穗发芽的品种 33 个，占 38%，鉴定结果总体说明安徽省白皮小麦品种抗穗发芽数量较少。

从本展示试验品种品质分析参数可以看出，2017 年展示品种籽粒商品性整体较好，全试验展示品种的籽粒容重变幅在 768~840 克/升，平均为 809.9 克/升。籽粒容重超过 800 克/升的品种 74 个（占品种总数的 77.89%）。按照国家收购商品小麦等级的容重指标：一等品（≥790 克/升）占 87.37%；二等品（≥770 克/升）占 11.58%；三等品（≥750 克/升）占 1.05%。从不完善粒调查情况看，赤霉病粒率全未超标，最高仅为 1.3%，部分品种黑胚粒偏多。

利用单籽粒硬度分析仪对参展品种收获籽粒硬度进行测定。展示品种的籽粒硬度指数变幅在 19.0~79.0，平均 57.95。若依据籽粒硬度≤45 为软麦、≥60 为硬麦进行分类，23 个品种（占参展品种的 24.21%）为软麦；61 个品种为硬麦（占参展品种的 64.21%）；其余 11 个品种为混合麦（占参展品种的 11.58%）。用近红外测定了蛋白质，因快速测定，所测结果仅供参考。从面粉白度测定结果看，展示品种的面粉综合白度变幅为 82.9~91.0，平均 86.8。其中有 6 个品种综合白度大于 90，分别为荃麦 725、益科麦 3 号、未来 0818、益科麦 5 号、隆平麦 968、烟农 5158。用面筋仪测定了湿面筋含量和面筋指数。95 个展示品种的湿面筋含量变幅在 18.87%~39.66%，平均含量 30.51%。从面筋指数看，95 个品种面筋指数变幅为 42.52% ~ 98.18%，平均 70.11%。面筋指数大于 70.01% 的品种 52 个，在 50.01% ~ 70.00% 的品种 35 个、小于 50.00% 的品种 8 个。

对展示的 95 个品种进行了粉质指标测定，测定了 4 种溶剂保持力。从吸水率、稳定时间、蛋白质含量、湿面筋含量，结合面筋指数、硬度等参数，基本符合优质强筋小麦的品种有新麦 26、涡麦 11、丰德存麦 5 号、济科 33、宿 553 等，可用于面包专用粉开发或配麦。基本达到中强筋小麦标准的品种有安科 157、涡麦 9 号、烟宏 2000、连麦 6 号、淮麦 30、瑞华麦 520、烟 5286、淮麦 29、龙科 1109 等，可用于饺子、油条、面条专用粉生产或配麦。没有品种达到优质弱筋小麦标准。安徽省选育的皖麦 52、荃麦 725、未来 0818 等品种除蛋白质含量、湿面筋含量偏高外，其他指标如稳定时间、吸水率、硬度、溶剂保持力等参数与美国软麦品质指标相近，且白度高、淀粉糊化特性好，在南方馒头粉、饼干粉、蛋糕专用粉开发上可能有一定的利用前景。

2017 年 6 月安徽省（区）小麦品种市场月报

一、当月价格走势

（一）特点

价格稳中略增，优质优价趋势明显（见表9）。

表 9　安徽省、国内、国际小麦价格比较　　　　单位：元/斤

时间	安徽省价格	国内价格	国际价格
2016 年 6 月	1.14	1.45	0.92
2016 年 7 月	1.14	1.41	0.89
2016 年 8 月	1.14	1.37	0.91
2016 年 9 月	1.14	1.28	0.9
2016 年 10 月	1.14	1.39	0.93
2016 年 11 月	1.16	1.41	0.94
2016 年 12 月	1.25	1.46	0.96
2017 年 1 月	1.23	1.49	1.01
2017 年 2 月	1.23	1.5	1.06
2017 年 3 月	1.22	1.52	0.89
2017 年 4 月	1.22	1.54	0.99
2017 年 5 月	1.21	1.56	1.04
2017 年 6 月	1.17	1.38	1.13

资料来源：安徽省小麦价格采用安徽省粮食局三级白小麦交货价，国际、国内价格由农业部提供。

（二）走势

6 月，由于前期制粉企业活动弱化，新麦大量入市，一改阶段性市场滞销现状，小麦价格回落略有小幅上扬。随着托市收储的开始，个别地区优质优价的趋势明显。据调查，安徽省 6 月小麦价格，扣除水分后农民田头平均售价在 1.15 元/斤左右，其中，江淮地区为 1.12 元/斤；沿淮地区为 1.14～1.15 元/斤；淮北地区为 1.18～1.20 元/斤；全省平均三等白麦交货价约 1.17 元/斤（见图1）。

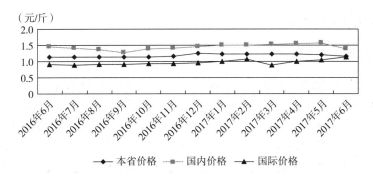

图 1　安徽省小麦价格月度走势

（三）详情

由于病虫防治得力和收获时天气晴好，2017 年小麦商品品质明显好于上年。全省小麦三等以上比例占 85.6%，比上年增加 52.5 个百分点。不完善粒指标平均数值仅 3.1%，较上年下降 12.1%，不完善粒指标满足托市收购标准的小麦达 99.81%。加之，前期阶段性市场滞销现状，小麦价格稳中略有回落，总体市场价格较上月降低。6 月安徽省小麦均价为 1.17 元/斤，与上月比下降 3.41%，同比上涨 2.63%。

二、生产情况

（一）等级情况

安徽省粮食局抽样调查了全省 527 份小麦品的容重指标，一等至五等占比分别为 36.7%、27.7%、21.1%、8.7%、3.6%，等外占 2.1%。五等以上（容重大于或等于 710 克/升）的有 516 份，占小麦样品总数的 97.9%，其中三等以上（容重大于或等于 750 克/升）的有 451 份，占小麦样品总数的 85.6%。比较 2016/2017 年小麦等级，环比：一等小麦增加 33.8%，二等小麦增加 17.3%，三等麦增加 1.4%，四等小麦下降 16.7%，五等小麦下降 16.3%，等外下降 19.2%。小麦整体情况三等以上小麦环比增加 52.5%，五等以上小麦环比增加 19.4%。

（二）不完善粒情况

在安徽省粮食局 520 份小麦样品中，不完善粒指标较往年好，平均数值为 3.1%，较上年下降 12.1%。在检测的 520 份小麦样品中，不完善粒大于 10% 的有 1 份，占小麦样品总数的 0.20%；大于 8% 的有 9 份，占小麦样品总数的 1.73%；小于或等于 10% 的有 519 份，占小麦样品总数的 99.81%，较上年增加了 64.8%，其中小于或等于 8% 的有 512 份，占小麦样品总数的 98.46%，其中小于或等于 6% 的有 474 份，占小麦样品总数的 91.15%，较 2016 年同比增加 80.93%。

三、后市展望

据悉，当前农户惜售心理较重，心理预期高，收购缓慢。国内小麦价格根据品质的不同而涨跌互现，其中质量好没有受到雨水、大风天气影响的麦子，价格以上涨为主，主流收购价格已经上涨至 1.18～1.22 元/斤。根据受到影响的大小，小麦价格出现一定的下跌。近期小麦质量主要是萌动、芽麦和白腐病比较严重，预计后期"优质优价、劣质低价"的价格分化将越发明显。

四、需关注的问题及建议

安徽省粮食局调查数字统计显示，2017 年的小麦不完善粒好于上年，不完善粒指标满足托市收购标准（≤10%）的有 99.81%，满足政策性储备粮收购标准（≤8%）的有98.46%。虽然安徽省今年小麦质量收获调查情况良好，但在不完善粒组成里，赤霉病粒小麦占不完善粒总量的 15.6%，发芽粒小麦占不完善粒总量的 15.6%，在收获流通的过程中粮食收储部门仍要加大监管力度，严防不符合食品原料小麦流入口粮市场。

2017 年 9 月安徽省（区）小麦品种市场月报

一、当月价格走势

（一）特点

麦价平稳，微幅涨跌区域性强，市场走货缓慢，贸商基本无库存，购销清淡（见表10）。

表10 安徽省、国内、国际小麦价格比较 单位：元/斤

时间	本省价格	国内价格	国际价格
2016 年 9 月	1.14	1.28	0.90
2016 年 10 月	1.14	1.39	0.93
2016 年 11 月	1.16	1.41	0.94
2016 年 12 月	1.25	1.46	0.96
2017 年 1 月	1.23	1.49	1.01
2017 年 2 月	1.23	1.5	1.06
2017 年 3 月	1.22	1.52	0.89
2017 年 4 月	1.22	1.54	0.99
2017 年 5 月	1.21	1.56	1.04
2017 年 6 月	1.17	1.38	1.13
2017 年 7 月	1.19	1.36	1.20
2017 年 8 月	1.21	1.37	1.03
2017 年 9 月	1.21	1.48	1.07

资料来源：安徽省小麦价格采用安徽省粮食局三级白小麦交货价，国际、国内价格由农业部提供。

（二）走势

由于前期大专院校开学以及双节将至，多数面粉加工企业扩大开工率与加工量，一度出现"抢麦"续仓，截至 9 月中旬，部分加工企业备货基本结束，对小麦的需求下滑，市场购销情况总体放缓，小麦价格以稳中微调整理为主。

（三）详情

首先，进入 8 月以后，高开的小麦价格进入温和上涨时期，持麦观望的粮商适时出手

（见图 2）。

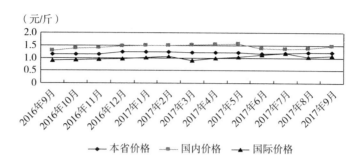

图 2　安徽省小麦价格月度走势

其次，由于 2017 年新麦商品性好，订单生产小麦良种量足后部分麦种转商入市。

最后，前期加工企业大量续仓补库备货已基本结束，目前市场对小麦的需求下滑，购销活动放缓至清淡。虽然，秋季后面粉等小麦加工终端产品需求量增加，小麦价格有所上扬，但由于余麦基本全部进入市场，小麦供应总体较为充裕，安徽省小麦价格后期持续上涨动力不足，大幅上涨的可能性不大，以稳中微调为主。总体，截至 9 月 24 日底安徽省小麦（三等混麦）均价为 1.21 元/斤，同比高 5.76%，环比持平。

监测各地粮商经纪人小麦价格如下：

淮北地区：监测五点（萧县、砀山、灵璧、埇桥、亳州）9 月小麦出售均价为 1.21 元/斤，与上月持平。

沿淮地区：监测三点（阜阳、蒙城、蚌埠）9 月小麦出售均价为 1.21 元/斤，比上月高 0.01 元/斤。

沿江地区：监测四点（六安、合肥、滁州、铜陵）9 月小麦出售均价为 1.17 元/斤，比上月降 0.02 元/斤。

二、生产情况

进入 9 月下旬，水稻、玉米由南往北逐渐收获，总体来看，由于今年前期温度偏高，水稻、玉米成熟期较常年略提前 2～3 天。9 月下旬自南向北普降中雨，影响水稻、玉米、大豆等秋季作物收获，但降水补充了底墒，对全省小麦秋种有利。若后期天气正常，2017 年小麦秋种，特别是沿淮河、淮北小麦主产区的秋种会提前。从市场价格及监测点反映情况看，农民的种植积极性总体较高，估计全省小麦种植面积与常年基本持平，并有望高于上年。

三、市场情况

（一）农户小麦销售情况

截至 9 月 24 日，从产业信息员反馈看，农户交易基本停止；部分有储存条件的大户所持订单式存放的麦种基本完成交易进入市场，手中仅零星转商余麦进入市场，购销清淡。

（二）小麦经纪人购销情况

从产业信息员反馈看，部分持麦观望的粮商了解到一方面自 8 月后麦价进入温和上涨阶段，另一方面近期现货市场缺乏利好提振，一段时间内麦价持续上涨动力不足，同时外盘小麦价格持续下跌，为回笼资金，开始出售。截至目前，手中余麦基本出售完毕。

（三）面粉企业收购及参加拍卖情况

9 月灵璧、太和和凤台三地的 3 个监测面粉企业收购小麦均价为 1.22～1.25 元/斤，主要来源于本地粮商经纪人和部分当地临储的种植大户。由于 2017 年的面粉"双节"备货基本结束，面粉的走货情况较前期有所放缓，加工企业为了维持稳定出货量，近期小幅下调出厂成交价格。总体面粉较前期下跌 0.01～0.05 元/斤。

（四）全省新麦收购情况

据安徽省粮食局数据，截至 9 月 22 日，全省社会累计收购小麦 9709883 吨，同比少收购 728589 吨，下降 7.50%。其中，国有粮食企业收购 5529806 吨，同比下降 8.83%。最低价收购小麦为 5112104 吨，同比减少 7.43%。2016 年安徽省因种麦期间雨水较多，稻茬麦面积下降幅度较大，截至 2017 年 9 月 22 日国家统计局统计，全省小麦全社会收购量较上年减少 74 万吨。

（五）加工环节

由于 2017 年的面粉"双节"备货基本结束，面粉的走货情况较前期有所放缓，加工企业为了维持稳定出货量，近期小幅下调了出厂成交价格。总体面粉较前期下跌 0.01～0.05 元/斤。监测的 3 家样本企业 9 月一粉出厂价为 1.64～1.95 元/斤，零售价为 1.82～2.09 元/斤，面粉总体价格较上月略降。由于安徽省面粉加工企业加工成本较高，利润微薄，加之面粉加工行业疲软，市场面粉需求量一般，预计面粉价格将维持平稳运行，略有偏弱。

四、后市展望

预计安徽省小麦后期价格将稳中微整，优质麦源或缺。从供求形势来看，总体供需平衡略有余。但由于前期质量较好的商品麦基本购销结束，估计 2017 年收获的合格小麦价格会在高位运行。另外，粮食贸易商剩余的库存小麦质量大不如以前，多是雨后麦，不完善粒超标，萌动发芽，容重较低，贸易商采购意愿低，购销清淡。因此，部分粮商小幅压低价格出售，短期内在一定程度上抑制了小麦价格的快速上涨。预计后期安徽省小麦价格总体持续上涨动力有限，但下降可能性不大。

五、需关注的问题及建议

（一）优质专用小麦生产会带动小麦价格的提升

以前安徽省粮食生产主要以普通品质的通用粮食为主，专用粮食比例还不高。随着生活水平的提高，对优质安全的终端面制食品的要求提到新高度。2017 年秋种安徽省实施"优质粮食工程"建设为抓手，加快推进"放心粮油"、"主食厨房"、"皖人食皖粮"、"皖粮销全国"、"皖粮产后服务"等行动，小麦主产区加大了对优质专用小麦的引导与补助，全省优质专用小麦面积将进一步增加，特别通过粮食加工企业开展订单生产，提高收购价格，有利于推进供给侧结构性改革，从而带动效益提升。

（二）小麦最低保护价

2018年小麦最低保护价尚未公布，部分媒体和渠道已发出每斤降3分钱的信号。好在目前市场价格已高出2017年的保护价，否则对农户的种植积极性会产生不利影响。我们建议小幅下调下年度小麦保护价，以维持农民的种植积极性，确保小麦种植面积不出现大的波动。

（三）稻茬小麦要因地制宜发展，不宜大幅调整

安徽省稻茬小麦面积曾扩大至1500万亩左右，小麦一直种到黄山脚下。上年受播种期间连阴雨影响，大量稻茬麦未种上。稻茬麦有水资源丰富的优势，也有产量、品质不稳的劣势。我们建议因地引导，长江以北地区可适度发展，长江以南地区调整压缩，但全省稻茬麦面积要保持在1200万亩左右。

（四）品种结构的调整

安徽省小麦产业技术体系发布了40个2017年秋种安徽省小麦主导品种。我们建议各地根据气候灾害（穗发芽、冬春冻害）、赤霉病发生特点，推广应用。从源头确保2018年小麦商品质量和有效供给。

2018 年 6 月安徽省（区）小麦品种市场月报

一、当月价格走势

（一）特点

月内小麦价格稳中趋增，部分粮源主体惜售，预计后期小麦按质出价趋势明显（见表 11）。

表 11　安徽省、国内、国际小麦价格比较　　　　　单位：元/斤

时间	本省价格	国内价格	国际价格
2017 年 6 月	1.17	1.38	1.13
2017 年 7 月	1.19	1.36	1.20
2017 年 8 月	1.21	1.37	1.03
2017 年 9 月	1.21	1.48	1.07
2017 年 10 月	1.23	1.50	1.08
2017 年 11 月	1.24	1.49	1.11
2017 年 12 月	1.25	1.49	1.14
2018 年 1 月	1.25	1.49	1.14
2018 年 2 月	1.25	1.49	1.15
2018 年 3 月	1.24	1.49	1.16
2018 年 4 月	1.21	1.49	1.12
2018 年 5 月	1.19	1.46	1.17
2018 年 6 月	1.09	1.38	1.13

资料来源：安徽省小麦价格采用安徽省粮食局三级白小麦交货价，国际、国内价格由农业部提供。

（二）走势

截至 6 月 24 日，从产业信息员反馈看，进入 6 月，由于前期制粉企业活动弱化，新麦大量入市后，一改阶段性市场购销清淡状况，收购主体开展小麦收购。但由于 2018 年小麦剩余季节灾害性天气频发，新麦品质不一，收购进度和速度受到一定程度影响。

沿淮及以南地区通麦因不完善粒超标、容重低，综合质量差，一方面收购主体粮食部门和面粉企业收不到合格的商品粮，另一方面农民生产小麦不合格而无法出售，仅有少量个体粮食收购户和饲料企业低价收购，价格在 0.5～0.9 元/斤。淮北中北部由于小麦质量尚好，收割以后，个体粮食收购户和面粉企业趁最低收购价未启动前积极入市，价格在

0.9～1.1 元/斤。随着 6 月 6 日全省启动最低保护价以来，一天一价，达标小麦（三等以上）市场价已接近保护价 1.15 元/斤。后期小麦价格有可能两极分化，不达标可能因为合格原粮短缺带来价格小幅上涨，但由于质量差，难以消化利用，价格会继续低位运行。而质量达标的小麦，随着保护价的启动和小麦有效供给量的大幅降低，价格会高位运行。总体后期安徽省小麦市场按质出价的走势趋于明显（见图 3）。

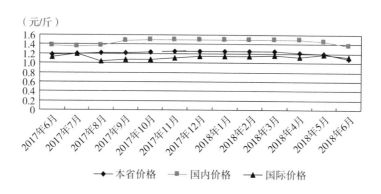

图 3　安徽省小麦价格月度走势

据调查安徽省截至 6 月 24 日小麦月内价格小幅上扬，扣除水分后农民田头平均售价在 1.09 元/斤左右（月初至月末价格变动），其中，江淮地区为 0.84～1.095 元/斤；沿淮地区为 0.76～1.12 元/斤；淮北地区为 1.04～1.16 元/斤；全省平均三等白麦交货价约1.09 元/斤。

（三）详情

农户、粮商经纪人及种植大户反馈小麦市场交易频繁，但总体合格原粮收购量较上年减少。截至 6 月 24 日安徽省小麦（三等混麦，粮食局）均价 1.09 元/斤，同比下降7.3%，环比下降 8.4%。监测点反馈信息显示，淮北地区平均价格在 1.161 元/斤，较上月降 0.018 元/斤；沿淮地区平均价格为 1.12 元/斤，较上月下降 0.02 元/斤；沿江地区平均价格为 1.095 元/斤，较上月降 0.04 元/斤。

监测各地粮商经纪人收购小麦价格如下：

淮北地区：监测五点（萧县、砀山、灵璧、埇桥、亳州）6 月小麦出售均价为 1.161元/斤，较上月下降 0.018 元/斤。

沿淮地区：监测三点（阜阳、蒙城、蚌埠）6 月小麦出售均价为 1.12 元/斤，较上月下降 0.02 元/斤。

沿江地区：监测四点（六安、合肥、滁州、铜陵）6 月小麦出售均价为 1.095 元/斤，较上月下降 0.04 元/斤。

二、生产情况

（一）小麦生长情况

在安徽省小麦收获期间，天气晴好，利于小麦收获入仓，截至 6 月 10 日全省小麦基本收获完毕。总体原粮品质呈现南北高中间低的趋势。据安徽省粮油产品质量监督检测站对取自全省的 470 份样品调查分析，2018 年全省赤霉病粒率平均值为 3.25%，较 2016 年下降 0.25 个百分点。全省 75% 小麦赤霉病粒率控制在 4% 以内。

（二）成本变动情况

前期的连续强降雨并伴有的大风导致部分地区小麦出现连片倒伏，收获成本可能增加。

三、市场情况

（一）农户小麦销售情况

截至 6 月 24 日，从产业信息员反馈信息看，全省农户、种植大户小麦销售进入高峰期，进入市场通麦品质不一，总体购销主体积极性不高。新入市的沿江、沿淮地区小麦品质差，开镰价格低。随着淮北主产区商品性合格的原麦进入市场，小麦价格稳中有涨，一天一价。因减产导致优质原粮的短缺，暂时性带来普通麦的价格小幅上扬，因而手持劣质粮源的部分农户急售，价低效益差；手持合格粮源的农户和种植主体出现惜售心理，观望待售。

（二）小麦经纪人购销情况

截至 6 月 24 日，从产业信息员反馈信息看，主要新麦来源于部分原麦品质较差的农户，一些管理得当，原麦商品性较好的种植大户和农民因斟酌 2018 年小麦减产，受灾后品质下降等原因持观望态度，惜售心理较重。总体合格小麦收获交易量不大。因考虑国家政策导向于清国库存麦，且刚上市新麦水分略高，经纪人多以快走快销为主，存麦量较小。

（三）面粉企业收购及参加拍卖情况

6 月灵璧、太和和凤台三地的 3 个监测面粉企业收购小麦均价为 1.10 ~ 1.18 元（要求容重在 750 克/升以上，呕吐毒素在 1000 微克/公斤以下）。

（四）全省新麦收购情况

据安徽省粮食局数据，截至 6 月 24 日，安徽省社会累计收购小麦 1841815 吨，同比少收购 2870290 吨。

（五）加工环节

监测的 3 家样本企业 6 月特一粉出厂价为 1.68 ~ 1.81 元/斤，零售价为 1.99 ~ 2.03 元/斤。

四、后市展望

新麦逐渐入市，市场（国家保护价）价格下降，加之部分地区小麦在灌浆中后期遭遇强降水、强对流天气，部分麦区出现渍害与倒伏，销售形势不容乐观。从月初市场信息来源反映，已成熟麦区 2018 年小麦开镰价较上年低。随着小麦从开镰期向收获高峰期和托市收购期的推进，麦价随之逐渐走高，因部分农户和持粮经纪人惜售心理较重，心理预期高，总体收购进度缓慢。预计后期安徽省质量好、没有受到雨水、大风天气影响的麦子将会迎来价格上涨，但综合考虑国家清库存的政策导向，涨幅不大；另萌动、芽麦和白腐病比较严重的等外麦或不合格的麦子可能出现一定程度涨幅后的价格回落，"按质出价"的价格分化趋势将越发明显。

五、需关注的问题及建议

加强小麦赤霉病的防控，从源头把控原粮安全。安徽省小麦赤霉病重发频率高。从 2012 年至 2018 年的 7 年中，全省小麦赤霉病有 4 年大发生，大发生概率达 57%。其中沿江江南、江淮麦区甚至出现赤霉病年年重发的态势。随着秸秆还田等耕作制度的调整，赤霉病田间菌源基数加大，再加上极端天气常态化，小麦生育后期雨水增加，安徽省小麦赤霉病重发风险将持续增大，必须高度警惕，严加防范，确保小麦数量和质量安全，减少无效低端供给，实现安徽省小麦高质量增长。

加大原粮采购与收储部门的监管力度，确保口粮安全。有统计数字显示，2018 年的小麦不完善粒较上年比例增加，品质下降。在不完善粒组成里，由赤霉病粒导致的呕吐毒素对人畜存在一定危害。各地在收获流通的过程中粮食收储部门要加大监管力度，严防不符合食品原料的小麦流入口粮市场。

2018 年 9 月安徽省（区）小麦品种市场月报

一、当月价格走势

（一）特点

麦价上扬回落，稳中微调，后期按质论价趋势明显，但上涨幅度有限；购粮主体补库接近尾声，整体市场购销活动由频趋缓（见表 12）。

表 12　安徽省、国内、国际小麦价格比较　　　　　　　　单位：元/斤

时间	本省价格	国内价格	国际价格
2017 年 9 月	1.21	1.48	1.07
2017 年 10 月	1.23	1.50	1.08
2017 年 11 月	1.24	1.49	1.11
2017 年 12 月	1.25	1.49	1.14
2018 年 1 月	1.25	1.49	1.14
2018 年 2 月	1.25	1.49	1.15
2018 年 3 月	1.24	1.49	1.16
2018 年 4 月	1.21	1.49	1.12
2018 年 5 月	1.19	1.46	1.17
2018 年 6 月	1.09	1.38	1.13
2018 年 7 月	1.11	1.38	1.14
2018 年 8 月	1.11	1.40	1.24
2018 年 9 月	1.11	1.40	1.19

资料来源：安徽省小麦价格采用安徽省粮食局三级白小麦交货价，国际、国内价格由农业部提供。

（二）走势

截至 2018 年 9 月 24 日，从产业信息员反馈看，多数面粉加工企业备货基本结束，对小麦的需求下滑，加之持续存在"麦强面弱"的矛盾，需粮主体对高价位小麦的收购风险持保守态势。总体本月市场购销情况由月初的频繁趋于放缓，小麦价格以稳中微调整理为主（见图 4）。

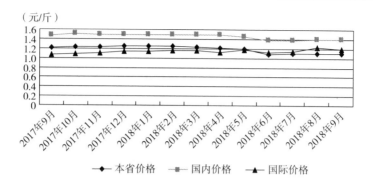

图4　安徽省小麦价格月度走势

（三）详情

经农户和持粮种植大户反馈，因气温回凉加之双节将至，多数面粉加工企业扩大开工率与加工量，月初部分地区加工企业购销活动频繁，一度出现按质提价，"抢麦"续仓，小麦交易价格小幅上扬，整体收购合格原粮的价格较上月略增0.02~0.04元/斤。但一方面由于超标小麦大量入市、秋粮逐渐上市，粮商经纪人需要腾库收购等因素，另一方面考虑"粉弱麦强"矛盾的持续性存在以及对政策性拍卖小麦的预期心理，购粮企业收购高价运行小麦的意愿减弱，市场活动趋于平缓。整体本月安徽省小麦价格略扬后回落，预计后期大幅上涨的可能性不大，以稳中微调为主。

截至9月24日安徽省小麦（三等混麦，粮食局）均价为1.11元/斤，同比下降8.26%，环比上涨0.00%。监测点反馈信息显示，淮北地区平均价格在1.1506元/斤，较上月基本持平；沿淮地区平均价格为1.1067元/斤，较上月略降0.0233元/斤；沿江地区平均价格为1.0758元/斤，较上月基本持平。

监测各地粮商经纪人收购小麦价格如下：

淮北地区：监测五点（萧县、砀山、灵璧、埇桥、亳州）9月小麦出售均价为1.1506元/斤，较上月基本持平略增。

沿淮地区：监测三点（阜阳、蒙城、蚌埠）9月小麦出售均价为1.1067元/斤，较上月下降0.0233元/斤。

沿江地区：监测四点（六安、合肥、滁州、铜陵）9月小麦出售均价为1.0758元/斤，基本持平。

二、生产情况

当前小麦购销市场多以良种经销为主，原粮贸易趋于清淡。进入9月末水稻、玉米由南往北逐渐进入收获期，小麦进入备种期，再过半月安徽省沿淮、淮北地区小麦进入适播期。

三、市场情况

（一）农户小麦销售情况

截至9月24日，从产业信息员反馈看，农户手中的小麦多以超标小麦为主。部分地区粮食收购企业适当调低赤霉病毒素（1500 微克/公斤）及不完善粒指标（赤霉病粒和发芽粒的比例在 8% 左右）进行收购，市场交易批量较少，价格为 0.80～1.10 元/斤；部分持有优质普麦源、有储存条件的大户也进行出售，出售主体多以食品加工企业为主，达标二等小麦价格为 1.14～1.22 元/斤，三等小麦为 1.10～1.18 元/斤。

（二）小麦经纪人购销情况

从产业信息员反馈看，整体小麦市场购销由频趋缓，但价格仍以质定价。部分持麦观望的粮商一方面考虑加工企业补货基本接近尾声，小麦价格上扬后已回落至平稳期；另一方面考虑近期秋粮入市需要资金周转、腾库等因素，为回笼资金，开始出售小麦，主要调往山东等地。

（三）面粉企业收购及参加拍卖情况

随着小麦市场购销活动回暖，面粉加工企业前期备货基本结束。9 月灵璧、太和和凤台三地的 3 个监测面粉企业收购小麦均价为 1.10～1.205 元/斤，较上月下降 0.02～0.03元，同时要求原粮质量标准为容重在 770 克/升以上，呕吐毒素在 1000 微克/公斤以下。面粉加工企业为了维持稳定出货量，小幅下调面粉出厂价，总体较上月略降 0.01～0.03元/斤。

（四）全省新麦收购情况

据安徽省粮食局数据，截至 9 月 24 日，安徽省全社会累计收购小麦 5114654 吨，同比少收购 4597717 吨。国有粮食企业收购 1250123 吨，同比少收购 4282171 吨，最低保护价收购 255984 吨，同比少收购 4856934 吨。

（五）加工环节

监测的 3 家样本企业 7 月特一粉出厂价为 1.563～1.90 元/斤，零售价为 1.618～2.263 元/斤，利润在 0.055～0.363 元/斤。由于安徽省面粉加工企业加工成本较高，利润微薄，预计面粉价格将维持平稳运行，略有偏弱。

四、后市展望

预计安徽省优质小麦后市运行将稳中趋涨，按质论价趋势明显，涨幅有限。至 9 月 24 日，安徽省从供求形势来看，全省总体供需平衡略有余，优质麦源相对紧张。随着用粮企业对小麦需求的减弱，"粉弱麦强"矛盾的持续性导致其对高价运行的小麦收购持保守态度，加之对政策性拍卖小麦的预期，小麦市场活动趋于平缓。集中收购以后，政策性拍卖会择时启动，以宏观调控小麦市场价格，因此，安徽省小麦后期持续上涨动力不足，大幅上涨的可能性不大，以稳中微调为主。

五、需关注的问题及建议

（一）2018 年秋种小麦种植面积

9 月 28 日安徽省农委全省秋种电视会议要求全省小麦面积稳定在 4200 万亩，压缩沿江江南小麦赤霉病高发区小麦面积 100 万亩。从目前种植户种植意愿调查情况看，总体积极性不高，主要是小麦种植效益低，特别是在稻茬麦区。从市场行情看，下一年度小麦价格高位运行可能性大，估计 2019 年小麦种植效益会有所好转。我们建议各地严格落实全省小麦秋种会议精神，主动作为，压实责任，全面完成 2018 年的秋种小麦面积任务。

（二）秋种天气及秋种质量

据安徽省气象台预报，秋种期间以晴好天气为主，降雨量北部偏少。晴好天气为秋收整地提供了保障。要抢抓晴好天气，适时收获秋粮颗粒归仓，适墒整地，抢墒播种，根据整地质量和播期、调整播量，确保一播全苗、苗匀、苗壮。

（三）专用小麦生产情况

2018 年全省优质专用小麦全面计划达 800 万亩，重点发展优质强筋、优质弱质和特色黑糯小麦。这对优质小麦有一定的补助，但要求收购企业必须严格兑现契约。安徽省小麦产业技术体系发布了 2018 年秋种安徽省小麦主导品种。我们建议各地根据气候灾害（穗发芽、冬春冻害），赤霉病发生特点，推广应用，从源头确保 2019 年小麦商品质量和有效供给。

2015 年河北省小麦市场回顾及 2016 年小麦市场展望

一、2015 年河北省小麦市场运行回顾

2015 年以来，受国家宏观经济下行、政府下调相关农产品托市价格以及面粉加工产能过剩等因素影响，河北省小麦市场呈现"供给充足，需求不旺，价格低迷，波动频繁"的运行特点。现将 2015 年小麦市场价格经历的几个阶段做以下梳理：

第一阶段，年初到新粮上市前，河北省小麦市场价格一直弱势平稳运行，市场价格基本维持在 1.26 ~ 1.27 元/斤。小麦市场供需保持稳定，受面粉市场消费低迷影响，小麦价格并未随着消耗而出现上涨行情。

第二阶段，6 月底到 7 月中旬，这个阶段正处于河北省小麦上市初期，小麦的开秤价格与上年基本持平，为 1.21 元/斤，贸易商收购积极性较高，部分国有粮食收储企业也在此时进行政策粮的轮换收购，因此小麦价格在这个阶段较为平稳。

第三阶段，7 月中旬到 9 月上旬，河北省小麦价格出现了旺季不旺，价格持续性小幅下跌的局面。截至 9 月初小麦平均收购价格已经下跌到 1.171 元/斤，自新麦上市以来累计下跌 0.039 元/斤，跌幅达 3.2%。主要原因是面粉企业经营困难，盈利能力较差，采购积极性较低；而大型粮食收储企业对后期小麦市场普遍看空，也纷纷停止收购，小麦收购市场的疲软导致小麦价格持续性下跌。

第四阶段，9 月中旬到 9 月底，河北省小麦托市收购展开，小麦市场价格随之弱势企稳，托市期内平均收购价格维持在 1.17 元/斤。河北省共开启 55 个托市收购点，共计收购托市小麦 59.1 万吨。受此影响，全省小麦市场价格止跌企稳，但是由于收购时间较短，收购数量有限等因素影响，小麦市场价格并未出现明显的反弹。

第五阶段，10 月初到 10 月中旬，小麦托市结束后，受玉米临储价格下调的影响，市场传言小麦托市价格也将下调，市场出现恐慌性抛售的行为，小麦价格出现快速下跌。短短两周的时间全省平均收购价格从 1.17 元/斤下跌到 1.1 元/斤，跌幅达到 6%。

第六阶段，10 月下旬到年底，河北省小麦价格出现了较为明显的反弹。10 月 10 日国家公布了 2016 年小麦最低收购价格，受此影响河北省小麦市场价格逐步企稳。年底小麦

平均收购价格为 1.168 元/斤，较 10 月底上涨 0.057 元/斤，涨幅 5.1%。

二、2016 年小麦市场展望

总体来看，小麦作为我国的重要口粮，消费一直较为稳定，而供给也没有较为明显变化，国内小麦仍处于供需基本平衡而略有结余的状态，供需关系决定价格，因此国内小麦价格不具备长期大幅波动的可能。受小麦最低收购价政策的影响，国内小麦市场政策特征明显，最低收购价对小麦市场价格起到托底作用，预计后期市场价格将围绕此价格上下波动。具体分析如下：

一是政策因素对小麦价格走势起到了决定性作用。我国对于小麦补贴政策，实行的是最低收购价收购也就是托市收购，在托市期内当小麦价格低于最低收购价格后敞开收购。因此小麦价格如果低于 1.18 元/斤的托市价格，持粮企业或农民就会产生惜售心理，等待明年托市期内再出售小麦。国家公布的 2016 年小麦最低收购价无疑为市场定下了基调，后期小麦价格大幅低于托市价格的可能性不大。

二是从供需平衡数据分析，小麦供需结余增加但供求关系并未发生根本变化。从我们能掌握到的数据分析，中华粮网预计 2015 年全国小麦总产量约 2310 亿斤，比上年增长约 10 亿斤；从海关数据分析，小麦进口为 40 亿斤，预计年度总供给为 2350 亿斤。受经济形势影响，小麦口粮需求略减；在养殖业仍不景气、玉米库存水平较高等因素影响下，小麦替代玉米用于饲料的优势持续下降，年度内小麦饲用消费将继续下降。中华粮网预计 2015/2016 年度国内小麦消费量约 2187 亿斤，供需结余约 163 亿斤，总体看仍属于供需基本平衡略有结余。

三是面粉市场需求持续疲软，麸皮价格持续低迷，制粉企业开工率不足，采购积极性不高。由于经济疲软，食品行业整体消费低迷，2015 年以来制粉企业开工率一直维持在较低水平。9 月以后面粉销售情况虽有所好转，但整体市场需求乏力的态势并没有实质性改变。迫于市场的压力，制粉企业仍会采取随加工随采购的策略，制约了小麦的采购需求。另外，玉米价格大幅走低，安徽省三等白麦与二等黄玉米均价差为 534 元/吨，小麦饲用消费大幅减少。麸皮消费受到玉米价格下跌及生猪养殖回暖缓慢的影响，市场需求同样疲软。据了解，当前河北省面粉企业除少数几家大型企业开工率较高外，其他企业开工率多为 30%～50%，小麦采购积极性并不高。

四是小麦拍卖成交持续低迷，小麦采购意愿仍然不强。11 月国家临储小麦成交情况依旧低迷。一方面，由于国家临储小麦采购成本明显高于市场粮源；另一方面，拍卖底价下调的传闻导致拍卖兴趣再次下降，用粮主体以期采购成本更低的临储小麦，当前通过削减库存和提价增大市场粮源采购数量来满足加工需求。11 月以来国家临储小麦拍卖 4 次成交率分别为 0.49%、0.00%、0.16% 和 0.24%，去年同期三次分别为 6.12%、9.36% 和 13.00%。11 月 10 日，两大市场同时出现全部流拍，拍卖成交率却降至历史冰点，这反映了市场对政策性小麦的需求意愿仍然不强。

综合来看，小麦政策市特征明显，在国家稳定 2016 年托市价格的大背景下，小麦市场价格在明年新粮上市前难以出现大幅波动，预计小麦市场价格将在 1.18～1.20 元/斤上下浮动。

2016 年河北省小麦价格走势分析及 2017 年价格行情预测

面对国内粮食"高库存、高进口、高成本"的"三高"压力，2016 年国家对国内粮食收储政策做了重大改革，粮食市场政策市特征明显，粮食价格涨跌互现并且波动较大。小麦继续实施最低收购价政策，全年价格呈现"先抑后扬"的走势，预计 2017 年河北省小麦价格以稳为主。

一、2016 年河北省小麦价格走势分析

2016 年河北省小麦市场价格整体呈现"先抑后扬"的走势，市场价格波动较大，据河北省粮油信息中心监测数据显示，1～9 月河北省小麦平均收购价格一直维持在 1.23 元/斤以下震荡运行，10 月出现明显上涨行情，截至 12 月底全省小麦平均收购价格已达到 1.32 元/斤，较 6 月底的年内低点上涨了 0.18 元/斤，涨幅达到 15%。河北省小麦价格已超过 2014 年同期小麦价格，成为新的历史高点。

回顾 2016 年河北省小麦价格走势，大致可以分为四个阶段。第一阶段：1～3 月，由于社会流通粮源较为充足，面粉加工企业采购积极性较低，小麦价格持续弱势平稳，全省小麦平均收购价格维持在 1.17 元/斤。第二阶段：3～6 月，随着小麦粮源的逐步消耗，"青黄不接"的局面开始显现，面粉加工企业采购难度加大，小麦价格出现恢复性上涨，全省小麦平均收购价格由 1.17 元/斤上涨到 1.24 元/斤。第三阶段：6～9 月，从新粮集中上市到小麦托市收购结束，小麦价格维持平稳运行。2016 年新麦上市后收购价格出现明显下跌，省托市收购于 6 月 30 日正式开始，在托市期内小麦收购并未出现多元主体抢购的局面，市场收购主体以政策粮采购为主，市场价格与托市价格持平，基本维持在 1.18 元～1.20 元/斤。第四阶段：10～12 月，托市收购结束后由于小麦市场粮源持续减少，小麦价格出现了较为明显的上涨行情。全省小麦平均收购价格由 1.20 元/斤上涨到 1.32 元/斤，涨幅之大、周期之长为近年少有。虽然国家加大了调控力度，在山东、河北、江苏、安徽 4 省相继投放 2015 年小麦，但由于市场区域投放分布不均，河北省小麦供需仍显偏紧，小麦价格整体继续偏强运行。

二、2016 年小麦市场运行特点

（一）国内小麦供需出现双降，但仍略有结余

根据国家粮油信息中心数据，2016 年全国小麦播种面积为 2418.7 万公顷，全国小麦产量为 12885 万吨，较上年减少 133.5 万吨。2016/2017 年度国内小麦消费总量为 10901 万吨。2016/2017 年度我国小麦进口量为 350 万吨。预计 2016/2017 年度全国小麦供求结余量为 2333.5 万吨，较上年度减少 37.2 万吨，减幅为 1.57%。

（二）国家政策性收购执行力度强劲，收购数量明显增加

2016年夏粮小麦收购，国家最低收购价收购预案不仅启动较早，而且执行力度之大为近年少有。据国家粮食局统计数据显示，截至9月30日，主产区各类粮食企业累计收购小麦7582万吨，同比增加951万吨，增幅14.34%。由于国家政策性收购力度较大，大量符合质量的小麦进入托市收购，导致后期流通市场质优小麦粮源供应偏紧。

（三）南北小麦价格走势分化明显，河北省小麦外流数量增加

受异常天气的影响，2016年主产区部分地区小麦质量受损严重，尤其是南方麦区小麦质量普遍偏差。由于各地小麦质量不一，市场收购主体收购价格按质定价、优质优价、劣质低价、泾渭分明。北方小麦价格上涨速度快，上涨幅度大，而南方麦区市场价格重心却始终上行困难，南北小麦价格走向分化特征极为明显。由于华北地区小麦质量较好，2016年夏收主产区企业跨区域采购力度较大，河北省和山东省小麦外流数量增加。往年河北省、山东省用粮企业多从河南、安徽、江苏等地采购小麦，而2016年市场却出现了粮源"倒流"的反常现象。

三、2017年河北省小麦市场行情预测

（一）收储政策为2017年麦市定下稳定基调

国家发改委、国家粮食局印发的《粮食行业"十三五"发展规划纲要》提出，"十三五"期间要继续执行并完善稻谷、小麦最低收购价政策。2017年小麦托市价格继续持平，仍为1.18～1.22元/斤，这体现出国家为2017年的小麦市场定下稳定的基调。

（二）供应充足抑制小麦上涨预期

尽管河北省流通市场小麦粮源仍显偏紧，但国家小麦库存粮源供给充足，小麦价格运行整体高位稳定。随着国家小麦拍卖投放量和成交量的不断放大，小麦价格上涨预期会得到抑制。

（三）供需结构不平衡，河北省价格成为小麦市场风向标

国家小麦库存充足，虽然整体供需格局较为宽松，但区域分布不平衡；华北地区的供求缺口，使得近两年"河北价格"逐步取代"郑州价格"，成为小麦现货市场的新风向标。预计2017年，小麦区域性、结构性矛盾仍将存在，跨区域采购成为常态，尤其是以"南粮北运"、"中粮西运"为代表的粮食跨省调运数量日趋庞大，这将增大小麦市场流通压力和市场波动风险。

（四）2017年河北省托市收购仍有可能启动，但收购数量预计减少

2016年新小麦上市后，在政策的支撑下，小麦市场在政策期维持了"政策市"行情，集中收购结束后价格基本处在一路走高状态。预计各收购主体会借鉴2016年小麦市场经验，2017年入市收购将相对积极。受此影响，预计河北省小麦托市收购启动可能性较大，但托市收购数量可能较2016年有所减少。

综合分析，2017年是国家供给侧改革继续深化的一年，按照"分品种施策、渐进式推进"的改革原则，国家继续对主产区小麦实施最低收购价政策，并且维持收购价格不变。收储政策的稳定，无疑让小麦市场吃下"定心丸"。在国家收购政策及销售政策的共同引领下，预计2017年小麦价格将平稳运行。

2017年河北省小麦价格走势分析及2018年价格行情预测

2017年，国内小麦市场同上年相比阶段行情虽有所不同，但整体重心维持高位，市场价格强势依旧。小麦质量高、产量高、价格高可以说是市场最为明显的三个关键词。据河北省粮油信息中心监测数据显示，截至2017年底河北省小麦平均收购价格为1.28元/斤，较年初下跌0.02元/斤。

一、2017年小麦市场价格呈现V形走势

2017年上半年，新粮上市之前小麦流通粮源偏紧，制粉企业用粮采购主要集中在政策性拍卖上，小麦市场价格走势强劲。新粮上市后，由于新麦质量与价格相较于陈麦优势明显，加工企业采购重心很快转向新麦，导致陈麦市场行情快速转弱。下半年受国家政策性收购及市场粮源日趋消耗的支撑，市场再度踏上上行之履，年度行情呈现V形走势。市场小麦价格上涨幅度之大、周期之长亦为近年少有。分阶段看：

1~5月，小麦市场价格先涨后跌。第一季度小麦市场流通粮源见底，加工供应主要依靠轮换出库和小麦周度拍卖。由于投放数量和区域与需求不匹配，质优粮源"价高难采"，麦价出现不同程度走高。5月下旬南方产区新麦收获上市，市场压力增加，小麦价格相继出现下滑。截至5月底河北省小麦平均收购价格为1.311元/斤。

6~9月，正值夏粮小麦集中收购时期，市场基本走过了一个强势开局、中间调整走高、尾市回归平稳的过程。6月主产区新小麦陆续上市，由于小麦质量普遍较好，市场化收购积极，各地小麦价格大多高开。加之河南、江苏、湖北3省相继启动最低价收购，受此支撑新小麦收购价格很快被推升至最低收购价水平附近。7月以后，河北省、山东省加入最低收购价收购行列，主产区小麦价格整体基本升至最低收购价水平。9月，市场粮源减少迹象显现，再加之"双节"的临近，制粉企业小麦采购增加。阶段性利好的聚集，使得主产区新小麦收购市场出现集体性上涨行情。截至9月底河北省小麦平均收购价格为1.227元/斤。

10~11月，主产区小麦价格高位持续偏强运行。进入10月以后，夏粮集中收购结束，由于农户及贸易商将经营重心转移至秋粮，主产区新麦市场供需偏紧。虽然制粉企业采购拍卖小麦积极性增加，但迫于质量原因多与新麦搭配使用，对新粮的需求仍然呈现刚性，拉动各地小麦价格持续高位偏强运行。截至11月底河北省小麦平均收购价格为1.28元/斤。

12月，主产区小麦价格高位略现回调。进入12月以来，随着前期成交的政策性粮源不断进入市场，市场的供需偏紧矛盾有所缓和。主产区小麦价格整体高位运行，华北局部价格出现小幅回调，苏、皖小麦价格基本维持坚挺。截至12月底河北省小麦平均收购价格为1.28元/斤。

二、2017 年国内小麦市场运行特点

处于供给侧改革推进期的粮食市场，注定不会平凡。2017 年的小麦市场行情并不逊于上年，其运行特点亦有所翻新。

（一）集中收购期小麦收购数量低于上年

2017 年夏粮小麦收购，由于主产区小麦质量普遍较好，各市场主体吸取上年教训，入市收购较为积极，市场化收购程度较高。虽然国家在主产区 6 省全部启动最低价收购，但由于价格原因南北收购状况不一，最低收购价小麦收购数量同比较上年减少明显，导致总体收购数量也低于上年同期。

国家粮食局统计数据显示，截至 9 月 30 日，主产区小麦累计收购 7206 万吨，同比减少 376 万吨。其中：河北省收购 579 万吨，同比减少 258 万吨；江苏省收购 1242 万吨，同比增加 90 万吨；安徽省收购 989 万吨，同比减少 66 万吨；山东省收购 1085 万吨，同比减少 68 万吨；河南省收购 2304 万吨，同比减少 51 万吨；湖北省收购 252 万吨，同比增加 7 万吨。

（二）南北小麦价格走势相对均衡

由于上年夏收受到异常天气的影响，主产区部分地区小麦质量受损严重，尤其南方麦区小麦质量普遍偏差，导致小麦价格区域性走势分化明显，南北小麦差价一直高达 100 元/吨左右。由于华北地区小麦质量较好，河南、安徽、江苏等地用粮企业一度到河北省、山东省采购小麦，市场出现了粮源"倒流"的反常现象。

由于 2017 年主产区小麦质量普遍较好，南北小麦价格走势相对均衡。12 月底，河北省、山东省普通小麦进厂价在 2620～2630 元/吨，江苏省、安徽省进厂价在 2590～2610 元/吨，几无差价的市场行情，使得 2017 年跨区域性小麦采购的现象大大减少。

（三）产区优质强筋小麦行情好于上年

2017 年夏收期间，优质强筋小麦价格相对于普麦虽略显逊色，但后期的上涨速度有所加快，整体行情仍然好于上年。

截至 12 月底，藁优 2018 河北省石家庄地区进厂价格为 2870 元/吨，郑麦 366 河南省郑州地区进厂价格为 2880 元/吨，济南 17 山东省菏泽地区进厂价格为 2890 元/吨，高于上年同期 70～130 元/吨。当前优普小麦差价为 240～260 元/吨，高于上年同期 120～130 元/吨。

（四）饲用小麦消费较上年明显减少

2016 年主产区部分地区小麦受灾较重，市场芽麦偏多，品质整体偏差。同时小麦上市初期开秤价较低，使得大量低质量小麦流入饲用领域，饲用消费数量在 700 万吨左右。而 2017 年主产区小麦质量普遍较好，且小麦玉米比价始终保持在较高位置，小麦替代玉米进入饲用没有优势，饲用小麦消费较上年明显减少。

据预计，2017/2018 年度小麦饲用消费总量为 500 万吨，较上年度减少 200 万吨，减幅 30.8%。

三、2018 年小麦走势预测

新年伊始，从小麦市场运行状况来看，对于春节前的小麦价格，当前预期基本以稳为主，市场的变数已经不大。2018 年夏收前的小麦市场，虽气候的变化、区域性的供需或会使市场出现阶段性波动，但在供给整体充裕及政策底价下调的大环境下，小麦价格由强

转弱的概率将会逐步增大。

（一）春节前小麦价格将会以稳为主

受政策性成交粮源不断进入市场及部分贸易商节前出货增加的影响，市场供需矛盾逐步缓和，华北市场就出现了降温迹象，这或许预示着高点的小麦价格已基本触顶。

1. 节日市场国家调控力度加大

国家发改委和国家粮食局共同下发 2018 年"两节"和"两会"期间粮油市场供应的通知，要求各地要针对节日期间市场需求旺盛等特点，及时采取有效措施，加强粮源组织调度，确保市场原粮充足和成品粮油不断档、不脱销。随着国家竞价交易平台小麦投放量和成交量的不断放大，将会大大缓解市场的供需矛盾，抑制小麦价格上涨预期。

2. 贸易商选择节前麦价高点出货数量增加

虽然当前流通市场小麦粮源已经有限，但部分贸易商及粮库仍存有一定数量的小麦。面对国家市场调控力度的加大，一些存粮贸易商会担心后期小麦价格发生变化，大多仍会选择在价格处于高位时出手库存，12 月以来华北贸易商出售小麦积极性的提高也基本反映了这一心态。

3. 终端市场需求难以出现大幅度的增长

由于消费者对面粉的采购相对理性，节前这一时段的市场总体行情大体稳定，节日效应对市场的影响已不明显，近年来"旺季不旺"的行情屡见不鲜。从往年的经验看，寄希望于节日需求的增加来拉动小麦价格大幅上涨已不现实。

（二）春季市场一般面临压力相对偏重

每年的春季是我国小麦市场压力相对较重的时期。由于市场节日消费已过，一旦市场各供应主体增加小麦上市量，市场极易出现阶段性供过于求的局面。

1. 市场供给将会保持充裕

一是国家临储小麦库存依然高企，拍卖供给并不缺粮。虽然拍卖小麦库存分布不均的问题仍然存在，但市场供给整体并无担忧。二是小麦轮换数量将会增加出库。春节过后，多数储备企业将会启动小麦轮出计划，一些地方储备为推陈储新也将会抓紧时机进行轮换出库，届时市场的供给相对会增加。三是尽管当前农户及贸易商小麦余粮已经不多，但估计在新粮上市前仍会出净手中小麦。

2. 节后市场消费拉动相对减弱

通常春节后是面粉消费的淡季，但从近年的情况来看，面粉销售旺季与淡季的区分并不明显。节后随着农民工陆续外出，大中专学生陆续返校，面粉销售速度虽不及节前，但也不会明显降低，小麦价格有望保持基本稳定。不过进入 5 月以后，市场将再次面临新粮上市的压力。

（三）政策底价下调对市场的影响将会逐步体现

2017 年 10 月 27 日，国家发改委公布 2018 年国家继续在小麦主产区实行最低收购价政策，小麦（三等）最低收购价为每 50 公斤 115 元，较 2017 年下调了 0.03 元/斤。

国家小麦最低收购价政策自 2006 年开始实施，2008～2014 年连续 7 次提高最低收购价格，而后又连续三年持平。2018 年国家在完善小麦最低收购政策的道路上踏出了历史性的一步，这说明政策对市场支撑力度呈现减弱趋势。按照政策的执行期限来看，国家最低收购价小麦价格下调对市场的影响效应将会在 2018 年逐步体现。